Die Volks- und Raiffeisensparkasse eG

Marc-Philipp Dagott

Die Volks- und Raiffeisensparkasse eG

Narrative, Synergiepotenziale und Umsetzungsskizze der Fusion von Sparkassen und Genossenschaftsbanken einschließlich ihrer Finanzgruppen

Springer Gabler

Marc-Philipp Dagott
GenoAkademie GmbH & Co. KG
Rösrath-Forsbach, Deutschland

ISBN 978-3-658-45750-1 ISBN 978-3-658-45751-8 (eBook)
https://doi.org/10.1007/978-3-658-45751-8

Die Deutsche Nationalbibliothek verzeichnet diese Publikation in der Deutschen Nationalbibliografie; detaillierte bibliografische Daten sind im Internet über https://portal.dnb.de abrufbar.

Springer Gabler ist ein Imprint der eingetragenen Gesellschaft Springer Fachmedien Wiesbaden GmbH und ist ein Teil von Springer Nature.
Die Anschrift der Gesellschaft ist: Abraham-Lincoln-Str. 46, 65189 Wiesbaden, Germany

Geleitwort des Vorstandsvorsitzenden des Genoverbands

Genossenschaften sind mit ihren realwirtschaftlichen Geschäftsmodellen hervorragend in der Lage, die unterschiedlichen Bedarfsstrukturen in regionalen und lokalen Märkten abzudecken. Sie leisten einen wesentlichen Beitrag zur Transformation von Wirtschaft und Gesellschaft. Dabei kommt ihnen zugute, dass durch die demokratische Unternehmensverfassung die Bindung an den Mitgliederwillen und die Region immer gewährleistet ist.

Viele kommunale Themen wie Wohnen, Energie, Regionalentwicklung, Soziales, Mobilität etc. suchen für eine dauerhafte Umsetzung nach einem passenden Modell, das es Bürgerinnen und Bürgern auf einfache Weise ermöglicht, sich zu beteiligen. Chronisch finanzschwache Kommunen werden entlastet, wenn Genossenschaften z. B. das Nahwärmenetz betreiben oder andere Aspekte der klassischen Daseinsvorsorge abdecken. Ein aktuelles Beispiel sind Genossenschaften im Ahrtal, die nach der Hochwasserflut Infrastrukturen wieder aufbauen. Kommunen können sich schließlich als juristische Personen selbst in Genossenschaften einbringen.

Vor diesem Hintergrund sind Genossenschaftsbanken Ermöglicher von vitalen regionalen Wertschöpfungsketten und Treiber für digitale Infrastruktur. Als Netzwerkknoten in der Region stellen sie Verbindungen her, finanzieren Initiativen, beteiligen sich an ihnen und helfen bei lokalen Gründungen von Genossenschaften. Genossenschaftsbanken verstehen sich als Dienstleister für die Region.

Hier treffen sie sich in Selbstverständnis und Geschäftsmodell mit den Sparkassen. Einerseits sind diese die stärksten Konkurrenten im lokalen und regionalen Markt, andererseits sehen sie sich mit denselben Herausforderungen konfrontiert: Kunden, die die Filialinfrastruktur nicht mehr so nachfragen wie in der Vergangenheit, neue Wettbewerber wie Neobanken, europäische Regulierer, die das Geschäftsmodell der Regionalbanken nicht verstehen oder aktiv benachteiligen sowie fehlende Fachkräfte. Wenn aber Digitalisierung, Regulierung und Fachkräftemangel die Geschäftsmodelle von Genossenschaftsbanken und Sparkassen einengen und bedrohen, ist die Frage berechtigt, ob es neben den verbundinternen Lösungen auch alternative Lösungsräume gibt.

Im vorliegenden Buch geht der Autor über kleinteilige Lösungen zwischen Ortsbanken wie die gemeinsame Nutzung von Geldautomaten hinaus. Er schlägt die Umwandlung von Sparkassen in eingetragene Genossenschaften, den Zusammenschluss beider Gruppen sowie schließlich die Fusion von Sparkassen und VR-Banken vor. Das mag unter anderem angesichts der bestehenden Rechtslage illusorisch anmuten, wird von mir auch nicht in allen aufgeworfenen Konsequenzen geteilt, ist aber angesichts der bestehenden Herausforderungen mutig und groß gedacht. So ist dem Werk eine gute Aufnahme, vor allem in den Verbünden und der Bankpraxis, zu wünschen.

Ingmar Rega, WP/StB
Vorstandsvorsitzender
Genoverband e. V.

Vorwort des Autors

Das vorliegende Buch basiert auf meiner Dissertation „Transsektorale Unternehmensverbindungen zwischen Sparkassen und Genossenschaftsbanken“ an der Leuphana Universität Lüneburg aus dem Jahr 2003 sowie meinem Buch „Kommt die Volks- und Raiffeisensparkasse?“, welches 2005 im damaligen DG Verlag erschienen ist.

Seitdem gab es nur wenige weitere Arbeiten zum Thema. *Schulz-Nieswandt* und *Köstler* haben 2012 einen bemerkenswerten Artikel mit dem Titel „Sparkassen und Kreditgenossenschaften – zwei ungleiche Zwillinge?!“ verfasst. *Lamprecht* hat den Fokus 2014 um Fusionen zwischen allen drei Säulen der deutschen Bankwirtschaft erweitert. *Picker* (2019) sowie *Josten* (2022) schufen Standardwerke über die Governance von Genossenschaftsbanken und Sparkassen. Fun fact: Über eine Gemeinwohlorientierung von Genossenschaften findet sich deutlich mehr Literatur als über die von Sparkassen.

Aktuelle Effizienz- und Fusionsstudien belegen, dass die Effizienzgewinner unter den Sparkassen überdurchschnittlich viel Personal abbauen (Thiem, 2021), während die erfolgreichsten Genossenschaftsbanken nach einer Fusion überdurchschnittlich oft Filialen schließen (Dombrowa, 2023).

Dementsprechend kommt *Dombrowa* zu dem Schluss, dass „eine ökonomische Analyse zu intersektionalen Kooperations- und Fusionsmöglichkeiten zwischen Sparkassen und Genossenschaftsbanken Potenziale aufdecken [kann], die sowohl aus betriebs- als auch aus volkswirtschaftlicher Perspektive interessant sein dürften“ (2023, S. 196).

Diesen Versuch habe ich nun erneut unternommen – unter anderen Vorzeichen. Hatte ich vor 20 Jahren noch rein betriebswirtschaftlich argumentiert, dass eine Verbindung beider Finanzgruppen vor allem Kostensynergien durch einen starken Personalabbau heben könne, haben wir heute einen eklatanten Fachkräftemangel. Der Zusammenschluss wäre aus meiner Sicht ein Mittel, diesen (teilweise) aufzufangen.

Mein Dank gilt einerseits den beiden Geschäftsführern der GenoAkademie, Udo Urner und Eppo Franke, sowie Prof. Kay Pfaffenberger, Hochschule Flensburg.

Zum anderen bedanke ich mich bei meiner Familie, gibt es doch bestimmt familienfreundlichere Hobbies. Gerade meine Söhne müssen sich wiederholt gefragt haben, warum ich mich nach wie vor für Sparkassen und Genossenschaftsbanken interessiere. Kommen beide Banktypen doch in ihrem Kosmos nicht mehr vor – der letzte Kontaktpunkt sind die jährlichen Kontoauszüge zu den Sparplänen, die die Großeltern sponsern.

Das Buch gibt schließlich nur die Meinung des Autors wieder. Und wie jedes andere ist auch dieses Werk verbesserungsfähig. Hinweise und Anregungen nehme ich gerne auf: drdagott@googlemail.com.

Hannover
Juli 2024

Dr. Marc-Philipp Dagott

Literatur

Dagott, M.-P. (2003). *Transsektorale Unternehmensverbindungen zwischen Sparkassen und Genossenschaftsbanken.* Dissertation, Leuphana Universität Lüneburg.

Dagott, M.-P. (2005). *Kommt die Volks- und Raiffeisensparkasse? Status quo und Perspektiven der Zusammenarbeit von Sparkassen und Genossenschaftsbanken.* DG Verlag.

Dombrowa, M. (2023). *Die Effizienzwirkungen von Größe und Fusionen bei Genossenschaftsbanken unter Berücksichtigung regionaler Standortfaktoren.* Shaker.

Josten, R. (2022). *Strukturprinzipien der Strukturverfassung.* Duncker & Humblot.

Lamprecht, D. (2014). *Intersektorale Fusionen in der deutschen Bankwirtschaft unter besonderer Berücksichtigung der Unternehmensbewertung.* Shaker.

Picker, C. (2019). *Genossenschaftsidee und Governance.* Mohr Siebeck.

Schulz-Nieswandt, F., & U. Köstler. (2012). Sparkassen und Kreditgenossenschaften – zwei ungleiche Zwillinge?! Ein morphologischer Beitrag zur widmungswirtschaftlichen Problematik öffentlicher oder gemeinwirtschaftlicher Unternehmen. *Zeitschrift für öffentliche und gemeinwirtschaftliche Unternehmen, 35*(3), 345–356.

Thiem, O. G. (2021). *Effizienz der deutschen Sparkassen in Zeiten von Niedrigzins und Digitaler Transformation.* Darmstadt. https://doi.org/10.26083/tuprints-00020046.

Inhaltsverzeichnis

1 Einleitung

„Volksbanken und Sparkassen gehören langfristig zusammen. Man muss über alles nachdenken, auch wenn es gegen die heutige Religion ist."

Volker Dahlgrün, damaliger Vorstand der Volksbank Hannover eG (o. V., 1999a, S. 12).

Im Oktober 1998 wurde im oberfränkischen Marktredwitz ein ungewöhnliches Vorhaben publik: Der Versuch, die örtliche Genossenschaftsbank mit der Stadtsparkasse zu verschmelzen. Erst die Widerstände seitens der Sparkassenorganisation und der bayerischen Landesregierung ließen die Fusion scheitern (o. V., 1999b, S. 26). Sind Bankfusionen und -kooperationen im Allgemeinen als Reaktion auf Strukturveränderungen in der Finanzdienstleistungsbranche zu verstehen (Rolfes, 1999, S. 12), würde eine solche Unternehmensverbindung selbst die Strukturen des deutschen, sektoral gegliederten Bankenmarktes aufbrechen (Gerke, 1999, S. 27).

Auch weitere Versuche, Sparkassen und Genossenschaftsbanken miteinander zu verheiraten, sind im Sande verlaufen. Die Berliner Volksbank hat sich 2002 ohne Erfolg um die Übernahme der damals öffentlich-rechtlichen Berliner Bank bemüht (Lebert, 2002, S. 18). Und an der vom Stralsunder Bürgermeister ursprünglich angestrebten Versteigerung der dortigen Sparkasse wollte sich neben anderen Banken die Pommersche Volksbank beteiligen (Grube, 2020, S. 155).

Dennoch bleibt die Idee einer lokalen „Sparkassen-Genossenschaft" oder „Genossenschafts-Sparkasse" lebendig. So haben Taunus Sparkasse und Frankfurter Volksbank im Jahr 2000 den Betrieb gemeinsamer Selbstbedienungsgeschäftsstellen angekündigt (o. V., 2000, S. 20) – 20 Jahre später gibt es 26 gemeinsame, mitarbeiterbediente „FinanzPunkte" (o. V., 2019, S. 13).

M.-P. Dagott, *Die Volks- und Raiffeisensparkasse eG*,
https://doi.org/10.1007/978-3-658-45751-8_1

Als betriebswirtschaftliches Motiv für eine Verbindung von Genossenschaftsbanken und Sparkassen sind offensichtliche Synergiepotenziale anzuführen. Beide sind auf den lokalen Markt ausgerichtet und dezentral in einem Verbundnetzwerk organisiert. Der Betrieb eines gemeinsamen Filialnetzes verspricht immense Kosteneffekte. Noch größere Synergien können erzielt werden, wenn Funktionen im Backoffice-Bereich oder gar Verbundunternehmen zusammengelegt werden. Hinzu kommt, dass die regionale Repräsentanz nicht gefährdet werden würde.

Bedenken gegen ein Zusammengehen beider Regionalbanktypen werden bevorzugt aus rechtlicher und volkswirtschaftlicher Sicht erhoben. Die Fusion sei aufgrund der bestehenden Gesetzeslage sowieso nicht zu realisieren und führe zu einer Monopolstellung des neuen Instituts im jeweiligen Marktgebiet.

So bleibt die verbundinterne Fusion bis heute die einzige Option. Allein im Zeitraum zwischen 2000 und 2020 ist die Zahl der Sparkassen um ein Drittel auf 376, die der Genossenschaftsbanken sogar um mehr als die Hälfte auf 814 zurückgegangen (Dreesen & Horsch, 2024, S. 58). Konsequent weitergeführt blieben am Ende die Deutsche Volksbank sowie die Sparkasse Deutschland übrig (von Hiller, 2004, S. 38).

Das vorliegende Buch will das alternative Bild einer dezentralen, regional verwurzelten Volks- und Raiffeisensparkasse zeichnen und geht dafür auf eine Spurensuche nach Gemeinsamkeiten beider Banktypen sowie Narrativen, die einen Zusammenschluss begründen können.

Abb. 1.1 skizziert den Aufbau der Arbeit. Dabei gilt es, keine Zeit zu verlieren. Die Filialstruktur verliert angesichts eines veränderten Kundenverhaltens täglich an Wert und der digitale Euro stellt dann auch Bankinfrastrukturen insgesamt in Frage.

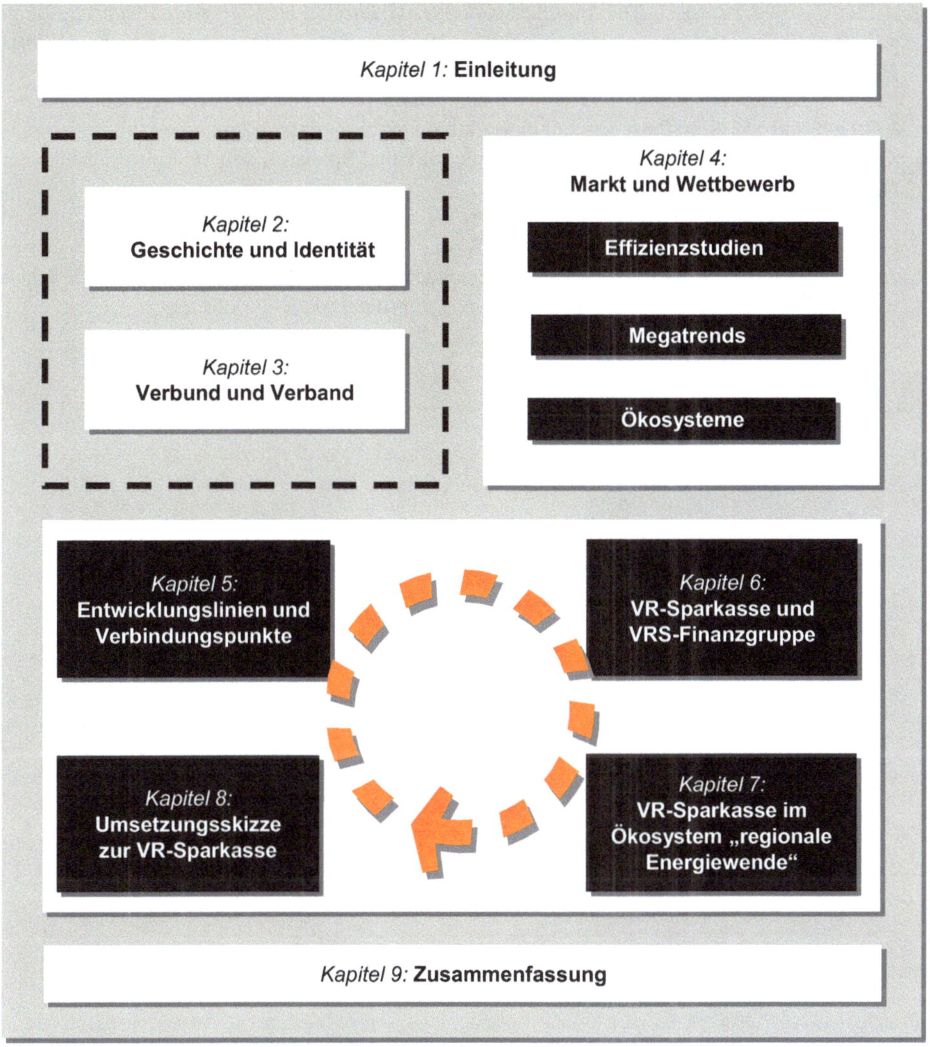

Abb. 1.1 Aufbau der Arbeit. Eigene Darstellung

Literatur

Dreesen, H., & Horsch, A. (2024). Vergleich der Konzentration von Kreditgenossenschaften und Sparkassen in Deutschland – Eine Untersuchung der Jahre 2000 bis 2020. *Zeitschrift für das gesamte Genossenschaftswesen, 74*, 43–65. https://doi.org/10.1515/zfgg-2024-0003

Gerke, W. (1999). Bankplatz Marktredwitz spannender als Frankfurt. *Bankmagazin, 48*(2), 27.

Grube, K. (2020). *Motive und Entscheidungsprozesse bei Sparkassenfusionen in Vorpommern*. Berliner Wissenschafts-Verlag.

von Hiller, C. (2004, Januar 11). Die deutsche Sparkasse AG. *Frankfurter Allgemeine Sonntagszeitung*.
Lebert, R. (2002, Februar 25). Volksbank will Berliner Bank übernehmen. *Financial Times Deutschland*.
o. V. (1999a, Februar 11). Volksbank Hannover kürzt Dividende. *Hannoversche Allgemeine Zeitung*.
o. V. (1999b, Juli 15). Kein Präzedenzfall in Marktredwitz. *Süddeutsche Zeitung*.
o. V. (2000, Dezember 12). Kooperation von Volksbank und Sparkasse soll Marktposition stärken. *Handelsblatt*.
o. V. (2019). „Wir wollen bewusst einen Stein ins Wasser werfen". Interview mit Oliver Klink und Eva Wunsch-Weber. *Bank und Markt, 48*, 439–442.
Rolfes, B. (1999). Der Struktur- und Größenwandel deutscher Banken. In von B. Rolfes, H. Schierenbeck, & S. Schüller (Hrsg.), *Konzentration am Bankenmarkt* (1–23). Knapp.

2 Geschichte und Identität

2.1 Sparkassen

2.1.1 Zeitlicher Abriss

In Deutschland findet sich der Sparkassengedanke erstmals 1778 verwirklicht. Die „Patriotische Gesellschaft zu Hamburg“ gründet im Rahmen der „Allgemeinen Versorgungsanstalt“ eine „Ersparungsclasse“. Dienstboten, Tagelöhner, Handarbeiter und Seeleute erhalten auf ihre Einlagen Zinsen. Ihre Entstehung verdanken die Sparkassen folglich nicht wirtschaftlichen, sondern vielmehr wohltätigen Motiven. Das Problem der Armut breiter Bevölkerungsschichten war weder durch die städtische Sozialhilfe und kirchliche Caritas noch durch drastische Strafen für Bettelei und Diebstahl nachhaltig zu lösen. Es galt, die Armen zu eigener Vorsorge durch Sparsamkeit zu erziehen (Klein, 1982, S. 300).

Die im letzten Viertel des 18. Jahrhunderts gegründeten Sparkassen waren private Einrichtungen. Die erste kommunale Sparkasse wurde 1801 in Göttingen ins Leben gerufen und sollte sich als Organisationsform durchsetzen. Mit dem Prinzip der kommunalen Selbstverwaltung waren in Preußen die Voraussetzungen für kommunale Sparkassen mit den Städten als Träger geschaffen worden. Die Sicherheit der Einlagen durch die Haftungsgarantie des (privaten oder staatlichen) Sparkasseneigentümers war essenziell für den Sparkassengedanken. Nur die Gewissheit, dass ihre Ersparnisse sicher sind, konnte die potenziellen Sparkassenkunden dazu veranlassen, ihr Geld einem Dritten anzuvertrauen (Guinnane, 2000, S. 22).

Eine zweite Form der Sparkassenregulierung sah die Begrenzung der Aktiv- und Passivgeschäfte der Sparkasse durch deren Eigentümer oder den Staat vor. Kredite mussten regelmäßig mit Grundbesitz besichert sein. Investiert werden durfte oft nur in Hypo-

M.-P. Dagott, *Die Volks- und Raiffeisensparkasse eG*,
https://doi.org/10.1007/978-3-658-45751-8_2

theken und Staatsanleihen. Die Einlagenbegrenzung erfolgte zwar primär aus risikopolitischen Erwägungen, die Kundeneinlagen der Sparkassen stellten jedoch zugleich eine der wichtigsten Refinanzierungsquellen für die öffentlichen Schulden dar (Guinnane, 2000, S. 23–24).

Sparsamkeit setzte Ersparnisfähigkeit voraus. Zielgruppe der Sparkassen konnte nur der sparfähige Teil der Unterschichten sein. Für den überwiegenden Anteil der Unterschichten änderte sich nach Ansicht von Kritikern mit der Existenz der Sparkassen nichts. Die Begrenzung der Einlagenhöhe nach oben und unten schloss ihnen zufolge die Einkommensgruppen jenseits dieser Grenzen aus. Die Mehrzahl der frühen Sparkassen kannte allerdings keine Beschränkungen der Geschäftstätigkeit auf nicht wohlhabende Personenkreise (Wysocki, 1980, S. 20–21).

In der entscheidenden Gründungsphase zwischen 1840 und 1860 entstanden etwa 800 Sparkassen, darunter 19 Kreissparkassen. Gesetzliche Bestimmungen, die das Sparkassenwesen regelten, wurden lediglich in Preußen (1838) und Bayern (1843) erlassen, sodass unterschiedliche regionale Entwicklungen und eine Art Systemlosigkeit zu erkennen sind. Mit den Reformvorschlägen, die der „Centralverein für das Wohl der arbeitenden Klasse“ für das Sparkassenwesen entwarf und vor allem durch die Aufgabe der Beschränkung auf das Passivgeschäft zugunsten einer Förderung des Personal- und Realkredits, kam die Aufbauperiode des deutschen Sparkassenwesens zu einem ersten Abschluss (Trende, 1993, S. 82–83).

Insgesamt wird deutlich, dass sich die Sparkassengründer als paternalistische Erzieher sahen, die ihre Schützlinge zu selbstständigen, mündigen und tugendhaften Menschen und Bürgern entwickeln wollten (Wehber, 2015, S. 71).

2.1.2 Öffentlicher Auftrag

Die folgenden Ausführungen beziehen sich auf die kommunalen, öffentlich-rechtlich verfassten Sparkassen. Die heute noch existierenden privaten Sparkassen – Bordesholmer Sparkasse AG, Sparkasse Bremen AG, Hamburger Sparkasse AG, Sparkasse zu Lübeck AG sowie Sparkasse Mittelholstein AG – bleiben hier außen vor (Oebbecke, 2017, S. 398; Abschn. 5.1.3).

Josten spricht von Strukturprinzipien als denjenigen „Grundsatznormen des Sparkassenrechts, welche dauerhaft … als begriffsprägende Qualifikationsmerkmale von Sparkassen wirken“ (2022, S. 47–49):

- Öffentlicher Auftrag
- Gemeinnützigkeit
- Anstaltslast
- Mündelsicherheit
- Regionalprinzip
- Verbundprinzip
- Kommunale Bindung

Der öffentliche Auftrag der Sparkassen und dessen Festschreibung im Sparkassenrecht haben sich im Laufe der Jahre gewandelt (Josten, 2022). Den Vorschlag von *Henneke* aufgreifend (2019, S. 211–213), heißt es heute in den Sparkassengesetzen der Länder Mecklenburg-Vorpommern, Niedersachsen und Schleswig-Holstein, es sei Aufgabe der Sparkassen,

> „die angemessene und ausreichende Versorgung aller Bevölkerungskreise und insbesondere des Mittelstandes mit geld- und kreditwirtschaftlichen Leistungen auch in der Fläche ihres Geschäftsgebietes sicherzustellen. Sie unterstützen im Geschäftsgebiet der Sparkasse die kommunale Aufgabenerfüllung des Trägers im wirtschaftlichen, regionalpolitischen, sozialen und kulturellen Bereich."

Aus dem öffentlichen Auftrag werden dann mehrere Dimensionen oder Funktionen abgeleitet, die sich teilweise überschneiden. Zu nennen sind die Gewährleistungs-, die Struktursicherungs-, die Förder-, die kommunale Hausbank- sowie die Wettbewerbskorrekturfunktion (Josten, 2022).

Die Gewährleistungsfunktion verpflichtet die Sparkasse, der Bevölkerung ihrer Trägerkommune ein qualitativ und quantitativ ausreichendes Angebot an bankwirtschaftlichen Leistungen zur Verfügung zu stellen. Im Passivgeschäft sehen sich die Sparkassen einem Kontrahierungszwang unterworfen; im Rahmen der zulässigen Geschäfte müssen sie Geschäfte abschließen, die von Kunden ihres Geschäftsgebietes an sie herangetragen werden. Zudem bestehe für die Sparkassen die Verpflichtung, ein flächendeckendes Zweigstellennetz zu unterhalten; dessen Gestaltung dürfe nicht allein nach rentabilitätspolitischen Erwägungen erfolgen.

Während die Gewährleistungsfunktion kundenorientiert wirken soll, zielt die Struktursicherungsaufgabe der Sparkassen auf das gesamtwirtschaftliche Umfeld ab. Indem die Sparkassen aktive Strukturpolitik betreiben, wollen sie zur Attraktivitätssteigerung der jeweiligen Trägerkommune beitragen. Die Förderung des Sparsinns bleibt nach Ansicht der Sparkassenfunktionäre eine vorrangige Aufgabe der Sparkassen; als „Träger des Spargedankens" komme dieser Vermögensbildungsfunktion gerade hinsichtlich der privaten Altersvorsorge eine bedeutende Rolle zu (Schlierbach & Püttner, 1998, S. 116).

Die Sparkasse vergibt Investitions- und Kassenkredite an die Trägerkommune, legt kommunale Gelder an und wickelt den Zahlungsverkehr ab. Dabei gibt es keinen Kontrahierungszwang seitens der Sparkasse. Zugleich arbeiten Kommunen mit Wettbewerbern der Sparkassen zusammen. Heute zeigt sich die Hausbankfunktion zunehmend in Beratungsleistungen, beispielsweise in der Beratung zur Risikoprävention (Brämer et al., 2010).

Im Rahmen ihrer Wettbewerbskorrekturfunktion meinen die Sparkassen, allein aufgrund ihres Bestehens den Wettbewerb in der deutschen Kreditwirtschaft zu garantieren. Der Gruppenwettbewerb zwischen privaten Banken, Genossenschaftsbanken und öffentlich-rechtlichen Sparkassen sei ohne letztere gefährdet. Erst die Existenz der Sparkassen zwänge die anderen zu Leistung und zu Marktorientierung. In letzter Konsequenz verhindere die Existenz der öffentlich-rechtlichen Kreditinstitute sogar, dass die privaten

Banken verstaatlicht werden (Güde, 1995, S. 27–28). Gleichzeitig sei gewährleistet, dass die Entwicklung von Preisen und Angeboten nicht rein auf Gewinnmaximierung ausgerichtet sei.

Henneke subsumiert diese Facetten des öffentlichen Auftrags in einer Katalysatorfunktion. Ihm zufolge ist der Kerngedanke des öffentlichen Auftrags der Sparkassen die „eigendynamische Nutzung und Stärkung der Gestaltungskräfte vor Ort, um eine sich selbst tragende wirtschaftliche Entwicklung des Geschäftsgebietes anzustoßen und zu fördern" (Henneke, 2019, S. 220). Diese Definition blendet allerdings aus, dass Sparkassen „Schattenhaushalte der Kommunen" sind und andere Aufgaben der öffentlichen Daseinsvorsorge direkt und indirekt finanzieren (Wiebe, 2020).

2.1.3 Gemeinnützigkeit

Als unbestimmter Rechtsbegriff, dessen Inhalt zeitbezogen, vielschichtig und dem ständigen Wandel unterliegt, kann das Prinzip der Gemeinnützigkeit für Sparkassen nicht eindeutig bestimmt werden. Für *Güde* bedeutet Gemeinnützigkeit die Ausrichtung der Sparkassentätigkeit auf das Wohl der Allgemeinheit und den Verzicht auf Gewinnmaximierung. *Geiger* sieht in der Gewinnerzielung das Mittel zur Aufgabenerfüllung. Sparkassen sollen – wie erwerbswirtschaftlich orientierte Unternehmen – kostendeckend arbeiten. Darüber hinaus erzielte Gewinne sind für die Eigenkapitalbildung, die Erhaltung und Erweiterung des Geschäftsbetriebes, aber vor allem für gemeinnützige Zwecke zu verwenden (Geiger, 1992; Güde, 1995).

Das Prinzip der Gemeinnützigkeit stellt die Grundlage dar, auf der die Sparkassen ihre Konditionen kalkulieren, und konkretisiert den öffentlichen Auftrag bezüglich der Haltung der Sparkassen zu den Faktoren Kosten, Erlöse und Gewinn. Als der Allgemeinheit dienende Wirtschaftsunternehmen unterlagen Sparkassen im Gegensatz zu ihren Mitbewerbern verschiedensten förmlichen Geschäftsbeschränkungen (Schlierbach & Püttner, 1998). Bis Mitte der 1990er-Jahre galt sogar das Enumerationsprinzip. Sparkassen waren nur die Geschäfte erlaubt, die im Sparkassenrecht ausdrücklich aufgeführt waren. Ausnahmen davon waren nur durch Genehmigung der Aufsichtsbehörde möglich (Josten, 2022, S. 52–53).

Im Sparkassenrecht findet sich der Begriff „gemeinnützig" heute nicht mehr. *Josten* sieht eine zweigliedrige Entwicklung des Gemeinnützigkeitsverständnisses der Sparkassen im Zeitablauf. Zum einen ergäbe sich die Gemeinnützigkeit aus der Bindung der Sparkassen an den öffentlichen Auftrag. Zum anderen sei der Verzicht auf Gewinnerzielung das zweite Kennzeichen der Gemeinnützigkeit (Josten, 2022, S. 384–385).

2.1.4 Öffentlich-rechtliches Haftungsregime

Das öffentlich-rechtliche Haftungsregime der Sparkassen (und Landesbanken) hat in den 2000er-Jahren durch den EU-Beihilfe-Streit eine grundlegende Veränderung erfahren.

Bis dahin wurde es durch die beiden „Institute“ Anstaltslast und Gewährträgerhaftung ausgemacht. Anstaltslast meinte die Haftung der Trägerkommune im Innenverhältnis, die Gewährträgerhaftung die Haftung im Außenverhältnis zu den Gläubigern. Die Gewährträgerhaftung war inhaltlich detailliert bestimmt. „Der Gewährträger haftet für die Verbindlichkeiten der Sparkasse unbeschränkt. Die Gläubiger können den Gewährträger nur in Anspruch nehmen, soweit sie aus dem Vermögen der Sparkasse nicht befriedigt werden.“ Der Gewährträger gab damit eine öffentlich-rechtliche Ausfallgarantie. Er verpflichtete sich, gegenüber Dritten für fremde Verbindlichkeiten einzustehen, sofern das Vermögen der Sparkasse nicht zur Befriedigung der Gläubigeransprüche ausreicht. Ihre rechtliche Wirkung als Eventualschuld entsprach mithin der der privatrechtlichen Ausfallbürgschaft. Da die Haftung unbeschränkt war, haftete die Trägerkommune mit ihrem gesamten Vermögen (Möschel, 2000).

EU-Beihilfe-Streit

Auslösendes Moment der erneuten Debatte um die Privatisierung von Sparkassen und Landesbanken war die Beihilfebeschwerde der privaten deutschen Banken gegen die nicht marktgerecht verzinste Einbringung von Wohnungsbauvermögen der Länder in das Eigenkapital der Landesbanken. Die EU-Kommission verlangte von der nordrheinwestfälischen Landesregierung die Nachzahlung von 818 Mill. € (o. V., 2000, S. 6). Erst der daraufhin unternommene Versuch von Bundesregierung und Bundesrat, die öffentlich-rechtlichen Kreditinstitute der Beihilfekontrolle durch die EU-Kommission zu entziehen, lenkte die Aufmerksamkeit auf die grundsätzliche Frage nach der Zulässigkeit von Anstaltslast und Gewährträgerhaftung. Während die EU-Kommission im öffentlich-rechtlichen Haftungsregime unerlaubte staatliche Beihilfen/Garantien erkannte, verwiesen die Sparkassenfunktionäre darauf, dass die Entscheidungskompetenz in dieser Frage auf nationaler Ebene läge.

Dabei war die EU-Kommission durchaus kompromissbereit und ursprünglich dazu bereit, sich in ihrer Forderung nach der Aufhebung des Haftungsregimes auf die Landesbanken zu beschränken. In dem gefundenen Kompromiss mit der Bundesregierung wurden auch die Sparkassen miteinbezogen. Die Gewährträgerhaftung wurde abgeschafft, die Anstaltslast modifiziert. In einer fünfjährigen Übergangsperiode (18. Juli 2001 bis 18. Juli 2005) konnten beide Haftungsgarantien in ihrer derzeitigen Form beibehalten werden. Verbindlichkeiten, die während dieser Übergangsperiode entstanden, waren weiter durch Gewährträgerhaftung und Anstaltslast gedeckt, sofern ihre Laufzeit vor dem 31. Dezember 2015 endete.

Modifizierte Anstaltslast

Im Sparkassenrecht findet sich die modifizierte Anstaltslast heute wie folgt (§ 7, Absatz 2, Sparkassengesetz Nordrhein-Westfalen vom 18.11.2008, mit Stand vom 09.02.2024):

> „Der Träger unterstützt die Sparkasse bei der Erfüllung ihrer Aufgaben mit der Maßgabe, dass ein Anspruch der Sparkasse gegen den Träger oder eine sonstige Verpflichtung des Trägers, der Sparkasse Mittel zur Verfügung zu stellen, nicht besteht. Die Sparkasse haftet für ihre Verbindlichkeiten mit ihrem gesamten Vermögen. [...] Im Übrigen haftet der Träger der Sparkasse nicht für deren Verbindlichkeiten.“

2.1.5 Kommunale Bindung

Als Anstalt des öffentlichen Rechts hat die kommunale Sparkasse ein „Muttergemeinwesen“, in der Regel eine Gemeinde, einen Landkreis oder einen kommunalen Zweckverband. Dieser Träger kommt mit der Errichtung einer Sparkasse seiner kommunalpolitischen Förderungs- und Verwaltungsaufgabe nach. Indem die Kommune ihren Einwohnern die sichere Geldanlage und günstige Kreditaufnahme mittels einer Sparkasse garantiert, erfüllt sie ihren verfassungsrechtlichen Sozialstaatsauftrag. Die Sparkasse ist zwar eine eigene, selbstständige, rechtsfähige, aus der Verwaltungsorganisation der Kommune herausgelöste Verwaltungseinheit, jedoch immer noch Teil der Kommunalverwaltung (Schlierbach & Püttner, 1998). Der Träger entscheidet über die Errichtung, Vereinigung und Auflösung der Sparkasse (§§ 1, 27 und 31 Sparkassengesetz Nordrhein-Westfalen). Er bestimmt die Satzung, den Vorsitzenden des Verwaltungsrates und dessen Mitglieder (§§ 6, 11 und 12 Sparkassengesetz Nordrhein-Westfalen). Fallen Überschüsse aus der Geschäftstätigkeit der Sparkasse an, legt der Träger ihre Verwendung fest (§ 25 Sparkassengesetz Nordrhein-Westfalen). Auf das operative Geschäft der Sparkasse hat der kommunale Träger keinen Einfluss (Schackmann-Fallis, 2022, S. 330).

Indirekt liegt das Eigentum an der Sparkasse bei den in ihrem Geschäftsgebiet ansässigen Bürgern. Deren Einfluss beschränkt sich indes auf die Teilnahme an den Kommunalwahlen. *Trosky* betrachtet die Delegation des Verfügungsrechtebündels auf den Träger als Maßnahme, „um den vom jeweiligen Landesgesetzgeber vorgegebenen öffentlichen Auftrag überhaupt erfüllen zu können“. Die Bürger würden „vermutlich auch eine explizit gewinnorientierte Geschäftstätigkeit fordern“ (1996, S. 83).

Das Regionalprinzip, wonach das Geschäftsgebiet der Sparkassen dem Gemeindegebiet des Gewährträgers entspricht, soll an dieser Stelle nicht diskutiert werden. Für *Güde* weniger originäres Auftragsziel der Sparkassen als vielmehr institutionelle Rahmenbedingung, wird es in Kap. 3 als Grundprinzip der Verbundkooperation gemeinsam für Sparkassenorganisation und genossenschaftlichen Finanzverbund untersucht.

2.2 Genossenschaftsbanken

2.2.1 Rückblickende Betrachtung

Achtzig Jahre nach Gründung der ersten Sparkassen fand die genossenschaftliche Idee der Selbsthilfe Mitte des 19. Jahrhunderts Eingang in das deutsche Bankwesen. Händler und kleine Gewerbetreibende sahen sich mit der Konkurrenz in- und ausländischer Industriebetriebe konfrontiert. Die gerade befreiten Kleinbauern hatten mehrere schwere Sturmperioden hinter sich und mussten Abfindungen an die ehemaligen Grundbesitzer zahlen. Die notwendigen Mittel für moderne Geräte wollten weder die Kreditbanken noch die Sparkassen bereitstellen; erstere sahen in den Industriebetrieben ihre Zielkunden, letztere waren, wie oben gezeigt, gesetzlich oder satzungsmäßig verpflichtet, ihre Kundeneinlagen in Hypotheken oder Staatsanleihen anzulegen. Als Finanzierungsquelle verblieb die Kreditaufnahme beim örtlichen Geldverleiher oder Viehhändler, die für die ihnen entstehenden Kosten der Informationsbeschaffung Wucherzinsen verlangten und bei Kreditausfall den Grundbesitz des Schuldners übernahmen (Guinnane, 2001, S. 2–4).

Ihr Kontraktdesign ermöglichte es der Genossenschaftsbank, auch solchen Unternehmern Kredit zu gewähren, die von Kreditbanken wegen zu geringen Eigenkapitals abgelehnt werden mussten. Da die Kreditnehmer zugleich einlagenleistende Mitglieder der Genossenschaft waren, standen der Genossenschaft intime und weitgehend kostenlose Informationen über die Lebensverhältnisse ihrer Kunden (Mitglieder) zur Verfügung. Ihre Überwachungskosten fielen entsprechend geringer aus als die einer Kreditbank. Zudem signalisierte bereits der Beitritt eines Mitglieds zu einer Genossenschaftsbank eine höhere Kreditnehmer-Qualität, nahm das Mitglied doch das Risiko der unbeschränkten Haftung auf sich. Die gemeinsame Entscheidungsfindung und die gegenseitige Kontrolle erschwerte Ausbeutungsversuche einzelner Mitglieder. Überdies drohte der Verlust der sozialen Reputation durch Ausschluss (Müller, 2000, S. 107–108, 112).

Die Entstehungs- und Entwicklungsgeschichte der Genossenschaftsbanken ist mit drei Namen eng verknüpft. *Hermann Schulze-Delitzsch* wollte durch den genossenschaftlichen Zusammenschluss die Wettbewerbsfähigkeit der Handwerker und Kleingewerbetreibenden verbessern. *Schulze Delitzsch'* städtisch-gewerbliche Genossenschaftsbanken zunächst imitierend, initiierte *Friedrich Wilhelm Raiffeisen* seit 1847 die Einrichtung zahlreicher ländlicher Wohltätigkeitsvereine. In diesen schlossen sich Landwirte zusammen, wurden nach außen kreditfähig und erlangten günstige Zinskonditionen (Aschhoff & Henningsen, 1995, S. 22).

Während *Raiffeisen* jedoch die soziale Verantwortung der Genossenschaft ihren Mitgliedern gegenüber hervorhob, betonte *Schulze-Delitzsch* das individuelle Erwerbsstreben. Der hieraus resultierende Systemstreit führte dazu, dass sich die ländlichen und die eher städtisch geprägten gewerblichen Genossenschaftsbanken voneinander distanzierten. Im Streit darüber, ob die ländlichen Genossenschaften, wie es *Raiffeisen* propagierte, neben dem Bank- auch das Warengeschäft mit Betriebsmitteln und Erzeugnissen betreiben sollten, schlossen sich seit 1879 die reinen Bank-Genossenschaften unter der Führung von *Wilhelm Haas* zusammen (Maxeiner, 1976, S. 56–59).

Die Rechtsform der Genossenschaft wird erstmals 1867 mit dem preußischen „Gesetz betreffend die privatrechtliche Stellung der Erwerbs- und Wirtschaftsgenossenschaften" und 1889 mit dem „Reichsgesetz betreffend die Erwerbs- und Wirtschaftsgenossenschaften" ausdefiniert. Zu Beginn des ersten Weltkriegs existierten ungefähr 2000 gewerbliche sowie etwa 18.000 ländliche Genossenschaftsbanken (Aschhoff & Henningsen, 1995).

2.2.2 Förderauftrag

Das von *Schulze-Delitzsch* initiierte und geprägte Genossenschaftsrecht definiert Genossenschaften als „Gesellschaften von nicht geschlossener Mitgliederzahl, deren Zweck darauf gerichtet ist, den Erwerb oder die Wirtschaft ihrer Mitglieder oder deren soziale oder kulturelle Belange durch gemeinschaftlichen Geschäftsbetrieb zu fördern …" (§ 1 Absatz 1 Genossenschaftsgesetz, GenG). Genossenschaftsbanken sind demzufolge Genossenschaften, die im Sinne des Kreditwesengesetzes Bankgeschäfte zur Förderung ihrer Mitglieder betreiben (§ 1 Absatz 1, Satz 1 Kreditwesengesetz, KWG).

Die wissenschaftlichen Definitionen des Genossenschaftsbegriffes nehmen die rechtliche auf. Als besonders anschaulich hat sich *Draheims* Bild von der Doppelnatur der Genossenschaft erwiesen: Einerseits Personenvereinigung, andererseits gemeinschaftlicher Geschäftsbetrieb (Draheim, 1952). Doppelnatur und Förderauftrag sind für *Henzler* die zwei Wesensmerkmale der Genossenschaft (Henzler, 1957).

Der Förderauftrag ist der gesetzlich festgelegte Zweck der eingetragenen Genossenschaft (eG). Ist dieser „entgegen § 1 nicht auf die Förderung der Mitglieder gerichtet, kann die Genossenschaft auf Antrag der zuständigen obersten Landesbehörde, in deren Bezirk die Genossenschaft ihren Sitz hat, durch Urteil aufgelöst werden" (§ 81 Absatz 1 GenG).

Er kann sowohl materieller als auch ideeller Natur sein; in der frühen Literatur wurde meist auf den ökonomischen Förderungsaspekt abgestellt. *Henzler* unterteilt die ökonomische Förderung in finanzielle und leistungsmäßige Förderung. Die finanzielle Förderung der Mitglieder erfolgt unmittelbar durch niedrigere Einkaufs- und höhere Abnahmepreise, mittelbar durch die Gewährung von Rückvergütungen. Die Beratung und Betreuung der Mitglieder sowie andere Zusatzleistungen sind mit der leistungsmäßigen Förderung gemeint. Zur Erfüllung des Förderauftrags muss die Genossenschaft erfolgreich am Markt agieren. Die Gewinnerzielung der Genossenschaft ist mithin nicht Selbstzweck, sondern Mittel zum Zweck der Mitgliederförderung (Lang & Weidmüller, 2022, S. 43–44). Die Zuführung des Überschusses zu den Reserven erhöhe die Eigenkapitalbasis, trage damit zur Sicherung der Unternehmung bei und erhöhe so das Förderungspotenzial der eG.

Die Mitglieder der Genossenschaft sind deren Eigentümer und Kunden, wobei die Kundenbeziehung wichtiger als die kapitalmäßige Beteiligung ist. Jedes Mitglied ist dazu berechtigt, die Einrichtungen der Genossenschaft in Anspruch zu nehmen; ein Kontrahierungszwang wie bei den Sparkassen existiert nicht. Umgekehrt setzt der genossenschaftliche Förderzweck voraus, dass die Mitglieder am Geschäftsbetrieb der eG aktiv teilnehmen. Den Genossenschaftsbanken wird beispielsweise vorgeworfen, sich zu reinen „Dividendengenossenschaften" entwickelt zu haben, deren Mitglieder die Beteiligung an der eG primär als Geldanlage betrachten (Großfeld, 1988, S. 264).

Der Förderauftrag ist ausschließlich auf die Mitglieder ausgerichtet; gemeinwirtschaftliche Zielsetzungen sind zwar zulässig, aber nebensächlich. *Hahn* führt für die Genossenschaftsbanken zusätzlich einen gesamtwirtschaftlichen Förderungsauftrag an, der an die Wettbewerbskorrekturfunktion der Sparkassen erinnert. Die Existenz der Genossenschaftsbanken halte den Drei-Sektoren-Wettbewerb in der deutschen Kreditwirtschaft aufrecht und verhindere den weiteren Abbau von Filialen durch die privaten Banken (Hahn, 1996, S. 173–174).

2.2.3 Identitätsprinzip

Das Identitätsprinzip trennt Produktiv- und Fördergenossenschaften voneinander. Bei Letzteren sind die Eigentümer zugleich Kunde bzw. Lieferant, während bei Produktivgenossenschaften Eigentümer und Beschäftigte identisch sind.

Das sich aus dem Selbsthilfegedanken ergebende Identitätsprinzip verbietet grundsätzlich Nichtmitgliedergeschäfte. Dieses Verbot hat allerdings deutlich an Bedeutung verloren. Geschäfte mit Nichtmitgliedern werden getätigt, sofern die Mitgliederförderung Hauptzweck der eG bleibt. Sie sollen zur Auslastung freier Kapazitäten, zur Verbesserung der Marktstellung und zur Gewinnung neuer Mitglieder beitragen. Genossenschaftsbanken dürfen deshalb seit 1973 Kredite auch an Nichtmitglieder vergeben (Metz & Schaffland, 1997).

Der Anreiz, Mitglied einer Genossenschaft zu werden, besteht darin, gegenüber einem Nichtmitglied Vorteile als Kunde zu genießen. Anhand der Anreiz-Beitrags-Theorie kann zwischen wirtschaftlichen und außerwirtschaftlichen Vorteilen für die Mitglieder differenziert werden, denen materielle und immaterielle Beiträge der Mitglieder an die Genossenschaft entgegenstehen. Festhalten lässt sich, dass die Einhaltung des Identitätsprinzips angesichts des Nichtmitgliedergeschäftes in der Praxis besonders für die Genossenschaftsbanken unmöglich scheint, da diesen bereits die Trennung von Mitglieder-Kunden und „Nur-Kunden" hinsichtlich der Förderungsbemühungen schwerfällt (Grosskopf, 1990, S. 169).

2.2.4 Selbsthilfe, Selbstverwaltung und Selbstverantwortung

Analog zu den Strukturprinzipien der Sparkassen (Josten, 2022) spricht *Picker* von Strukturprinzipien der eG (2019):

- Selbsthilfe
- Selbstverwaltung
- Selbstverantwortung
- Demokratieprinzip

Für *Schulze-Delitzsch* bedeutete Selbsthilfe, dass sich die Genossen unabhängig von staatlicher oder karikativer Fremdhilfe gemeinschaftlich selbst helfen. Diese Absicht bedingt die Freiwilligkeit des Zusammenschlusses, die eigenständige, von Fremdhilfe unabhängige Aufbringung der notwendigen finanziellen Mittel durch die Mitglieder sowie deren Bereitschaft, füreinander einzustehen. Selbsthilfegrundsatz und Förderzweck begründen daher kumulativ die Einzigartigkeit und Eigenständigkeit der Rechtsform eG (Picker, 2019, S. 90–91).

Die strikte Auslegung des Selbsthilfegedankens verlangt, dass sich die Genossenschaftsmitglieder selbst verwalten. Gemäß dieser Selbstorganschaft ist nur den Mitgliedern die

Führung und Kontrolle der eG erlaubt. Weisungen Dritter sind gesetzlich und satzungsmäßig ausgeschlossen. Die drei Organe Generalversammlung, Vorstand und Aufsichtsrat sind von den Mitgliedern demokratisch zu wählen; jedes Mitglied sitzt unabhängig von der Höhe seiner Kapitalbeteiligung in der Generalversammlung (Zerche et al., 1998, S. 12–13).

Im Gegensatz zu den Aktionären der AG verfügen die Mitglieder der eG über umfassende Partizipationsrechte. Die Generalversammlung besitzt originäre Geschäftsführungskompetenz (§ 43 Absatz 1 GenG). Sie kann dem Vorstand beispielsweise per Satzung die Kompetenz für einzelne Geschäftsfelder entziehen und auf sich übertragen (§ 27 Absatz 1 GenG) oder ihn jederzeit grundlos abberufen (§ 24 Absatz 2 GenG). Eine personelle Verflechtung wird sichergestellt, indem die Mitglieder des Vorstands und des Aufsichtsrats der eG Genossen sein müssen (§ 9 Absatz 2 GenG). Insgesamt muss die eG immer wieder aufs Neue ausloten, wo „die Grenze zwischen einer markttauglichen Ausgestaltung der genossenschaftlichen Leitungsverfassung und einer geschäftspolitischen Entmachtung der Generalversammlung […] verläuft" (Picker, 2019, S. 101).

Die genossenschaftliche Selbstverantwortung hat ihre traditionelle Funktion als „gesetzliche Haftpflicht der Mitglieder", die die strukturelle Kapitalarmut der eG im 19. Jahrhundert ausglich, verloren (Picker, 2019, S. 108). Die Genossenschaftsmitglieder werden nicht mehr direkt von den Gläubigern in Haftung genommen (Solidarhaftung); im Außenverhältnis haftet lediglich der Genossenschaftsbetrieb. Im Konkurs oder beim Ausscheiden einzelner Mitglieder aus einer überschuldeten eG können die Mitglieder jedoch satzungsmäßig verpflichtet sein, (un)beschränkt Nachschüsse zu leisten (§ 105 Absatz 1 GenG). Zudem haften Vorstand und Aufsichtsrat entsprechend ihrer Sorgfaltspflichten (§ 34 Absatz 1 GenG).

2.2.5 Demokratieprinzip

Picker hadert mit dem Begriff des genossenschaftlichen Demokratieprinzips und lässt es nur gelten, weil es im deutschen Genossenschaftsrecht verankert sei. Vielmehr ginge es in der eG immer schon um das Mehrheitsprinzip in der Willensbildung und die Delegation von Entscheidungsbefugnissen (Picker, 2019, S. 112).

Der Willensbildungs- und Entscheidungsprozess soll idealtypisch von unten nach oben verlaufen. Der „One man one vote"-Grundsatz gibt jedem Genossenschaftsmitglied unabhängig vom Ausmaß seiner Kapitalbeteiligung nur eine Stimme in der Generalversammlung (§ 43 Absatz 3 GenG). In den Mitwirkungsrechten der Mitglieder in der Generalversammlung fand sich vor der Novelle des GenG 1973 ansatzweise die direkte Demokratie verwirklicht. Die Mitglieder konnten unmittelbar auf Einzelfragen der Geschäftsführung Einfluss nehmen. Mit dem Wachstum der Genossenschaften entfiel diese Möglichkeit; die direkte wich der repräsentativen Demokratie. Große Genossenschaften mit mehr als 1500 Mitgliedern können die Generalversammlung durch eine Vertreterversammlung ersetzen, die aus Vertretern der Genossen besteht (§ 43a Absatz 1 GenG). Als höchste Entscheidungsinstanz entscheidet die General- oder Vertreterversammlung heute über Satzungsänderungen oder die Wahl, Entlastung und Entlassung von Vorstand sowie Aufsichtsrat (§ 48 Absatz 1 GenG). Die Mitglieder sollen persönlich abstimmen, können aber Stimmvollmacht erteilen (§ 43 Absatz 5 GenG).

Die Genossenschaft ist generationsübergreifend demokratisch. Das ausscheidende Mitglied wird zum Buchwert abgefunden, das Vermögen verbleibt bei der Genossenschaft (§ 73 Absatz 2 GenG). Gerade bei Fusionen resultiert daraus regelmäßig eine Diskussion um diesen „inneren Wert" der Genossenschaft. Aktuell ist die Klage eines VR Bank-Mitglieds beim Bundesgerichtshof anhängig, der sich als „kalt enteignet" sieht (Lachmann, 2024)

Neuen Mitgliedern steht die Aufnahme offen, sie müssen kein „Eintrittsgeld" in Form eines Kursaufschlags auf den Buchwert des Geschäftsguthabens entrichten. Der Ausschluss der Kapitalmacht verhindert, dass die Genossenschaft zu einem „closed shop" der „happy few" wird (Großfeld, 1998, S. 88–89).

Literatur

Aschhoff, G., & Henningsen, E. (1995). *Das deutsche Genossenschaftswesen.* Knapp.

Brämer, P., Gischer, H., Pfingsten, A., & Richter, T. (2010). Der öffentliche Auftrag der deutschen Sparkassen aus der Perspektive des Stakeholder-Managements. *Zeitschrift für öffentliche und gemeinwirtschaftliche Unternehmen, 33*, 311–332. https://www.jstor.org/stable/41318632

Draheim, G. (1952). *Die Genossenschaft als Unternehmungstyp.* Vandenhoeck & Ruprecht.

Geiger, H. (1992). *Die deutsche Sparkassenorganisation.* Knapp.

Großfeld, B. (1988). Das Ehrenamt in der Genossenschaft und im genossenschaftlichen Verbund. *Zeitschrift für das gesamte Genossenschaftswesen, 38*, 263–274.

Großfeld, B. (1998). Das Bild der Genossenschaft. *Zeitschrift für das gesamte Genossenschaftswesen, 48*, 88–89.

Grosskopf, W. (1990). *Der Förderungsauftrag moderner Genossenschaftsbanken und seine Umsetzung in die Praxis.* Knapp.

Güde, U. (1995). *Die Geschäftspolitik der Sparkassen.* Deutscher Sparkassenverlag.

Guinnane, Timothy W. (2000). The development of Germany's banking system, 1800–1914, *Department of Economics, Yale University Working Paper*, November 2000.

Guinnane, Timothy W. (2001). Cooperatives as information machines: German rural credit cooperatives, 1883–1914. *The Journal of Economic History, 61*, 366–389.

Hahn, O. (1996). Die genossenschaftliche Bankwirtschaft in der Bundesrepublik Deutschland. *Zeitschrift für das gesamte Genossenschaftswesen, 46*, 164–178.

Henneke, H.-G. (2019). *Kommunale Sparkassen.* Kommunal- und Schul-Verlag.

Henzler, R. (1957). *Die Genossenschaft – eine fördernde Betriebswirtschaft.* Girardet.

Josten, R. (2022). *Strukturprinzipien der Strukturverfassung.* Duncker & Humblot.

Klein, E. (1982). Von den Anfängen bis zum Ende des alten Reiches (1806). In von G. Ashauer (Hrsg.), *Deutsche Bankengeschichte* (Bd. 1). Knapp.

Lachmann, M.. (2024, Mai 31). Wackelt Fusionspraxis? VR-Bank-Mitglied zieht vor Bundesgerichtshof. *FinanzBusiness*. https://finanzbusiness.de/nachrichten/genossen/article17151823.ece. Zugegriffen am 07.06.2024.

Lang, J., & Weidmüller, L. (2022). *Genossenschaftsgesetz: Gesetz, betreffend die Erwerbs- und Wirtschaftsgenossenschaften* (Bearbeitet von Dirk J. Lehnhoff & J. Holthaus). De Gruyter.

Maxeiner, R. (1976). *Vertrauen in die eigene Kraft: Wilhelm Haas; sein Leben und Wirken*. Deutscher Genossenschaftsverlag.

Metz, E., & Schaffland, H.-J. (1997). *Genossenschaftsgesetz: (Gesetz, betreffend die Erwerbs- und Wirtschaftsgenossenschaften)*. De Gruyter.

Möschel, W. (2000). Die zukünftige Rolle des Staates in der deutschen Kreditwirtschaft. *Die Bank, 40*, 84–89.

Müller, W. (2000). *Anreizstrukturen bei deutschen Kreditgenossenschaftsbanken*. Centaurus.

o. V. (2000, April 17). Zweifel am dauerhaften Schutz für Sparkassen. *Handelsblatt*.

Oebbecke, J. (2017). Der öffentlich-rechtliche Status von Sparkassen und seine Auswirkungen. *Deutsches Verwaltungsblatt, 132*, 397–460.

Picker, C. (2019). *Genossenschaftsidee und Governance*. Mohr Siebeck.

Schackmann-Fallis, K.-P. (2022). Sparkassen. In von C. Neu (Hrsg.), *Handbuch Daseinsvorsorge* (S. 330–337). VKU Verlag.

Schlierbach, H., & Püttner, G. (1998). *Das Sparkassenrecht in der Bundesrepublik Deutschland* (4. Aufl.). Deutscher Sparkassenverlag.

Trende, A. (1993). *Geschichte der deutschen Sparkassen bis zum Anfang des 20. Jahrhunderts*, Nachdruck der Originalausgabe von 1957. Deutscher Sparkassenverlag.

Trosky, A. (1996). *Deutsche Kreditinstitute aus institutionenökonomischer Sicht*. Steuer- und Wirtschaftsverlag.

Wehber, T. (2015). „… die Emancipation des dritten Standes bis tief in die unteren Classen vollenden“. Die ethische und gesellschaftspolitische Mission der frühen Sparkassen. In von G. Fahrenschon & J. Wallacher (Hrsg.), *Ethik und Finanzwirtschaft*. Deutscher Sparkassenverlag.

Wiebe, F. (2020, Januar 22). Sparkassen sind Schattenhaushalte der Kommunen. *Handelsblatt*.

Wysocki, J. (1980). *Untersuchungen zur Wirtschafts- und Sozialgeschichte der deutschen Sparkassen im 19. Jahrhundert*. Deutscher Sparkassenverlag.

Zerche, J., Schmale, I., & Blome-Drees, J. (1998). *Einführung in die Genossenschaftslehre: Genossenschaftstheorie und Genossenschaftsmanagement*. Oldenbourg.

3 Verbund und Verband

3.1 Eine Einordnung

Sparkassen und Genossenschaftsbanken können dank ihrer lokalen Struktur Informationsvorteile gegenüber ihren landesweit agierenden Mitbewerbern erzielen. Ihrer hohen Marktmacht in den lokalen Märkten standen jedoch Nachteile der Kleinheit entgegen. Die Kundeneinlagen waren in hohem Maße immobil. Entweder überstiegen die Kundeneinlagen die lokale Nachfrage nach Krediten oder umgekehrt (Bonus & Schmidt, 1990, S. 192–193).

Der Ausweg bestand für die Funktionäre beider Institutsgruppen in der Gründung überregional tätiger Gemeinschaftseinrichtungen. Deren Zweiteilung in Verbände und Zentralbanken hält bis heute an. Aus dem 1859 von *Schulze-Delitzsch* gegründeten Korrespondenzbüro der deutschen Vorschuss- und Kreditvereine ging 1864 der Allgemeine Verband der auf Selbsthilfe beruhenden Deutschen Erwerbs- und Wirtschaftsgenossenschaften hervor, dessen Funktion die Beratung und Interessenvertretung war. Parallel richtete *Raiffeisen* 1877 den Anwaltschaftsverband ländlicher Genossenschaften ein (Kluge, 1991, S. 259–262).

Die Zusammenarbeit der Genossenschaftsbanken in den Verbänden ließ die ersten zentralen geldwirtschaftlichen Institute entstehen. Diese überörtlichen Stellen sollten den Geldausgleich der jeweiligen Genossenschaftsbanken gewährleisten. Für die gewerblichen Genossenschaftsinstitute wurden 1864 die Deutsche Genossenschaftsbank von Soergel, Parrisius & Co. KG a. A. und 1876 die Central-Darlehenskasse AG für die ländlichen Genossenschaftsbanken gegründet. Um den allgemeinen Geldmarkt zu erschließen, wurde zudem 1895 die „Preußische Centralgenossenschaftskasse" errichtet. Mit diesem Spitzeninstitut war der genossenschaftliche Bankenverbund fortan dreistufig strukturiert.

Die Entwicklung von Verbänden und Zentralbanken nahm in der Sparkassenorganisation den umgekehrten Weg. Das erste Vorgängerinstitut der heutigen Landesbanken, die Westfälische Provinzialhilfskasse, wurde bereits 1832 in Münster gegründet (Mura, 1981, S. 248). Erst 1872 entstand der „Verein zur Wahrung der Interessen der Spar-

M.-P. Dagott, *Die Volks- und Raiffeisensparkasse eG*,
https://doi.org/10.1007/978-3-658-45751-8_3

kassen im Regierungsbezirk Arnsberg"; aus dem 1881 gegründeten „Verband der Sparkassen in Rheinland und Westfalen" wurde 1882 der „Verband der Sparkassen in Westdeutschland" und 1884 der Deutsche Sparkassenverband. Dessen Funktion als Dachverband der regionalen Verbände wurde 1892 festgeschrieben (Pohl, 1982, S. 332–333).

Unabhängig von den Sparkassenverbänden entstanden die regionalen Giroverbände als Ergebnis der Bemühungen von *Eberle*, den unbaren Überweisungsverkehr einzuführen und dessen Abwicklung organisatorisch und technisch zu erleichtern. Die im Scheckgesetz von 1908 festgeschriebene passive Scheckfähigkeit war für die Sparkassen der Impuls zu ihrer Entwicklung zu Universalbanken. Träger der Giroverbände waren nicht die Sparkassen, sondern deren kommunale Gewährträger. Als zentrale Verrechnungsstellen für den überörtlichen Giroverkehr wurden die Girozentralen in der Form unselbstständiger Abteilungen der haftenden regionalen Giroverbände gegründet. In der Folgezeit entwickelten sich die Girozentralen zu wirtschaftlich und rechtlich selbstständigen Bankanstalten und verschmolzen mit den Landesbanken, während sich die Giroverbände mit den Sparkassenverbänden vereinigten (Mura, 1981, S. 247–250).

3.2 Verbundkooperation

3.2.1 Begriff

Die verschiedenen Organisationsformen zwischenbetrieblicher Zusammenarbeit werden als ein Kontinuum dargestellt, an dessen Enden auf der einen Seite die Koordination über den Markt und auf der anderen Seite die hierarchische Koordination in einem Unternehmen steht (Konzentration). Zwischen diesen Extremen finden sich hybride Kooperationsformen, die sowohl marktwirtschaftliche als auch hierarchische Elemente vereinen.

In dem Kontinuum der verschiedenen Organisationsformen zwischenbetrieblicher Zusammenarbeit sind Genossenschaften sowie beide bankwirtschaftlichen Verbundsysteme als kooperative Unternehmensverbindungen einzuordnen, da sie auf eine komplexe und dauerhafte Zusammenarbeit angelegt sind (Abb. 3.1). Für die einzelne Genossenschaftsbank ist der Kooperationsgedanke sogar konstitutiv, was sich in der Übersetzung des Begriffs „Genossenschaft" in andere Sprachen niederschlägt und dazu geführt hat, dass der Kooperationsbegriff maßgeblich von Genossenschaftswissenschaftlern geprägt bzw. besetzt wurde (Engelhardt, 1985, S. 7): „co-operative" (englisch), „coopérative" (französisch) oder „kooperativa" (schwedisch).

Die Kooperationsformen können anhand der Bindungsintensität in einfache und komplexere unterschieden werden. Lizenzverträge, Joint Ventures oder Konsortien sind zeitlich begrenzt und meist projektbezogen. Franchisesysteme, Genossenschaften oder strategische Netzwerke sind hingegen auf eine komplexe und dauerhafte Zusammenarbeit angelegt (Bonus et al., 1999, S. 7–8, 12–14).

Die Nutzung jeder Organisationsform verursacht den Verzehr von Ressourcen in Form von Transaktionskosten. Zu ermitteln ist der unter den gegebenen Bedingungen optimale

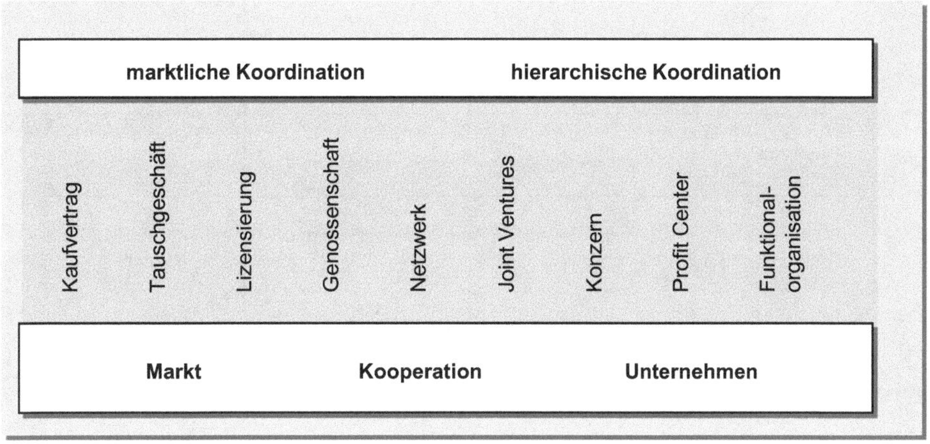

Abb. 3.1 Formen zwischenbetrieblicher Zusammenarbeit. Eigene Darstellung in Anlehnung an Sydow (1992, S. 104) und Bonus et al. (1999, S. 7)

Koordinationsmechanismus. Die Kooperation mit Konkurrenten (coopetition) ist nur dann zu empfehlen, wenn kein Markt vorhanden ist und sollte sich auf Geschäftsbereiche, Produkte oder Dienstleistungen beschränken, die für den Erfolg des Unternehmens vergleichsweise unkritisch sind, also eine geringe strategische Bedeutung aufweisen (Polster, 2001, S. 9–13).

Die zwischenbetriebliche Kooperation der Primärbanken, auch der Sparkassen (Langschied, 1993, S. 76–77), überwindet deren Charakteristikum, die lokale Kleinheit. Indem die Primärbanken die Koordination und Erfüllung betrieblicher Teilaufgaben bestimmten, allein zu diesem Zweck gegründeten Gemeinschaftseinrichtungen übertragen, können sie Größenvorteile nutzen und ihren Kunden die Produkt- und Dienstleistungspalette einer Universalbank offerieren, ohne ihre rechtliche und ökonomische Selbstständigkeit aufgeben zu müssen (Hanel, 1992, S. 227).

3.2.2 Aufbau

Die Entwicklung beider Institutsgruppen zu kooperativen Verbundsystemen verlief (zeitlich) zwar unterschiedlich, ihre Struktur lässt sich indes vergleichen. Aufgespalten in ihre Elemente, werden die finanziellen, leistungsbedingten und personellen Verflechtungen in den Verbünden sichtbar (Boele, 1995, S. 47–48).

Wie Abb. 3.2 zeigt, besteht der ursprüngliche, dreistufige Bankenverbund aus Primärinstituten, regionalen Zentralbanken und der auf Bundesebene agierenden Zentralbank. In der genossenschaftlichen FinanzGruppe gibt es seit der Fusion von DZ Bank und WGZ Bank keine regionalen Zentralbanken mehr; in der Sparkassen-Finanzgruppe existiert de facto kein Spitzeninstitut mehr. Die Verbandsorganisation setzt sich

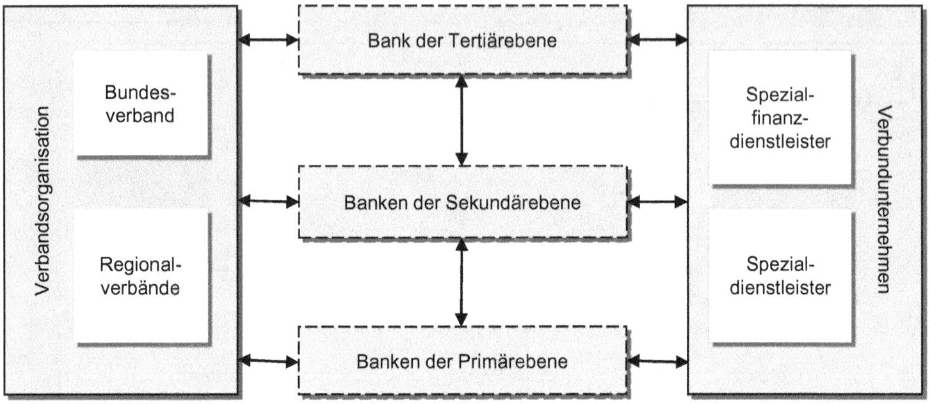

Abb. 3.2 Verbundsystem und -elemente. Eigene Darstellung nach Boele (1995, S. 59)

aus Regional- und Bundesverbänden zusammen. Die übrigen Verbundunternehmen sind Spezialfinanzdienstleister wie Fondsgesellschaften und Bausparkassen, die die Produktpalette des jeweiligen Bankenverbundes mit eigenen Produkten und Dienstleistungen ergänzen, sowie Dienstleister wie Rechenzentralen, Wertpapierservicebanken und Verlage, welche alle zuvor genannten Verbundpartner in ihrer Leistungserstellung unterstützen. Im Gegensatz zu den zentral gesteuerten Bankkonzernen der Deutschen Bank oder der Commerzbank, wo ein an der Konzernspitze stehendes Unternehmen direkt oder indirekt an den Konzerngesellschaften mehrheitlich beteiligt ist, die Ziele der Konzernunternehmen vorgibt und die Leitungs- und Weisungsbefugnis ausübt, verlaufen die Eigentumsverhältnisse in beiden Verbundsystemen diametral entgegengesetzt von unten nach oben (Schierenbeck, 1995, S. 167–169; Huch & Borchers, 1999, S. 344–349).

Im idealtypischen Verbundmodell sind die Primär- und Sekundärbanken kapitalmäßige Träger der Verbundinstitute der jeweils übergeordneten Verbundebene, sodass die Mitglieder der Verbundunternehmen in einem (quasi basis-)demokratischen Willensbildungsprozess über die Verbundpolitik entscheiden (Syndikus, 1992, S. 2–3). In der Realität existieren vor allem im Sparkassenverbund Abweichungen vom Modell.

Aus diesen Eigentumsstrukturen leiten sich umfangreiche personelle Beziehungen ab. Einerseits sind die Primärbanken mittelbar oder unmittelbar in den Aufsichtsgremien ihrer Verbundpartner sowie den Verbandsversammlungen ihrer regionalen Verbände vertreten (Pester, 1993, S. 128), andererseits wechseln regelmäßig Topmanager eines Verbundpartners in die Führungsposition eines anderen Verbundunternehmens.

Unterschiede zwischen beiden Verbundsystemen zeigen sich hinsichtlich der Eigentümerstrukturen, der Größenstrukturen auf der Primärbankebene und der Anzahl der finanzwirtschaftlichen Verbundunternehmen. Die Sparkassen sind im Durchschnitt deutlich größer als die Genossenschaftsbanken. Umgekehrt ist auf der Ebene der Verbundunternehmen eine Zersplitterung im öffentlich-rechtlichen Verbundsystem festzustellen.

3.2.3 Funktionsweise

Die aufgezeigten direkten oder indirekten finanziellen Beteiligungen sind allerdings nicht ursächlich für die Stabilität der Verbundsysteme; im Gegensatz zu anderen Kooperationsformen gibt es nur wenige gesetzliche oder vertragliche Vereinbarungen, die die Zusammenarbeit zwischen den Verbundpartnern für Teilbereiche ausdrücklich regeln (Reiners, 1977, S. 30). Sie sind vielmehr das Ergebnis des Wirkens bestimmter, strukturbildender Ordnungsprinzipien, welche den Entwicklungsverlauf beider Verbünde bestimmt haben. Zu nennen sind für den genossenschaftlichen Finanzverbund der Förderauftrag, für die Sparkassenorganisation der öffentliche Auftrag sowie für beide das Freiwilligkeitsprinzip, das Prinzip der (vertikalen und horizontalen) Arbeitsteilung und das Demokratieprinzip (Syndikus, 1992, S. 59).

Der öffentliche Auftrag der Sparkassen bzw. der Förderauftrag der Genossenschaftsbanken bindet unmittelbar oder mittelbar auch die übrigen Verbundunternehmen. Unmittelbar bspw. die DZ Bank, die selbst einen Förderauftrag hat, der sie satzungsmäßig dazu verpflichtet, die Banken der Primärstufe zu fördern (DZ Bank, 2021, S. 1). Mittelbar alle, da beide Aufträge zentrale Bestandteile der jeweiligen „Verbund-Philosophie" sind, die die eigene Organisation durch eine spezifische „Corporate Identity" nach außen abgrenzt.

Das Freiwilligkeitsprinzip kommt in der Zusammenarbeit der Primärbanken mit den Zentralbanken und den Spezialdienstleistern zum Ausdruck. Die Primärbanken können grundsätzlich selbst bestimmen, inwieweit sie mit den Zentralbanken, dem jeweiligen Spitzeninstitut und den restlichen Verbundunternehmen kooperieren. Die Freiwilligkeit ist für *Dülfer* (1995, S. 47–48) auch dann gegeben, wenn sich eine Primärbank subjektiv zur Zusammenarbeit mit dem Verbund gezwungen sieht, da sie ansonsten ihre Wettbewerbsfähigkeit gefährdet. Geschäftsbeziehungen der Primärinstitute mit verbundexternen Unternehmen sind nicht ausgeschlossen – die bayerischen Genossenschaftsbanken verkaufen bspw. Versicherungspolicen der Allianz (Ernst, 2019, S. 2–3). Auf der Verbandsebene ist die Freiwilligkeit der Kooperation eingeschränkt. Die Primärbanken unterliegen einem gesetzlichen Zwang zur Mitgliedschaft in einem regionalen Prüfungsverband, der eine hohe Bindungsintensität generiert, zumal das Ausscheiden aus dem jeweiligen Verbund ohne Aufgabe der Existenz und Identität auf Dauer nicht möglich ist (Grichnik & Börner, 1999, S. 76; zur Diskussion um die Pflichtmitgliedschaft der eG in einem genossenschaftlichen Prüfungsverband siehe Reif, 2023, S. 224–228).

Das Grundprinzip der Verbundkooperation ist das der Arbeitsteilung. Die horizontale Arbeitsteilung findet in der Anwendung des Regionalprinzips ihren Ausdruck. Die Primärbanken wie auch die regionalen Zentralbanken und Verbände beschränken sich in ihren Aktivitäten auf lokale bzw. regionale Geschäftsgebiete, sodass der verbundinterne Wettbewerb idealtypisch ausgeschlossen ist. Das Regionalprinzip ist lediglich für die Sparkassen gesetzlich festgeschrieben und sollte ursprünglich nicht die Bildung von dezentralen Verbundstrukturen anregen, sondern die Geschäftstätigkeit der einzelnen Sparkasse auf das Gemeindegebiet ihres kommunalen Gewährträgers beschränken (Langschied, 1993, S. 133–135). Ansonsten beruht die dezentrale Struktur auf einer Selbstverpflichtung, die sich die Verbundmitglieder auferlegt haben und deren Bestehen davon abhängt, inwieweit sich die Verbundelemente daranhalten. In der Praxis gibt es auf beiden Verbundebenen zwar Abweichungen vom Regionalprinzip, seine grundsätzliche Bedeutung und die daraus erwachsene tiefe lokale Verwurzelung der Primärbanken werden indes als deren Kernkompetenz identifiziert.

Die vertikale Aufgabenverteilung zwischen der Primär-, der Sekundär- und der Tertiärbankebene wird durch das Subsidiaritätsprinzip geregelt. Die untere Systemebene gibt jene Aufgaben an die nächsthöhere Verbundstufe ab, die von ihr selbst nicht (bspw. das Emissionsgeschäft) oder von der übergeordneten Ebene besser zu erfüllen sind (bspw. das internationale Zahlungsverkehrsgeschäft). Unterlegt werden diese dezentralen Verbundstrukturen von einem demokratischen Willensbildungsprozess.

Entsprechend dem Verlauf der bereits aufgezeigten Beteiligungsverhältnisse entwickelt sich die Willensbildung von unten nach oben. Zudem haben die Primärbanken beider Verbundsysteme in den Verbandsgremien unabhängig von ihrer Größe jeweils nur eine Stimme (Langschied, 1993, S. 146–149).

Über diese spezifischen Funktionsprinzipien hinaus, ergeben sich allgemeine Voraussetzungen für den Erfolg jeder zwischenbetrieblichen Kooperation, von denen Vertrauen die grundlegende ist. Wechselseitiges Vertrauen der Verbundpartner – die einzelnen Akteure im Verbund agieren abwechselnd als Vertrauensgeber und Vertrauensnehmer – reduziert die Kontrolltransaktionskosten, verringert die Komplexität, etabliert eine Situation mit gegenseitigem Nutzen, steigert die Motivation der Verbundpartner und fördert die Kommunikation zwischen ihnen (Gilbert, 1999, S. 32).

3.3 Verbundelemente

3.3.1 Primärbanken

Sparkassen und Genossenschaftsbanken unterscheiden sich in Bezug auf die durchschnittliche Betriebsgröße. Bei den genossenschaftlichen Primärbanken kann anstatt vom Regional-, teilweise noch von einem Lokalprinzip gesprochen werden. Gemessen an der Bilanzsumme ist die durchschnittliche Sparkasse mit 4,29 Mrd. € Bilanzsumme 2,5-mal größer als die durchschnittliche Volks- und Raiffeisenbank mit 1,69 Mrd. € Bilanzsumme. Den 697 Genossenschaftsbanken standen Ende 2023 353 Sparkassen gegenüber (BVR, 2024a; DSGV, 2024a, b), wobei sich dieser Abstand erst durch die erhebliche Konzentration im genossenschaftlichen Sektor in den letzten Jahrzehnten verringert hat (Abschn. 3.4).

Die Primärbanken sind im genossenschaftlichen Finanzverbund direkt oder indirekt alleinige Eigentümer, in der Sparkassenorganisation Miteigentümer der übrigen Verbundunternehmen. Die Genossenschaftsbanken halten das Kapital der DZ Bank – mehrheitlich über regionale Holdinggesellschaften, die Rechtsnachfolger der Zentralbanken in Bayern, Norddeutschland und Kurhessen sind und deren Geschäftsbetrieb von der alten DG Bank übernommen wurde. (Schulte, 2020, S. 32; Syndikus, 1992, S. 31–34, 41–42). Die Verbundspezialinstitute sind nahezu 100-prozentige DZ Bank-Töchter (DZ Bank, 2022, S. 25).

Im Gegensatz zu ihrem genossenschaftlichen Pendant weist die Sparkassenorganisation komplexere Eigentumsverhältnisse auf und unterliegt starken direkten und indirekten politischen Einflüssen, die dem idealtypischen Verlauf eines demokratischen und dezentralen Willensbildungsprozesses zuwiderlaufen. Die Sparkassen sind lediglich mittelbar an der jeweiligen Landesbank beteiligt. Zum einen, weil die regionalen Sparkassenverbände nicht ausschließlich von den lokalen Sparkassen, sondern zur Hälfte direkt von deren kommunalen Trägern unterhalten werden. Zum anderen, weil die Sparkassenverbände in ihrer Holdingfunktion für ihre Sparkassen nicht alle Anteile an der jeweiligen Landesbank halten; das jeweilige Bundesland ist in der Regel Miteigentümer (Güde, 1995, S. 49–52).

3.3.2 Zentralbanken

Den Primärbanken beider Verbünde stehen jeweils Zentraleinheiten zur Verfügung – regional- oder bundesweit agierende Zentralbanken. Diese übernehmen für die Primärbanken gemäß des Subsidiaritätsprinzips Aufgaben, die die Primärbanken entweder nicht wahrnehmen können (bzw. dürfen) oder die zentral effizienter, d. h. kostengünstiger, abwickelt werden können. Sind die Aufgaben dieser Zentralbanken in beiden Verbünden heute unterschiedlich verteilt, war der Anlass für ihre Gründung derselbe. Die Zentralbanken der Sekundärbankebene stellten den regionalen, die Spitzeninstitute den bundesweiten Zahlungsverkehrs- und Liquiditätsverbund sicher (Reiners, 1977, S. 10, 31–33).

DZ Bank und DekaBank

Im Gegensatz zur Deutschen Genossenschafts-Zentralbank (DZ Bank) war die Deutsche Girozentrale Deutsche Kommunalbank (DGZ) nur noch formal das Spitzeninstitut ihres Verbundes, da ihre wesentlichen Funktionen historisch bedingt heute von den Landesbanken selbst wahrgenommen werden. Geblieben waren ihr vor allem das Kommunalkreditgeschäft, das internationale Konsortialgeschäft sowie der Branchendienst der Sparkassen. Dazu gekommen ist durch die Fusion mit der Deutschen Kapitalanlagegesellschaft zur DekaBank Deutsche Girozentrale (kurz: DekaBank) das Investmentfondsgeschäft der Sparkassen. Aus der zwischenzeitlichen Übernahme von Kapitalbündelungs- und Kapitaleignerfunktionen für den gemeinsamen Sparkassenbroker oder die Bankgesellschaft Berlin lässt sich indes keine strategische Führerschaft für die DekaBank ableiten; diese ist hier vielmehr Instrument des DSGV sowie der regionalen Sparkassenverbände (o. V., 2001, S. 11). Im Jahr 2011 haben die Sparkassen dann den Landesbanken deren 50-Prozent-Anteil an der DekaBank abgekauft, sodass sie heute ihr alleiniger Eigentümer sind (o. V., 2011).

Die DZ Bank übt dagegen auch materiell die Rolle als Spitzeninstitut ihres Verbundes aus. Neben ihrer Zentralbankfunktion für die Genossenschaftsbanken, ist sie eine reine Großkundenbank. Zudem sind die meisten Spezialdienstleister im Finanzverbund Tochter- und Beteiligungsgesellschaften der DZ Bank, sodass deren Funktion als Holding zunehmend in das Blickfeld gerückt ist.

Regionale Zentralbanken

Nachdem die Westdeutsche Genossenschaftszentralbank (WGZ-Bank) 2016 in der DZ Bank aufgegangen ist (Osman, 2015, S. 31), bestehen nur noch in der Sparkassen-Finanzgruppe mit ihren Landesbanken regionale Zentralbanken.

Die Geschichte der deutschen Landesbanken der letzten 20 Jahre liest sich im Nachhinein wie ein Krimi. Wobei schon unklar ist, wann das ganze beginnt und wie die Story zu erzählen ist. Die eine Erzählung dreht sich um eine langfristig angelegte Kampagne der EU-Bürokratie und privater Bankkonzerne, für die die öffentliche Bankenlandschaft Deutschlands ein Dorn im neoliberalen Auge ist (Seikel, 2013 oder Eichacker, 2023). Die andere handelt von unfähigen, teilweise kriminellen, wenigstens aber glücklosen deutschen Politikern und Sparkassenlobbyisten (Müller, 2010 oder Brost et al., 2009).

Am 21. Dezember 1999 legt die European Banking Federation (EBF) – mit Ihrem deutschen Mitgliedsverband, dem Bundesverband deutscher Banken e. V. (BDB) – bei der EU-Kommission Beschwerde gegen Anstaltslast und Gewährträgerhaftung ein. Deutsche Politik und Sparkassenorganisation spielen anfangs auf Zeit und ignorieren das Angebot des damaligen Wettbewerbskommissars *Monti* im März 2000, zwischen grenzüberschreitend tätigen Landesbanken und größeren Sparkassen einerseits und kleineren, regional tätigen Sparkassen andererseits zu differenzieren. Es braucht ein Jahr und mehrere „Drohbriefe“ aus Brüssel, bis die deutsche Seite einlenkt. Am 17. Juli 2001 steht die so genannte Verständigung I zwischen der Europäischen Kommission und der Bundesrepublik Deutschland. Die Rechtsform der öffentlich-rechtlichen Banken bleibt unangetastet. Das Haftungsregime aus Gewährträgerhaftung und Anstaltslast jedoch soll nach einer bis zum 18. Juli 2005 geltenden Übergangsphase abgeschafft werden. Eingegangene Verbindlichkeiten sind dann weiterhin gedeckt, wenn ihre Laufzeit bis zum 31. Dezember 2015 endet (Abschn. 2.1.4).

Anstatt den Umfang der Geschäftstätigkeit an die neuen Rahmenbedingungen anzupassen und frühzeitig verstärkt in risikoärmeren Geschäftsfeldern zu wachsen, suchen die Landesbanken ihr Glück im Ausbau des internationalen Kapitalmarktgeschäfts (Noack, 2009, S. 10–11). Fast alle Landesbanken nutzen die Übergangsfrist und saugen sich bis zum Anschlag voll mit billigem Geld. Experten sprechen von rund 400 Mrd. €, für die der Staat haftet und die investiert sein wollen (Brost et al., 2009).

Untergang der Sachsen LB

Die Sachsen LB existiert nur 15 Jahre. „Ich bin überzeugt, dass jede Mark, die in die Bank investiert wird, sinnvoll angelegt ist und Zinsen bringen wird“ erklärt der damalige sächsische Finanzminister *Milbradt* (CDU) bei der Eröffnung der Sachsen LB am 1. Januar 2002 in Leipzig. Die Landesbank, verspricht er, „wird dabei aber keine unkalkulierbaren Risiken übernehmen, weil bei ihr der Steuerzahler haftet“ (o. V., 2022).

Ab dem Jahr 1999 entdeckt die Bank mit dem Handel in amerikanischen Hypothekenkrediten ein scheinbar profitables, aber riskantes Geschäftsfeld (anschaulich in Buch und Film Lewis, 2011). Eigens für dieses Geschäftsmodell gründet sie die Sachsen LB Europe mit Sitz in Dublin und wird damit zum Vorreiter für andere Landesbanken. *Milbradt*, inzwischen Ministerpräsident, zeigt sich 2003 begeistert: „Wenn der sächsische Markt zu klein ist, ist es doch nur vernünftig, wenn eine Landesbank auch auf dem internationalen Kapitalmarkt aktiv wird. Wir sollten stolz darauf sein, dass wir eine international konkurrenzfähige Bank haben" (o. V., 2022).

Das Geschäftsmodell basiert auf einer „harten Patronatserklärung" der Sachsen LB. Ausgestattet mit den Garantien des Freistaates Sachsen, übernimmt diese die „uneingeschränkte Verpflichtung, dafür Sorge zu tragen, dass die Sachsen LB Europe in der Weise geleitet und finanziell ausgestattet wird, dass sie stets in der Lage ist, allen ihren Verbindlichkeiten fristgerecht nachzukommen." Auf dieser Basis erteilt Standards & Poors dann ein AAA-Rating für die Wertpapiere der Sachsen LB Europe (Müller, 2010).

Durch die Schaffung von außerbilanziellen Zweckgesellschaften, wie Conduits und Structured Investment Vehicles (SIV), verhindert die Sachsen LB Europe, dass die Kreditersatzgeschäfte, die sie verwaltet, in ihrer eigenen Bilanz oder in der Bilanz der Sachsen LB erfasst werden müssen. Das Volumen der Kapitalmarktaktivitäten steigt von 13 Mrd. € Ende 2002 auf 41 Mrd. € Mitte 2007 an. Dem steht Ende 2006 ein Kernkapital der Sachsen LB von 1,4 Mrd. € gegenüber (Sächsischer Rechnungshof, 2009, S. 34–35). Den höchsten Zuwachs verzeichnen die Volumina der außerbilanziellen Zweckgesellschaften, die von 4 Mrd. Ende 2003 auf 26 Mrd. € Mitte 2007 steigen. Im Spätsommer 2007 verkauft der Freistaat Sachsen die Sachsen LB für rund 300 Mio. € an die Landesbank Baden-Württemberg (LBBW; o. V. 2007).

Rückbau der West LB

Die West LB macht das Kreditersatzgeschäft mit. Ob sich die Aussage in „The Big Short" von Lewis – „Es ist ein Nullsummenspiel. Wer steht auf der Gegenseite? Wer ist der Dumme? *Düsseldorf. Die dummen Deutschen. Sie glauben den Ratingagenturen. Sie glauben an die Regeln*" (Lewis, 2011, S. 127–128) – auf die IKB oder die West LB bezieht, ist heute müßig zu beantworten.

Während aber die Sächsischen Sparkassen über die Sachsen-Finanzgruppe unmittelbar mit der Sachsen LB verbunden sind (Abschn. 5.1.1), verstehen es die nordrhein-westfälischen Sparkassen, ihre Risiken zu Lasten des Steuerzahlers systematisch zu reduzieren. Die alte West LB wird in die Landesbank NRW (heute: NRW.BANK) sowie die WestLB AG aufgespalten. Herausgelöst werden mit demselben Gesetz die Landesbausparkasse West sowie die Provinzial-Versicherung (Brost et al., 2009; Seikel, 2013).

Im Jahr 2004 vermeldet die Bank einen Verlust von knapp 430 Mio. € aus ihrem Kreditengagement beim britischen Elektrohändler Boxclever; gleichzeitig muss die West LB im Zuge eines Kompromisses mit dem BDB eine Ausgleichszahlung in Höhe von 1,4 Mrd. € leisten, die durch eine Kapitalerhöhung Nordrhein-Westfalens aufgefangen wird.

Das Ausmaß des Portfolios der West LB an Subprime-Papieren wird erst im Sommer 2007 mit dem Ausbruch der Immobilienkrise ersichtlich. Anfang 2008 nutzt die West LB zunächst eine Zweckgesellschaft mit dem Namen Phoenix in Irland als Bad Bank, um risikobehaftete Wertpapiere im Nennwert von 23 Mrd. € auszulagern. Im November 2009 überträgt die West LB diese Papiere und weitere im Volumen von zusammen 85 Mrd. € in die nächste Bad Bank mit dem Namen „Erste Abwicklungsanstalt – Anstalt des öffentlichen Rechts“ (EAA; Müller, 2010, S. 302–308).

Nachdem in den Jahren 2007, 2008 und 2010 Fusionsgespräche mit LBBW, Helaba und Bayern LB sowie Verkaufspläne scheitern, folgt im Jahr 2012 eine weitere Aufspaltung. Neben der EAA, die die Aktiva und Passiva der West LB übernimmt, um diese peu à peu abzubauen, entsteht die Portigon AG als Rechtsnachfolgerin der West LB, die die Abwicklung der Bank im Hinblick auf Standorte, Mitarbeiter und verbliebene Vermögenswerte durchführen soll (Winters, 2022). Das Verbundgeschäft mit den Sparkassen übernimmt die Helaba.

Das geschickte Management von Risiken auf Seite der nordrhein-westfälischen Sparkassen wird im Jahr 2023 erneut deutlich. Portigon und EAA prozessieren gegeneinander wegen Steuerschulden aus Cum-Ex-Geschäften. Oberflächlich betrachtet ein Nullsummenspiel zwischen zwei Landesbank-Nachfolgern, lohnt sich ein Blick auf die Eigentümerstruktur. Portigon gehört dem Land NRW. An der EAA sind die beiden Sparkassenverbände mit 50 % beteiligt. Die Entscheidung des Bundesgerichtshofs zugunsten der EAA kann als erneuter Sieg der Sparkassen gewertet werden. Portigon muss die Steuerschulden in Höhe von mutmaßlich einer Mrd. Euro allein bezahlen (Atzler, 2023).

Privatisierung HSH Nordbank

Die HSH Nordbank entsteht 2003 aus der Fusion der Landesbanken in Schleswig-Holstein und Hamburg Dabei bringen die Kieler die West LB als Anteilseignerin mit. Das Volumen des Kreditersatzgeschäfts beträgt zu diesem Zeitpunkt offiziell 23, laut Insidern sogar 45 Mrd. € (Brost et al., 2009). Ausgerufenes Ziel ist der Börsengang bis spätestens 2007. Von 2003 bis 2007 führt die HSH 350 Mio. € an Gewinnen und Dividenden an die Anteilseigner ab (Schreiber, 2018).

Ende 2006 kauft sich der Finanzinvestor *Flowers* mit knapp 27 % ein und wird damit zum ersten privaten Großinvestor einer Landesbank. Insgesamt investiert *Flowers* 1,85 Mrd. €, da er sich 2008 noch mit 600 Mio. € an einer Kapitalerhöhung der Bank beteiligt (Nagl, 2009). Freuen darf sich die West LB als Verkäuferin, die das Geld gut gebrauchen kann und der HSH Nordbank etwas später zudem mit *Stuhlmann* den Chef abwirbt (Seibel, 2007).

Mit der Finanzkrise zerschlagen sich die Pläne von einem Börsengang. Die Politik in Hamburg und Kiel schnürt 2009 eiligst ein 13 Mrd.-Rettungspaket (drei Milliarden Eigenkapital plus zehn Milliarden Garantie), dem Brüssel unter der Auflage zustimmt, dass die HSH Nordbank schrumpft (Schreiber, 2018). Im Jahr 2016 setzt die EU-Kommission einen Verkauf bis 2018 durch. So wird die Bank schließlich Anfang 2018 an ein Konsortium um die Investmentgesellschaft Cerberus verkauft – 94,9 % der Anteile wechseln für rund 1 Mrd. € den Besitzer (Drost & Holtermann, 2018). Ein Jahr später wird die Bank umbenannt in Hamburg Commercial Bank AG.

Nord LB in Schieflage
Schon 2012 schlagen BaFin und Bundesbank wegen der Krise der internationalen Schifffahrt Alarm. Allein die zwölf größten deutschen Banken haben Mitte 2012 nach Bundesbank-Daten 97,8 Mrd. € Schiffskredite in den Büchern, allen voran HSH Nordbank und Nord LB, die damit zu den fünf größten Schiffsfinanziers weltweit gehören. Die BaFin weist die Wirtschaftsprüfer in einem Brief an, angesichts der Überkapazitäten der Reedereien bei der Prüfung der Bankbilanzen 2012 besonders die Werthaltigkeit der Forderungen, die Risiken in den Portfolien und die notwendigen Wertberichtigungen zu beleuchten (o. V., 2013).

Die angesprochenen Landesbanken unternehmen – nichts. Im Sommer 2016 teilt die Bremer Landesbank mit, dass sie „unerwartet" einen hohen dreistelligen Millionenbetrag auf ihr Schiffskreditportfolio abschreiben muss. Die Hansestadt Bremen ruft den Mehrheitseigner, die Nord LB, zur Hilfe (o. V., 2016a). Und diese springt, ohne zu zögern und mit Unterstützung des Landes Niedersachsen, ein. Für 262 Mio. € gibt Bremen seinen Anteil von 41 % an der Bremer Landesbank ab (o. V., 2016b).

Mit dem Vorgehen in Bremen ist die Nord LB dann ausreichend warm gelaufen für das, was wenig später folgt. Im Jahr 2018 werden auch die eigenen Schiffsdarlehen notleidend und bringen der Nord LB einen Verlust von rund 2 Mrd. € ein. Der Bestand an Problemkrediten von 7,7 Mrd. € Ende Juni 2018 soll bis 2019 auf unter 5 Mrd. € gesenkt werden (Atzler et al., 2018). Das Rettungspaket in Höhe von 3,6 Mrd. € wird von Niedersachsen und Sachsen-Anhalt (1,7 Mrd. €) sowie der Sparkassen-Finanzgruppe (1,1 Mrd. €) gestemmt. Zudem stellt Niedersachsen Garantien über etwa vier bis fünf Milliarden Euro für Kredite bereit, die das Kapital der Bank um 800 Mio. € entlasten. Die Bank soll deutlich kleiner und regionaler werden und die Zahl der Vollzeitstellen bis 2024 von rund 5500 auf etwa 3200 fallen (o. V., 2019b). Die Bilanzsumme soll von rund 155 Mrd. im Jahr 2019 auf 95 Mrd. € im Jahr 2024 abschmelzen (o. V., 2019a). Per Ende 2023 beträgt die Bilanzsumme 112 Mrd. €, während noch 4000 Mitarbeiter in der Nord LB beschäftigt sind (Nord LB, 2024).

Schleweis-Initiative zur Super-Landesbank
Kurz nach Amtsantritt als neuer DSGV-Präsident Mitte 2018 schlägt *Helmut Schleweis* vor, alle Landesbanken zu einem Sparkassenzentralinstitut zu verschmelzen. Der Augenblick scheint günstig. Als erster Schritt soll ein Zusammenschluss von Deka und Helaba geprüft werden. Auch scheint die Schwäche der Nord LB auf ein solches Vorhaben einzuzahlen (Kröner, 2019). Kaum zwei Jahre später nutzt *Schleweis* den Beginn der Corona-Pandemie, um das Projekt zu beerdigen, nachdem er kein eindeutiges Meinungsbild in der Sparkassen-Finanzgruppe dazu erreichen kann (o. V., 2020). Und erst der Nachfolger von *Schleweis* erinnert Anfang 2024 an das längst vergessene Projekt, indem er seinen Vorgänger zitiert, „dass es nicht in der Macht eines DSGV-Präsidenten liegt, dort Fusionen voranzutreiben, weil die Entscheidung auf der Eigentümerseite liegt" (Atzler & Kröner, 2024, S. 29).

3.3.3 Spezial(finanz)dienstleister

Beide Verbundsysteme verstehen sich als Allfinanzanbieter, die ihren Kunden ein umfassendes Programm an allen Finanzdienstleistungen unterbreiten wollen. Die genossenschaftliche FinanzGruppe versteht sich gar als der älteste Altfinanzanbieter Deutschlands. Um den jeweiligen Kernverbund von Primär- und Zentralbanken haben sich zahlreiche Finanzdienstleister gruppiert, wie Tab. 3.1 zeigt. In ihrer Leistungserstellung unterstützt werden die finanzwirtschaftlichen Verbundpartner von hilfswirtschaftlichen Gemeinschaftseinrichtungen. Zu nennen sind die Rechen- und Wertpapierabwicklungszentralen sowie die Verlage.

Die finanzielle Beziehungsstruktur zwischen Bankenverbund und Verbundpartnern ist in der genossenschaftlichen FinanzGruppe übersichtlicher. Zum einen, weil die meisten genossenschaftlichen Verbundspezialinstitute bundesweit tätig sind, zum anderen firmieren sie als Teil der DZ Bank-Gruppe (Aschhoff & Henningsen, 1995, S. 73–79; Pester, 1993, S. 125). Dagegen findet sich in der Sparkassen-Finanzgruppe eine Vielzahl von regional tätigen Unternehmen, deren Eigentums- und Trägerstrukturen beträchtlich variieren.

Am Beispiel der Versicherer und Bausparkassen werden im Folgenden die strukturellen Unterschiede, anhand der Wertpapierabwicklungs- und Rechenzentralen die strukturellen Gemeinsamkeiten der Verbundsysteme auf dieser Ebene skizziert.

Tab. 3.1 Spezialfinanzdienstleister in der genossenschaftlichen FinanzGruppe und der Sparkassen-Finanzgruppe. Eigene Darstellung

Dienstleister	Genossenschaftliche FinanzGruppe	Sparkassen-Finanzgruppe
Fondsgesellschaft	Union Investment	Deka
Hypothekenbank	DZ Hyp, Münchener Hyp	Berlin Hyp
Versicherung	R+V Versicherung	Versicherungskammer Bayern Provinzial SV Sparkassenversicherung VGH Versicherung Sparkassen-Versicherung Sachsen Öffentliche Versicherung Braunschweig BGV Badische Versicherungen Öffentliche Versicherungen Oldenburg Ostfriesische Landschaftliche Brandkasse
Bausparkasse	Bausparkasse Schwäbisch Hall	LBS NordWest LBS NordOst LBS Hessen-Thüringen LBS Saar LBS Süd
Leasinggesellschaft	VR Smart Finanz	Süd Leasing Deutsche Sparkassen Leasing

Versicherer
Im genossenschaftlichen Finanzverbund gibt es lediglich einen Versicherer, die R+V-Versicherung, während die Sparkassenorganisation mit neun Erstversicherergruppen (und insgesamt 42 Versicherern) kooperiert (Schier & Schnell, 2023, S. 28). Analog zu den Sparkassen ist deren Geschäftsgebiet auf eine bestimmte Region beschränkt, sodass der Wettbewerb untereinander weitgehend ausgeschaltet ist (Schmidt, 1994, S. 251–252). (Mit-)Träger sind die Sparkassen direkt oder indirekt über den regionalen Sparkassenverband. In der Form von Tochterunternehmen wurden unter anderem ein gemeinsamer Krankenversicherer und zwei gemeinsame Rückversicherer gegründet.

Wenngleich die Bedingungen für einen Konzern nicht erfüllt sind (konsolidiert ergäbe sich der zweitgrößte deutsche Versicherer), wird das Bild von den öffentlichen Versicherern als „eine Art von Konzern" bemüht (Schmidt, 1994, S. 255). Versuche, die fehlende einheitliche Leitung herzustellen, gibt es nur in Ansätzen. So haben sich die beiden Provinzial-Versicherer Nordwest und Rheinland erst im fünften Versuch 2020 zusammengetan (Fischer, 2022, S. 3).

Laut einer aktuellen Fitch-Studie könnten die stark steigenden Kosten – gerade in der Schadenversicherung – etliche der öffentlichen Versicherer zu Zusammenschlüssen oder sogar zur Geschäftsaufgabe zwingen. Fusionen von größeren Anbietern mit Prämieneinnahmen von mehr als einer Milliarde Euro würden deren geografische Diversifizierung stärken und die Kapitalanforderungen senken. Eine Erweiterung des Geschäftsgebiets könnte auch den Vorteil bieten, weniger anfällig für regionale Katastrophen zu sein. Die Träger der öffentlichen Versicherungen sehen keinen Anlass zu einer Konsolidierung (Schier & Schnell, 2023, S. 28).

Bausparkassen
Die Genossenschaftsbanken können auf die größte private Bausparkasse Deutschlands, Schwäbisch Hall (BSH), zurückgreifen, die bzgl. aller relevanten Kennzahlen deutlich vor Wüstenrot und dem Beamtenheimstättenwerk (BHW) führt.

Die Entwicklung der Landesbausparkassen war qua Rechtsform lange von der der Landesbanken abhängig, da sie in der Mehrheit unselbstständige Abteilungen der jeweiligen Landesbank waren. In den letzten 20 Jahren wurden die meisten Landesbausparkassen aufgrund des EU-Beihilfestreits jedoch aus den Landesbanken ausgegliedert, wie beispielsweise die LBS Schleswig-Holstein im Jahr 2003, die LBS Rheinland-Pfalz im Jahr 2004 oder die LBS Nord im Jahr 2010.

So wurde die rechtliche Grundlage für eine weitere Konsolidierung geschaffen, die aber erst 2023 mit einer überraschenden Dynamik an Fahrt gewonnen hat. Von acht sind inzwischen nur noch fünf Landesbausparkassen übrig (Fischer, 2023, S. 5; Steevens, 2023, S. 4):

1. LBS Ostdeutsche Landesbausparkasse AG (LBS Ost) und LBS Bausparkasse Schleswig-Holstein-Hamburg AG (LBS SHH) haben sich zur LBS Nordost zusammengeschlossen.

2. LBS Nord und LBS West sind zur LBS Nordwest verschmolzen.
3. Die LBS Süd ist aus dem Zusammengehen von LBS Südwest und LBS Bayern entstanden.
4. LBS Hessen-Thüringen
5. LBS Saar

Rechenzentralen
Die Rechenzentralen beider Verbünde werden in der systemtheoretischen Analyse der Verbundelemente regelmäßig ausgespart, obwohl sie wichtige Determinanten jeder weiteren Kooperations- oder Konzentrationsstrategie sind.

Der Zwang zur weiteren Vereinheitlichung der verbundinternen DV-Landschaft wurde in beiden Organisationen gesehen, sodass es seit 2008 mit der Finanz Informatik in der Sparkassen-Finanzgruppe und seit 2015 mit der Atruvia (bis 2021 Fiducia & GAD IT) in der genossenschaftlichen FinanzGruppe jeweils nur noch eine Rechenzentrale gibt.

Diese in 25 Jahren und damit relativ rasch erfolgte Konsolidierung in der Sparkassen-Finanzgruppe – gerade im Vergleich zu Landesbanken oder öffentlichen Versicherern – nahm ihren Anfang mit dem Appell des damaligen DSGV-Präsidenten Hoppenstedt, der die Vereinheitlichung der DV-Landschaft durch die Schaffung einer gemeinsamen IT-Plattform anmahnte. Erst bei der Bündelung auf ein Kernbanksystem könnten alle Ressourcen ausgeschöpft werden; dafür sei auch eine Neuordnung der Rechenzentralen in Betracht zu ziehen (o. V., 2000b, S. 14).

Abb. 3.3 zeigt diese rasche Abfolge von Zusammenschlüssen bei den Rechenzentralen der Sparkassen.

Wertpapierabwicklungszentralen
Im Outsourcing des Wertpapierabwicklungsgeschäfts war der genossenschaftliche Finanzverbund Anfang 2000 mindestens ein Schritt weiter als die Sparkassenorganisation. Die Bank für Wertpapierservice und -systeme (bws bank) verwaltete bereits im Jahr 1999 drei Millionen Wertpapierdepots des genossenschaftlichen Finanzverbundes, während die Pläne der Sparkassen für ein gemeinsames Wertpapierabwicklungshaus 2000 verworfen wurden, nachdem die prognostizierten Anlaufkosten mit rund 163,6 Mill. € kalkuliert worden waren (o. V., 2000c, S. 27).

Anlass für die Einrichtung beider Wertpapierabwicklungszentralen war die Hoffnung, beträchtliche Kosteneinsparungen realisieren zu können. Bei sieben Millionen Depots, die einmal zentral verwaltet werden sollten, gingen die öffentlich-rechtlichen Kreditinstitute ursprünglich von jährlich 179 Mill. € aus, die eingespart werden konnten. Dazu sollten zunächst die zehn EDV-Systeme im Depotgeschäft der Sparkassen vereinheitlicht werden (o. V., 1999, S. 23). Im genossenschaftlichen Finanzverbund war dagegen inzwischen die erste Ernüchterung eingetreten, da die erhofften Synergieeffekte bisher nicht umgesetzt werden konnten (o. V., 2000d, S. 24).

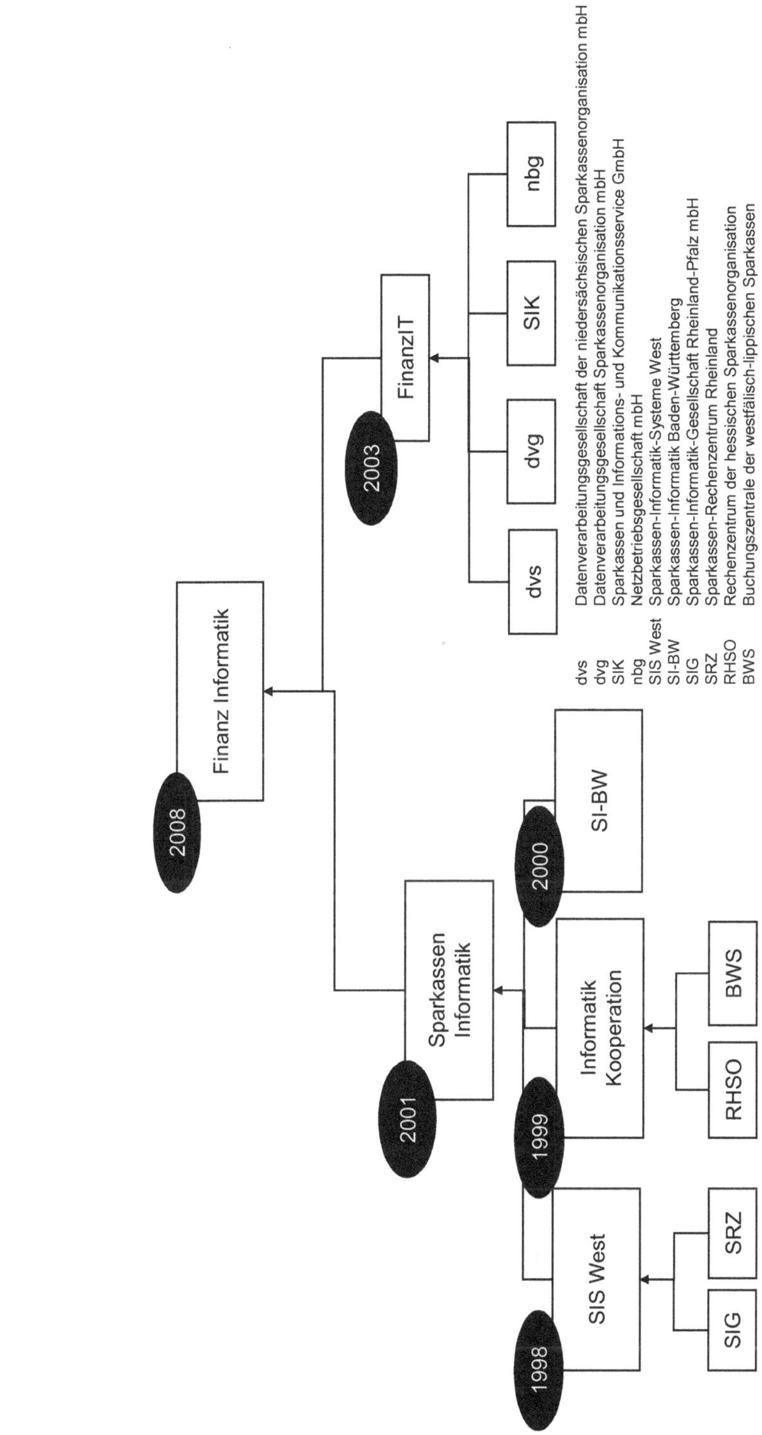

Abb. 3.3 Konsolidierung der Rechenzentralen der Sparkassen-Finanzgruppe. Eigene Darstellung nach Finanz Informatik (2024)

Die Gesellschafterstruktur des Sparkassenhauses sollte der des genossenschaftlichen Dienstleisters ähneln. Die bws Bank wurde von der DZ Bank und der WGZ gehalten. Die mehrheitlich der WestLB gehörenden Wertpapierservice Bank (WPS-Bank) war ursprünglich als „Nukleus“ der öffentlich-rechtlichen Bankfabrik vorgesehen. Mit der Rückgabe ihres 25-prozentigen Anteils an die West LB hatte die Hamburgische LB jedoch das Ende der WPS besiegelt.

Die verbundübergreifende Fusion von bws Bank und WPS-Bank zur (inzwischen seit 20 Jahren bestehenden) Deutsche WertpapierService Bank AG (dwpbank) war insofern eine Auffanglösung für das Sparkasseninstitut, kann aber als erste verbundübergreifende Kooperation zwischen Sparkassen und Genossenschaften gelten (Abschn. 6.2.7).

3.3.4 Verbände

Wie die Zentralbanken sind auch die Verbände „Hilfsbetriebe“ der Primärbanken und in mehreren regionalen Einheiten sowie einer zentralen Einheit organisiert (Gerlach, 1996, S. 78). Wesentliche Aufgaben der regionalen Fachverbände beider Verbundsysteme sind die Prüfung, die betriebswirtschaftliche Unterstützung, die Aus- und Weiterbildung und die Interessenvertretung der angeschlossenen Primärbanken (§ 38 Abs. 2 Sparkassengesetz Schleswig-Holstein; § 63b Abs. 4 GenG). Die Spitzenverbände – der Deutsche Sparkassen- und Giroverband (DSGV) auf der einen und der Bundesverband deutscher Volks- und Raiffeisenbanken (BVR) auf der anderen Seite – stellen wiederum die bundesweite Interessenvertretung sicher und formulieren die Verbundstrategien.

Für die Primärbanken beider Verbundsysteme besteht eine gesetzliche Pflicht zur Mitgliedschaft in ihrem regionalen Prüfungsverband; für die Genossenschaftsbanken seit der Novelle des GenG vom 30. Oktober 1934 und für die Sparkassen mit der Preußischen Mustersatzung von 1932. Dies wird zum einen damit begründet, dass das Management der Genossenschaftsbanken und Sparkassen nur einer unzureichenden Kontrolle durch die unternehmenseigenen Aufsichtsgremien sowie rechtsformbedingt keiner Kontrolle durch den Kapitalmarkt unterliege (Peemöller, 1992, S. 123). Zum anderen werden die Einlagensicherungssysteme beider Verbünde angeführt, welche im Gegensatz zu denen der privaten Konkurrenz nicht allein den Schutz der Sparer, sondern darüber hinaus die Bestandssicherung der Mitgliedsbanken zum Ziel haben (Schlösser-Christen, 1985, S. 143–144). Die Verbände verwalten die jeweiligen Sicherungssysteme (Grichnik, 1999, S. 57–59; Geiger, 1992, S. 129–130). Dabei wird der Konkurs einer Primärbank durch die Fusion des gefährdeten Instituts mit einer benachbarten Mitgliedsbank vermieden. So hat allein die Sanierung der drei in der Berliner Volksbank e. G. aufgegangenen Berliner Genossenschaftsbanken die Sicherungseinrichtungen des BVR mehr als 1,02 Mrd. € gekostet (o. V., 2000a, S. 24).

Abb. 3.4 Geschäftsgebiete der genossenschaftlichen Regionalverbände. Eigene Darstellung

Wie Abb. 3.4 zeigt, ist die Konzentration der regionalen Genossenschaftsverbände weit vorangeschritten:

- Der Norddeutsche Genossenschaftsverband Kiel (NGV) und der Genossenschaftsverband Berlin-Hannover (GVBH) haben sich 2002 zum Genossenschaftsverband Norddeutschland (GVN) zusammengeschlossen.
- Der Genossenschaftsverband Rheinland (GVR) und der Westfälische Genossenschaftsverband (WGV) haben 2002 ihre Fusion zum Rheinisch-Westfälischen Genossenschaftsverband (RWGV) vollzogen.
- Der Genossenschaftsverband Frankfurt (GVF) ist 2002 mit dem Saarländischen Genossenschaftsverband (SGV) verschmolzen und hat 2004 die sächsischen Genossenschaftsbanken aufgenommen.

- Mit der Fusion des Genossenschaftsverbandes Frankfurt (GVF) und des Genossenschaftsverbandes Norddeutschland (GVN) ist 2008 der Genossenschaftsverband entstanden.
- Zum 1. Januar 2009 nahm der neue Baden-Württembergische Genossenschaftsverband (BWGV) seine Arbeit auf, nachdem 2003 eine Fusion des Württembergischen Genossenschaftsverbandes (WGV) mit dem Genossenschaftsverband Bayern auf politischen Druck hin gescheitert ist.
- Im Jahr 2013 übernimmt der Genossenschaftsverband den Mitteldeutschen Genossenschaftsverband (MGV).
- Genossenschaftsverband und Rheinisch-Westfälischer Genossenschaftsverband sind 2017 zum Genossenschaftsverband – Verband der Regionen (seit 2024 Genoverband) verschmolzen.

Dagegen gab es im öffentlich-rechtlichen Bankensektor bisher lediglich vereinzelte Rufe nach der Fusion von regionalen Sparkassenverbänden. Wie Abb. 3.5 zeigt, gibt es

Abb. 3.5 Geschäftsgebiete der regionalen Sparkassenverbände. Eigene Darstellung

nach wie vor zwölf Einheiten. Ein Grund hierfür mag die Kapitalbündelungs- oder Holdingfunktion sein, die die Sparkassenverbände außerhalb ihres sonstigen, mit dem der genossenschaftlichen Verbände vergleichbaren, Aufgabenspektrums wahrnehmen. Die beiden Sparkassenverbände in Nordrhein-Westfalen mussten sogar gesetzlich gezwungen werden, 2014 wenigstens ihre Bildungsbereiche in eine neue Sparkassenakademie Nordrhein-Westfalen einzubringen (Gesetz über die Sparkassenakademie Nordrhein-Westfalen, SpkAkadG).

Den Verbänden beider Verbünde kommt damit eine zentrale Stellung im verbundinternen Willensbildungsprozess zu. Die Verbandsgremien – Verbandsversammlung, Fachausschüsse, Fachräte etc. – spiegeln in ihrer Besetzung das Machtgefüge der Verbundsysteme insgesamt wider. In ihnen institutionalisieren sich die regionalen und zentralen Willensbildungsprozesse der Verbundsysteme (Schmidt, 1990, 155–157; Luxem, 1990, S. 72–76). Innerhalb der strategischen Netzwerke Sparkassen-Finanzgruppe und genossenschaftliche FinanzGruppe weisen *Grichnik* und *Börner* (1999, S. 92–93) dem Verbandsbetrieb die Rolle der „fokalen Unternehmung“ zu, welche als politisches Element im evolutionären Verbundsystem und damit als Nukleus des strategischen Netzwerks wirkt.

3.4 Verbundkonzentration

Beide Verbundsysteme werden ihrer Typisierung als Organisationsform zwischen Markt und Hierarchie, die sowohl kooperative als auch konzentrative Ansätze aufweist, gerecht. Vor allem im Finanzverbund, weniger in der Sparkassenorganisation, sind erhebliche Konzentrationstendenzen zu beobachten. Dabei sind nicht die im Zeitablauf stabilen Konzernbeziehungen zwischen den Zentralbanken und den Spezial(finanz)dienstleistern, sondern die Fusionen auf Primärbankebene beachtenswert.

Auf Primärbankebene haben in der genossenschaftlichen FinanzGruppe in den letzten 30 Jahren weitaus mehr Fusionen stattgefunden als im öffentlich-rechtlichen Bankensektor. Damit nähert sich die Zahl der Genossenschaftsbanken peu à peu an die der Sparkassen an. Gab es 1993 rund viermal mehr Genossenschaftsbanken als Sparkassen, sind es 2023 nur noch knapp doppelt so viele, was Abb. 3.6 zeigt.

Als Antwort auf sich verändernde Wettbewerbsbedingungen und eine immer aufwendigere Bankenregulierung gedacht, führen Fusionen auf Primärbankebene jedoch zur Reduktion der Vor-Ort-Entscheidungskompetenz. Vorteile, die Sparkassen und Genossenschaftsbanken aus der Kreditvergabe in geringer Distanz zu ihren (Firmen-)Kunden erzielen können, gehen verloren (Flögel & Gärtner, 2018, S. 28).

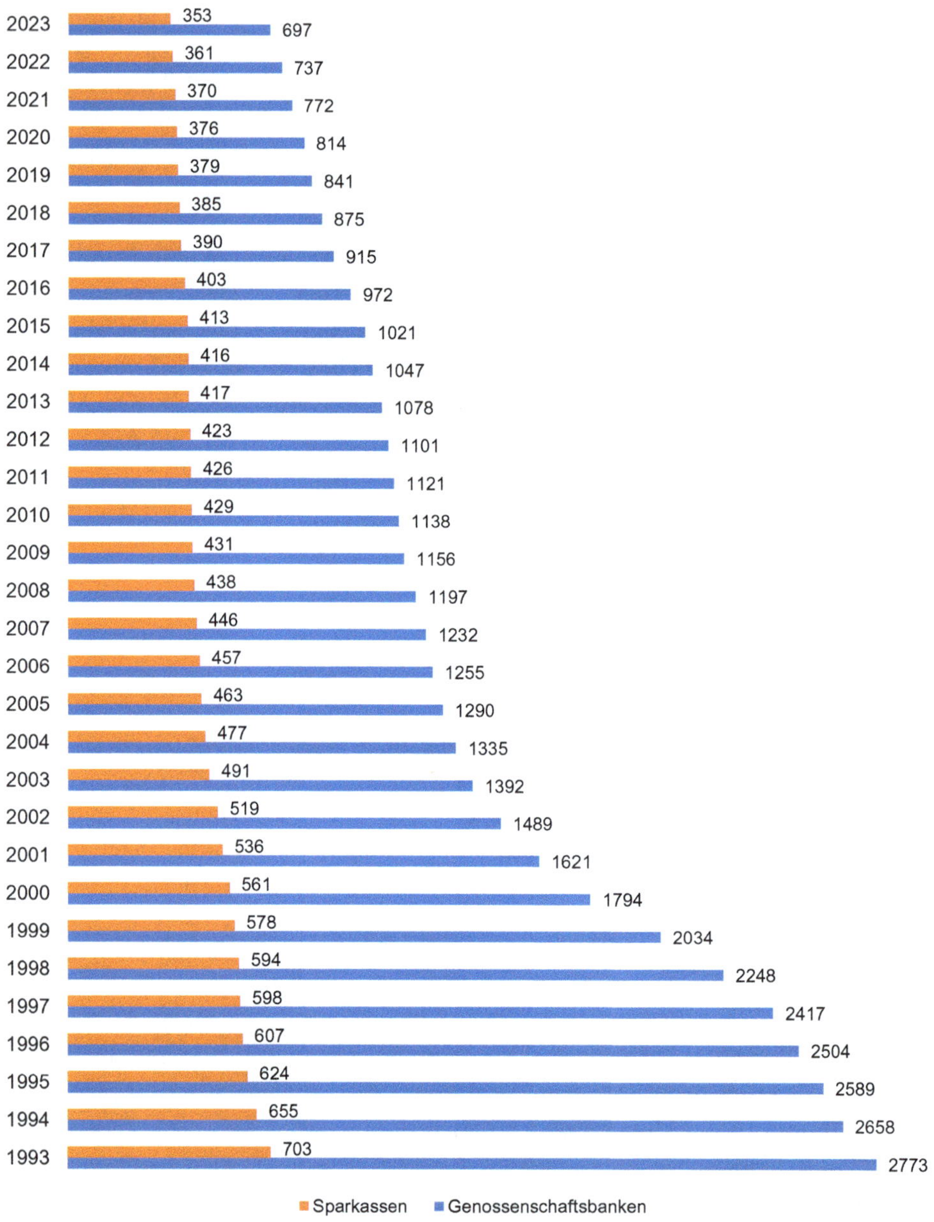

Abb. 3.6 Konsolidierung bei Sparkassen und Genossenschaftsbanken zwischen 1993 und 2023. Eigene Darstellung. (Zur Entwicklung der Genossenschaftsbanken nur BVR, 2024b; zur Entwicklung der Sparkassen 1993–2014: Deutsche Bundesbank diverse Jahre; 2015–2019: DSGV, 2020; 2020–2022: DSGV, 2023; 2023: DSGV 2024b)

Literatur

Aschhoff, G., & Henningsen, E. (1995). *Das deutsche Genossenschaftswesen*. Knapp.

Atzler, E. (2023, Dezember 12). WestLB-Nachfolger Portigon muss Milliarden allein zurückzahlen. *Handelsblatt*. https://www.handelsblatt.com/finanzen/banken-versicherungen/banken/erfolg-fuer-sparkassen-westlb-nachfolger-portigon-muss-milliarden-allein-zurueckzahlen/100003159.html. Zugegriffen am 26.01.2024.

Atzler, E., & Kröner, A. (2024, Januar 3). Die fünf Baustellen des neuen Sparkassen-Präsidenten. *Handelsblatt*.

Atzler, E., Kröner, A., Maisch, M., & Schäfer, D. (2018, September 23). Landesbanken prüfen Einstieg bei der NordLB. *Handelsblatt*. https://www.handelsblatt.com/finanzen/banken-versicherungen/banken/konsolidierung-landesbanken-pruefen-einstieg-bei-der-nordlb/23103438.html. Zugegriffen am 01.02.2024.

Boele, A. (1995). *Internationalisierung bankwirtschaftlicher Verbundsysteme*. Gabler.

Bonus, H., & Schmidt, G. (1990). The cooperative banking group in the federal republic of Germany: Aspects of institutional change. *Journal of Institutional and Theoretical Economics, 146*, 180–207.

Bonus, H., Greve, R., Kring, T., & Polster, D. (1999). Der genossenschaftliche Finanzverbund als Strategisches Netzwerk – Neue Wege der Kleinheit. *Arbeitspapiere des Instituts für Genossenschaftswesen der Universität Münster* 16. https://www.wiwi.uni-muenster.de/ifg/sites/ifg/files/forschung/arbeitspapiere/ap_16.pdf. Zugegriffen am 28.04.2024.

Brost, M., Kammertöns, H.-B., Schieritz, M., & Storn, A. (2009, November 19). Die Landesskandalbanken. *Die Zeit*. https://www.zeit.de/2009/48/Landesbanken. Zugegriffen am 21.01.2024.

BVR. (2024a). Entwicklung der Genossenschaftsbanken Ende 2023. https://www.bvr.de/p.nsf/0/%0b95D06543CBF99032C1257D0A0051A812/$file/Gesch%C3%A4ftsentwicklung_Ende%0b2023.pdf. Zugegriffen am 15.06.2024.

BVR. (2024b). Entwicklung der Genossenschaftsbanken ab 1970. https://www.bvr.de/p.nsf/0/F0F8A6D1636D3A1CC1257D0A00540564/$file/Entwicklung%20der%20Banken%20seit%201970_Ende2023.pdf. Zugegriffen am 15.06.2024.

Deutsche Bundesbank. (2022). Diverse Jahre. Bankstellenstatistik. https://www.bundesbank.de/de/aufgaben/bankenaufsicht/dokumentation/bankstellen-597750. Zugegriffen am 30.12.2023.

Drost, F. M., & Holtermann, F. (2018, Februar 28). HSH Nordbank wird an Finanzinvestoren verkauft. *Handelsblatt*. https://www.handelsblatt.com/finanzen/banken-versicherungen/banken/zuschlag-fuer-cerberus-hsh-nordbank-wird-an-finanzinvestoren-verkauft/21012904.html. Zugegriffen am 01.02.2024.

DSGV. (2020). Statistisches Beiheft 2019. https://www.dsgv.de/content/dam/dsgv-de/sparkassen-finanzgruppe/downloads/finanzbericht/fb-2019/Statistisches%20Beiheft%202019.pdf. Zugegriffen am 15.06.2024.

DSGV. (2023). Statistisches Beiheft 2022. https://www.dsgv.de/content/dam/dsgv-de/sparkassen-finanzgruppe/downloads/finanzbericht/fb-2022/Statistisches%20Beiheft%202022.pdf. Zugegriffen am 15.06.2024.

DSGV. (2024a). Rangliste 2023. https://www.dsgv.de/content/dam/dsgv-de/sparkassen-finanzgruppe/downloads/2023_Sparkassenrangliste.pdf. Zugegriffen am 15.06.2024.

DSGV. (2024b). Die Bilanzzahlen 2023 der Sparkassen-Finanzgruppe, Bilanz-Pressekonferenz 12. März 2024. https://www.dsgv.de/content/dam/dsgv-de/newsroom/bilanz-pk-2024/20240312_04_B-PK_Praesentation.pdf. Zugegriffen am 15.06.2024.

Dülfer, E. (1995). *Betriebswirtschaftslehre der Genossenschaften und vergleichbarer Kooperative* (2. Aufl.). Vandenhoeck & Ruprecht.

DZ Bank. (2021). Satzung. https://dzbank.de/content/dam/dzbank/dokumente/de/dzbank/investor_relations/berichte/Satzung_deutsch_FINAL.pdf. Zugegriffen am 31.12.2023.

Eichacker, N. (2023). German public banks, competition, and risk: Deregulation of Landesbanks and German vulnerability to crisis. *Journal of Economic Issues, 57*, 860–875. https://doi.org/10.1080/00213624.2023.2238494

Engelhardt, W. W. (1985). *Allgemeine Ideengeschichte des Genossenschaftswesens*. Wissenschaftliche Buchgesellschaft.

Ernst, F. (2019). Fortführen, was sich bewährt hat. *Profil – Das bayerische Genossenschaftsblatt, 3*, 1–5. https://www.profil.bayern/03-2019/praxis/fortfuehren-was-sich-bewaehrt-hat/. Zugegriffen am 31.12.2023.

Finanz Informatik. (2024). Historie. https://www.f-i.de/Ueber-uns/Unternehmen. Zugegriffen am 02.01.2024.

Fischer, T. (2022, Oktober 15). Sparkassen-Finanzgruppe treibt Konsolidierung voran. *Börsenzeitung*.

Fischer, T. (2023, September 2). Landesbausparkassen fusionieren im Nordosten. *Börsenzeitung*.

Flögel, F., & Gärtner, S. (2018). Ein Vergleich der Bankensysteme in Deutschland, dem Vereinigten Königreich und Spanien aus räumlicher Perspektive. *Dskussionspapiere des Instituts Arbeit und Technik, Westfälische Hochschule*. https://www.iat.eu/discussionpapers/download/IAT_Discussion_Paper_18_01B.pdf. Zugegriffen am 02.01.2024.

Geiger, H. (1992). *Die deutsche Sparkassenorganisation*. Knapp.

Gerlach, R. (1996). Verbände vor Strukturwandel. *Sparkasse, 113*, 78–81.

Gilbert, D. U. (1999). Vertrauen in virtuellen Unternehmen: Die Bedeutung von Vertrauen für die erfolgreiche Zusammenarbeit in virtuellen Unternehmen. *io management, 68*(12), 30–34.

Grichnik, D. (1999). Einlagensicherung der deutschen Bankwirtschaft. *Mitteilungen und Berichte des Instituts für Bankwirtschaft und Bankrecht der Universität Köln 30, 82*, 51–83.

Grichnik, D., & Börner, C. J. (1999). Bankwirtschaftliche Verbundsysteme als strategische Netzwerke zwischen Markt und Hierarchie. *Mitteilungen und Berichte des Instituts für Bankwirtschaft und Bankrecht der Universität Köln 30, 81*, 72–103.

Güde, U. (1995). *Geschäftspolitik der Sparkassen*. Deutscher Sparkassenverlag.

Hanel, A. (1992). Genossenschaftsverbund, Konzentration und vertikale Integration. In von Marburg Consult für Selbsthilfeförderung eG (Hrsg.), *Genossenschaftliche Selbsthilfe und struktureller Wandel* (S. 218–232). Selbstverlag.

Huch, B., & Borchers, S. (1999). Holding als Organisationsform für Bankkonzerne. In von H. Hesse & B. Rebe (Hrsg.), *Vision und Verantwortung: Herausforderungen an der Schwelle zum neuen Jahrtausend. Festschrift für Manfred Bodin zum 60. Geburtstag* (S. 343–356). Olms.

Kluge, A. H. (1991). *Geschichte der deutschen Bankgenossenschaften*. Knapp.

Kröner, A. (2019, November 6). Sparkassenpräsident Schleweis kämpft für eine XXL-Bank. *Handelsblatt*. https://www.handelsblatt.com/finanzen/banken-versicherungen/banken/interview-sparkassenpraesident-schleweis-kaempft-fuer-eine-xxl-bank/25195438.html. Zugegriffen am 28.04.2024.

Langschied, J. (1993). *Der Sparkassenverbund*. Gabler.

Lewis, M. (2011). *The Big Short: Wie eine Handvoll Trader die Welt verzockte*. Wilhelm Goldmann.

Luxem, V. (1990). *Die regionalen genossenschaftlichen Prüfungsverbände: eine systemtheoretisch orientierte Untersuchung der Willensbildungs- und Entscheidungsprozesse innerhalb des Koalitionssystems genossenschaftlicher Prüfungsverbände*. Transfer Verlag.

Müller, L. (2010). *Bank-Räuber: Wie kriminelle Manager und unfähige Politiker uns in den Ruin treiben*. Econ.

Mura, J. (1981). Geschichte der Landesbanken/Girozentralen. In *Handwörterbuch der Sparkassen* (Bd. 2, S. 247–253). Deutscher Sparkassenverlag.

Nagl, H. G. (2009, Februar 9). J.C. Flowers erlebt mit HRE und HSH Desaster. *Handelsblatt*. https://www.handelsblatt.com/finanzen/banken-versicherungen/banken/finanzinvestor-j-c-flowers-erlebt-mit-hre-und-hsh-desaster/3107158.html. Zugegriffen am 01.02.2024.

Noack, H. (2009). Back to the roots: Konsolidierung als kompetenter Partner der Sparkassen. In von Friederich Ebert Stiftung (Hrsg.) *Die Zukunft der Landesbanken – Zwischen Konsolidierung und neuem Geschäftsmodell*, WISO Diskurs (S. 5–19). Bonn.

Nord LB. (2024). Investoren-Präsentation. https://www.nordlb.de/fileadmin/redaktion/Investor_Relations/Praesentationen/FY2023_NORDLB_Investor_DEU_final.pdf. Zugegriffen am 07.06.2024.

o. V. (1999, Dezember 29). Startschuss für gemeinsames Wertpapierhaus der Sparkassen. *Handelsblatt*.

o. V. (2000a, Februar 22). Hoher Fusionsdruck bei den Volks- und Raiffeisenbanken. *Handelsblatt*.

o. V. (2000b, März 4). Wettkampf führt nicht zum Ziel. *Hannoversche Allgemeine Zeitung*.

o. V. (2000c, Oktober 30). Eklat um Sparkassen-Wertpapierhaus. *Handelsblatt*.

o. V. (2000d, März 16). Die WGZ-Bank plädiert für den Erhalt alter Strukturen. *Frankfurter Allgemeine Zeitung*.

o. V. (2001, Mai 9). Nord/LB baut Engagement in Berlin aus. *Hannoversche Allgemeine Zeitung*.

o. V. (2007, August 26). LBBW übernimmt Sachsen LB. *Tagesspiegel*. https://www.tagesspiegel.de/wirtschaft/lbbw-ubernimmt-sachsen-lb-1542010.html. Zugegriffen am 07.06.2024.

o. V. (2011, April 7). Deka gehört nun den Sparkassen. *Süddeutsche Zeitung*. https://www.sueddeutsche.de/wirtschaft/fuer-2-3-milliarden-euro-deka-gehoert-nun-den-sparkassen-1.1082718. Zugegriffen am 23.09.2023.

o. V. (2013, Januar 2). Bankenaufsicht schlägt bei Schiffskrediten Alarm. *Handelsblatt*. https://www.handelsblatt.com/finanzen/banken-versicherungen/banken/besondere-pruefung-bankenaufsicht-schlaegt-bei-schiffskrediten-alarm/7578646.html. Zugegriffen am 27.01.2024.

o. V. (2016a, Juni 6). Hansestadt ruft NordLB um Hilfe. *ntv*. https://www.n-tv.de/wirtschaft/Hansestadt-ruft-NordLB-um-Hilfe-article17869091.html. Zugegriffen am 02.02.2024.

o. V. (2016b, September 1). Nord/LB übernimmt Bremer Landesbank komplett. *Der Spiegel*. https://www.spiegel.de/wirtschaft/unternehmen/nord-lb-uebernimmt-bremer-landesbank-blb-komplett-fuer-262-millionen-euro-a-1110382.html. Zugegriffen am 02.02.2024.

o. V. (2019a, April 9). Eigentümer besiegeln die Rettung der NordLB. *Handelsblatt*. https://www.wiwo.de/unternehmen/banken/landesbank-eigentuemer-besiegeln-die-rettung-der-nordlb/24197276.html. Zugegriffen am 01.02.2024.

o. V. (2019b, Mai 8). Neuer NordLB-Staatsvertrag ermöglicht auch Fusion mit Privatbank. *Handelsblatt*. https://www.handelsblatt.com/finanzen/banken-versicherungen/banken/landesbank-neuer-nordlb-staatsvertrag-ermoeglicht-auch-fusion-mit-privatbank/24318652.html. Zugegriffen am 01.02.2024.

o. V. (2020, März 19). Fusion von Helaba und Deka fürs Erste vom Tisch. *Finance Magazin*. https://www.finance-magazin.de/banking-berater/firmenkundengeschaeft/fusion-von-helaba-und-deka-fuers-erste-vom-tisch-40902/. Zugegriffen am 02.02.2024.

o. V. (2022). Milliardengrab Sachsen LB. https://www.mdr.de/geschichte/mitteldeutschland/jahrestage/sachsen-landesbank-lb-leipzig-pleite-100.html. Zugegriffen am 26.01.2024.

Osman, Y. (2015, November 20). Vorbildliche Genossen. *Handelsblatt*.

Peemöller, V. H. (1992). Prüfung der Geschäftsführung von Genossenschaften – Anachronismus oder Notwendigkeit. *Zeitschrift für das gesamte Genossenschaftswesen, 42*, 118–133.

Pester, M. (1993). *Das Prinzip Kooperation*. Transfer-Verlag.

Pohl, M. (1982). Festigung und Ausdehnung des deutschen Bankwesens zwischen 1870 und 1914. In Institut für bankhistorische Forschung e.V (Hrsg.), *Deutsche Bankengeschichte* (Bd. 2, S. 223–356). Knapp.

Polster, D. (2001). Verbundexterne Kooperation von Genossenschaftsbanken – Möglichkeiten, Grenzen, Alternativen. *Arbeitspapiere des Instituts für Genossenschaftswesen der Universität Münster* 23. https://www.wiwi.uni-muenster.de/ifg/sites/ifg/files/forschung/arbeitspapiere/ap_23.pdf. Zugegriffen am 28.04.2024.

Reif, S. (2023). Modernität genossenschaftlicher Pflichtprüfung. *Zeitschrift für das gesamte Genossenschaftswesen, 73*, 215–229. https://doi.org/10.1515/zfgg-2023-0016

Reiners, J. (1977). *Bankwirtschaftliche Verbundsysteme und ihre Stabilität.* Springer.

Sächsischer Rechnungshof. (2009). Sonderbericht nach § 99 SäHO: Landesbank Sachsen Girozentrale. https://www.rechnungshof.sachsen.de/SRH_Sonderbericht_SLB_2009.pdf. Zugegriffen am 26.01.2024.

Schier, S., & Schnell, C. (2023, April 12). Öffentliche Versicherer unter Druck – doch ein Miteinander gestaltet sich als schwierig. *Handelsblatt.*

Schierenbeck, H. (1995). Organisation von Bankkonzernen und Verbundsystemen. In J. H. von Stein & J. Terrahe (Hrsg.), *Handbuch Bankorganisation* (S. 165–193). Gabler.

Schlösser-Christen, K. (1985). *Die Sicherungseinrichtungen der Kreditgenossenschaften.* ohne Verlag.

Schmidt, G. A. (1990). *Sparkassenverbände im intermediären Raum zwischen Ökonomie und Politik.* Müller Botermann.

Schmidt, G. (1994). Öffentliche Versicherungen im Wandel. In von M. Bodin & L. Hübl (Hrsg.), *Banken in gesamtwirtschaftlicher Verantwortung* (S. 250–260). Deutscher Sparkassenverlag.

Schreiber, M. (2018, Februar 28). „Wir waren damals alle mehr oder minder besoffen". *Süddeutsche Zeitung.* https://www.sueddeutsche.de/wirtschaft/hsh-nordbank-chronik-eines-desasters-wir-waren-damals-alle-mehr-oder-minder-besoffen-1.3886239. Zugegriffen am 01.01.2024.

Schulte, S. (2020). Was macht eigentlich die NGB? *Genial – Das Magazin für das genossenschaftliche Netzwerk, 1*, 32.

Seibel, K. (2007, Juli 26). Alexander Stuhlmann – ein Hamburger soll in Düsseldorf aushelfen. *Die Welt.* https://www.welt.de/wirtschaft/article1057309/Alexander-Stuhlmann-ein-Hamburger-soll-in-Duesseldorf-aushelfen.html. Zugegriffen am 01.02.2024.

Seikel, D. (2013). *Der Kampf um öffentlich-rechtliche Banken: Wie die Europäische Kommission Liberalisierung durchsetzt.* Campus.

Steevens, C. (2023, Oktober 10). Die EZB fremdelt noch mit unserem Geschäftsmodell. Interview mit Jörg Münning. *Börsenzeitung.*

Sydow, J. (1992). *Strategische Netzwerke – Evolution und Organisation.* Gabler.

Syndikus, W. (1992). *Willensbildung im kreditgenossenschaftlichen Verbund.* Botermann & Botermann.

Winters, G. (2022, Juni 28). Zehn Jahre danach: Was von der WestLB blieb. *Rheinische Post.* https://rp-online.de/wirtschaft/unternehmen/zehn-jahre-danach-was-von-der-westlb-blieb_aid-72056141. Zugegriffen am 22.01.2024.

Markt und Wettbewerb 4

4.1 Effizienzstudien

4.1.1 Nur effektiv oder doch effizient – zur Lage des deutschen Bankensystems

Sparkassen und Genossenschaftsbanken sehen sich einer sehr grundsätzlichen Kritik ausgesetzt, die sich regelmäßig entlang dreier Behauptungen hangelt:

- Das deutsche Drei-Säulen-Modell sei per se ineffizienter als andere Bankensysteme;
- größere Banken seien per se effizienter als kleinere Banken und
- Sparkassen sowie Genossenschaftsbanken seien per se ineffizienter als die „privaten Geschäftsbanken".

Die erste Behauptung, das deutsche Modell sei per se ineffizienter als andere Bankensysteme, impliziert, dass der im europäischen Vergleich niedrige Konzentrationsgrad schuld an der geringen Rentabilität des deutschen Bankensystems sei. Abb. 4.1 zeigt den Konzentrationsgrad gemessen am Marktanteil der fünf größten Banken (K5) im europäischen Vergleich.

Und tatsächlich weist das deutsche Bankensystem im internationalen Vergleich auch im Zeitablauf die geringste Eigenkapitalrentabilität vor Steuern auf. Abb. 4.2 belegt dies.

Eine durchgehend positive Korrelation zwischen Konzentrationsgrad und Eigenkapitalrentabilität ist freilich nicht zu erkennen. Am eindrucksvollsten ist dies an Griechenland abzulesen. Dem im Vergleich höchsten Konzentrationsgrad steht eine deutlich negative Eigenkapitalrentabilität entgegen. Und in Deutschland ist der Konzentrationsgrad gestiegen, die Rentabilität jedoch im Zeitablauf weiter abgesackt.

M.-P. Dagott, *Die Volks- und Raiffeisensparkasse eG*,
https://doi.org/10.1007/978-3-658-45751-8_4

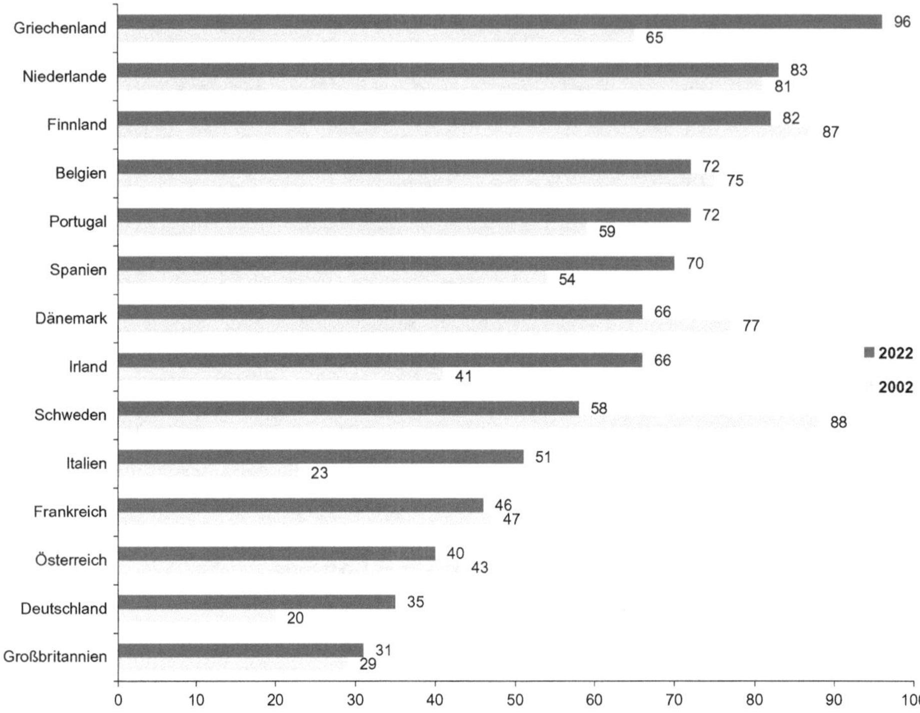

Abb. 4.1 Marktanteile der jeweils fünf größten Banken in ausgewählten europäischen Ländern in den Jahren 2002 und 2022, gemessen an der Bilanzsumme. (Hausner, 2004, S. 268; Statista, 2023)

Für die trotz Konsolidierung schlechte Position deutscher Banken werden die üblichen Verdächtigen genannt (Engerer, 2006, S. 21):

- Kostensenkungen und -konsolidierung in der Vergangenheit finden nur innerhalb einer Säule statt; eine „optimale" Strukturanpassung im deutschen Bankensektor sei daher gar nicht möglich.
- Die „privaten" Geschäftsbanken seien einem scharfen Konkurrenzdruck ausgesetzt, während das Regionalprinzip Sparkassen und Genossenschaftsbanken vor zunehmendem Wettbewerbsdruck bewahre.
- Beschränkungen grenzüberschreitender Transaktionen würden den Wettbewerbsdruck „von außen" senken.

US-amerikanische Banken weisen eine höhere technische Effizienz sowie eine höhere Skaleneffizienz auf als europäische Banken; letztere haben allerdings nach der Finanzkrise ihre technische Effizienz stärker verbessern können als ihre US-amerikanischen Pendants (Anagnostopoulos et al., 2022, S. 125). Der deutsche Bankensektor ist weniger effizient als der europäische insgesamt (Ferreira, 2021, S. 116–118). *Ferreira* zufolge würde ein höherer Konzentrationsgrad die Stabilität des deutschen Bankenmarkts zudem erhöhen (Ferreira, 2023, S. 222).

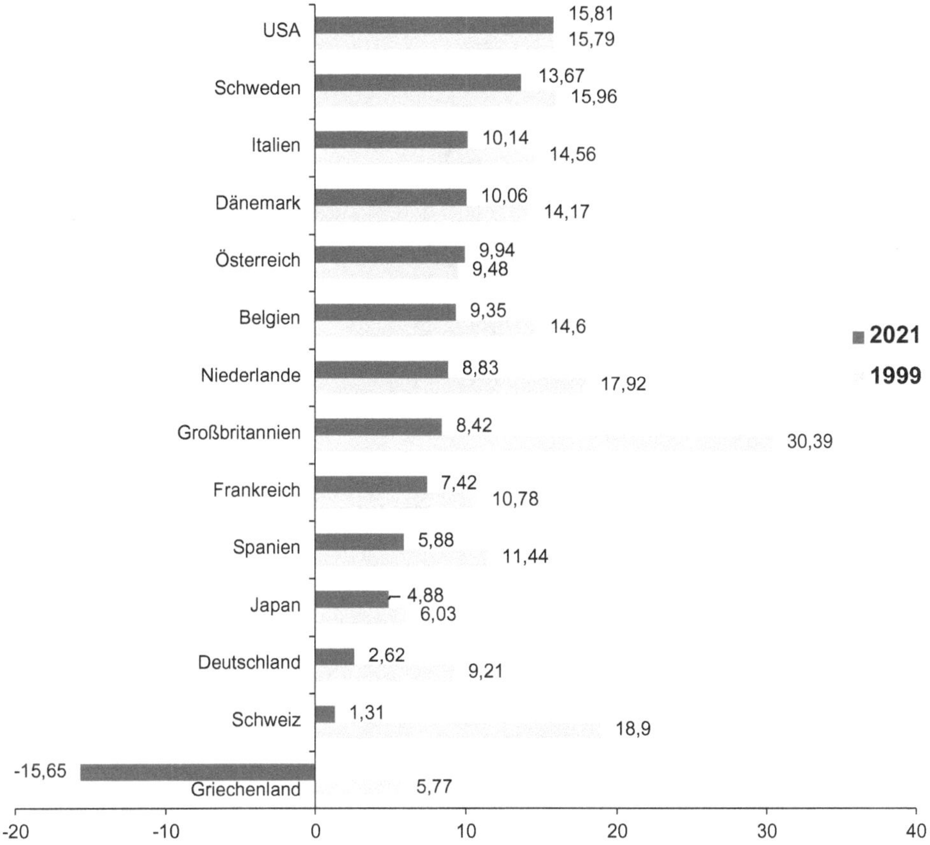

Abb. 4.2 Eigenkapitalrentabilität ausgewählter nationaler Bankensysteme vor Steuern 1999 und 2021. (Ashauer, 2002, S. 259; TheGlobalEconomy.com, 2024)

Einschränkend und grundsätzlich gibt *Richter* zu bedenken, dass die Wahl des methodischen Ansatzes der Wettbewerbsmessung in erheblichem Umfang die Evidenz vorherbestimmt. Er empfiehlt, die Wettbewerbsintensität eines Bankenmarktes auf Basis verschiedener Messkonzepte mehrfach zu überprüfen (Richter, 2020, S. 24).

4.1.2 Erfolgreiche private Geschäftsbanken und abgehängte Regionalbanken? Ein effizienzbasierter Vergleich

Die im internationalen Vergleich niedrigere Profitabilität deutscher Banken wird nicht allein auf die strukturellen Rahmenbedingungen im deutschen Markt zurückgeführt. Zusätzlich zu der anhaltenden wirtschaftlichen Unsicherheit gibt es auch eine schwache Wirtschaftsentwicklung in Deutschland. Je nach wirtschaftlichem Szenario könnte die durchschnittliche Eigenkapitalrendite deutscher Banken laut Studie (dort allerdings nach Steuern) im schlechtesten Fall – angenommen wird eine anhaltend hohe Inflation und eine dauerhafte Rezession – auf bis zu 0,5 % im Jahr 2030 fallen (McKinsey, 2023).

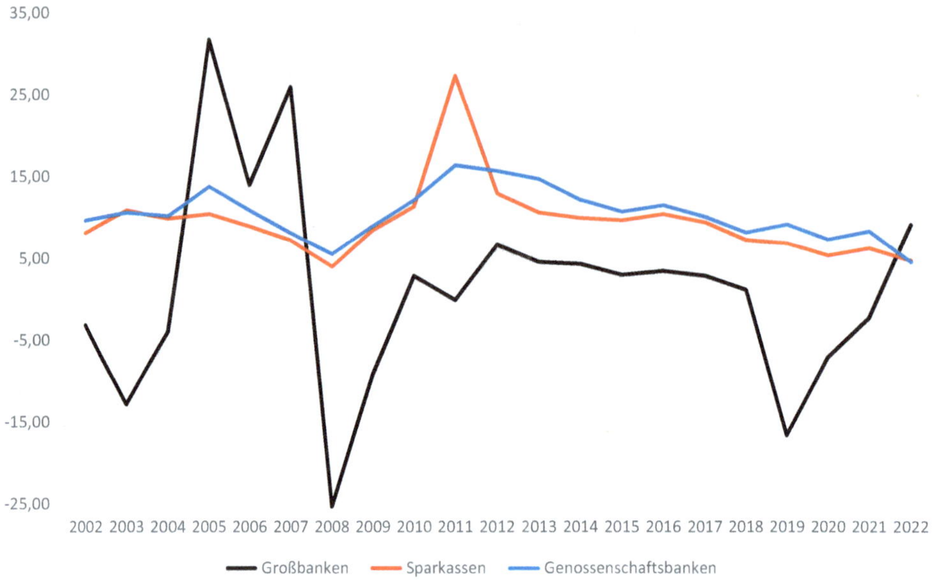

Abb. 4.3 Eigenkapitalrentabilität (vor Steuern) der deutschen Großbanken, Sparkassen und Genossenschaftsbanken zwischen 2002 und 2022 (Deutsche Bundesbank diverse Jahrgänge)

Es fällt auf, dass die deutschen Großbanken (in der Statistik der Deutschen Bundesbank sind das Deutsche Bank, Commerzbank sowie UniCredit Deutschland) nach 15 Jahren erstmals wieder an Sparkassen und Genossenschaftsbanken vorbeigezogen sind. Auf der anderen Seite ist bei Sparkassen und Genossenschaftsbanken seit 2011 ein Abwärtstrend zu erkennen. Abb. 4.3 belegt dies.

Eine Reihe empirischer Effizienzstudien beschäftigt sich explizit mit dem Einfluss der Unternehmensverfassung, insbesondere mit dem der Eigentümerstruktur, auf die Unternehmenseffizienz.

Das Ausmaß der X-Effizienz wird (theoretisch) durch die jeweilige Unternehmensverfassung bestimmt. Dabei nimmt der Kontrollaufwand mit zunehmender Betriebsgröße bzw. steigendem Wettbewerbsdruck zu. Kleine, eigentümergeführte Unternehmen werden als effizienter als aktienrechtlich organisierte Publikumsgesellschaften eingestuft, privaten Unternehmen wird per se ein höheres Effizienzniveau als Staatsunternehmen zugewiesen (Picot & Kaulmann, 1989). Übertragen auf die deutsche Bankenlandschaft müssten die privaten, aktienrechtlich organisierten Geschäftsbanken folglich effizienter sein als Genossenschaftsbanken oder Sparkassen, deren fehlender Kapitalmarktbezug die Kontrollposition der Eigentümer gegenüber dem Management (theoretisch) schwächt.

Die theoretisch abgeleiteten Aussagen halten einer empirischen Überprüfung jedoch nur sehr begrenzt stand. Für Deutschland registrieren *Altunbas et al.* Effizienzvorteile der Universalbanken gegenüber den Spezialbanken (2001). Die Universalbanken weisen untereinander (auf europäischer Ebene) keine wesentlichen Unterschiede in der absoluten Höhe der technischen Effizienz auf (Casu & Molyneux, 2003).

Paul und *Kästner* sind der Meinung, dass Reformen im öffentlich-rechtlichen Sektor, wie die Änderung der Rechtsform der Sparkassen, die Bedingungen für eine höhere Rentabilität der Finanzinstitute verbessern könnten. Ein höherer Freiheitsgrad ist demnach mit höheren Renditen verbunden (2006, S. 50).

Ferri zufolge sind Stakeholder-Banken (Sparkassen und Genossenschaftsbanken) im Vergleich zu Shareholder-Banken (aktienrechtlich organisierte Banken)

- resilienter in Finanzkrisen,
- stärker auf ein Beziehungsmanagement mit Kunden ausgerichtet und
- effizienter bei der Lösung von Interessenkonflikten zwischen Einlegern und Bankeigentümern (2012, S. 19; Abschn. 5.3.1).

4.1.3 Economies of Scale oder Größe als Selbstzweck

Da die Fusion eine Form der Betriebsgrößenvariation darstellt, und das Regionalprinzip den Handlungsspielraum von Sparkassen und Genossenschaftsbanken stark einschränkt, um ihre eigene Betriebsgröße durch internes Wachstum zu erweitern, enthalten alle empirischen Effizienzstudien mindestens indirekt Aussagen über die Vorteilhaftigkeit von Bankzusammenschlüssen. Die Zahl der vorliegenden Effizienz- und Fusionsstudien ist indes sehr groß; die Aussagen darin widersprüchlich.

Isolierte Betriebsgrößenstudien

Casu und Molyneux können auf europäischer Ebene zwar eine leichte Anhebung (ausgehend von einem geringen Ausgangsniveau), jedoch keine Angleichung der nationalen Effizienzlevels im Zeitraum 1993 bis 1997 feststellen. Demzufolge sind immer noch länderspezifische Faktoren für die Bankeffizienz maßgeblich (2003). Immerhin stellen *Spulbăr et al.* keine signifikanten Unterschiede zwischen Sparkassen und Genossenschaftsbanken eines Landes fest. (2015, S. 15). Für kleinere Sparkassen und Genossenschaftsbanken wird eine höhere Kosteneffizienz nachgewiesen als für größere (2015, S. 17).

In einer Studie zum europäischen Sparkassensektor weisen die deutschen Sparkassen die höchste Kosteneffizienz aus. Der technische Wandel hat vor allem den größeren Sparkassen Kostenersparnisse ermöglicht (Williams & Gardener, 2003); eine positive Korrelation zwischen Kosteneffizienz und Bankgröße kann in einer weiteren Studie nicht gefunden werden (Carbo et al. 2000, S. 389).

Auf deutscher Ebene sind widersprüchliche Ergebnisse erkennbar. *Greiber und Herz* ermitteln Skalenerträge für Banken mit einer Betriebsgröße bis zu 2,05 Mrd. € sowie einen positiven Zusammenhang von technischer Effizienz und Bankgröße und sehen darin Argumente, die für größere Betriebseinheiten sprechen (1998, S. 17; Herz, 1999, S. 178).

Gubelt et al. können dagegen weder für Genossenschaftsbanken noch für Sparkassen nennenswerte Skalenerträge ausmachen. Erhebliche Effizienzpotenziale lassen sich allein durch Rationalisierung der internen Geschäftsprozesse erschließen (2000a, S. 300–301; 2000b, S. 996).

Richter et al. belegen für Deutschland, dass kleine Genossenschaftsbanken effizienter sind als große Banken und mittelgroße Genossenschaftsbanken sogar noch deutlich ineffizienter als große Genossenschaftsbanken sind. Die nahe liegende Vermutung, dass Economies of Scale (Größenvorteile) einen positiven Einfluss auf die Effizienzwerte haben könnten, kann insofern nicht bestätigt werden. Dennoch scheint die Betriebsgröße ein maßgeblicher Einflussfaktor für den Grad an Effizienz zu sein. Gerade kleine Banken scheinen mit entsprechender Flexibilität ihren Ressourceneinsatz effizient gestalten zu können (2018, S. 35). Jedoch können Genossenschaftsbanken jeder Größe und Markttypenzuordnung Effizienzpotenziale heben (2018, S. 43).

Insgesamt lässt sich festhalten, dass Banken Effizienzgewinne weniger durch Skalenerträge als vielmehr durch eine Verbesserung der Kosteneffizienz erzielen können. Die Optimierung der internen Managementsysteme müsste insofern dem Abschluss weiterer Unternehmensverbindungen vorausgehen. Skalenerträge sind vornehmlich auf Filialebene durch die Schließung von Filialen zu erwarten, jedoch keineswegs garantiert (Berger et al., 1997, S. 156–157).

Fusionsstudien

Tebroke untersucht die Auswirkungen von Betriebsgröße und Betriebsgrößenvariation durch Fusionen auf die Effizienz von Genossenschaftsbanken. Die Arbeit kommt zu dem (für *Tebroke* selbst) überraschenden Ergebnis, dass kleine Genossenschaftsbanken (noch) rentabler als die großen Institute sind, wobei die hierfür ursächlichen Vorteile der Kleinen im Zins- und traditionellen Warengeschäft mehr und mehr abschmelzen. In Bezug auf die Fusionen wird eine Fusionserfolgsquote von 40 % ermittelt. Die Aussicht auf einen Erfolg der jeweiligen Fusion ist dabei umso höher, desto größer die aufnehmende in Relation zur übertragenen Genossenschaftsbank ist (1993, S. 290–295).

Die Untersuchung bayrischer Genossenschaftsbankfusionen durch *Lang und Welzel* umfasst Informationen über alle bayrischen Genossenschaftsbanken für den Zeitraum 1989 bis 1997, einschließlich der in diesem Zeitraum stattgefundenen 283 Fusionen. Die durchschnittliche technische Effizienz beträgt ungefähr 92 %, sodass die durchschnittliche bayrische Genossenschaftsbank rund 8 % ihrer Gesamtkosten einsparen könnte, ohne die Inputpreise, das Outputvolumen oder das Filialnetz anpassen zu müssen. Für Banken aller Größenklassen kann auf geringe Größeneffekte geschlossen werden. Nennenswerte Skalenerträge ergeben sich erst dann, wenn die Anzahl der Filialen reduziert wird, was durch das Regionalprinzip stark begrenzt ist (1999, S. 280).

Laudi belegt, dass die erhofften Größeneffekte auf der Aufwandsseite zwar tatsächlich eintreten. Dieser wirtschaftlich positive Größeneffekt bei den Aufwendungen wird jedoch durch einen negativen Größeneffekt bei den Erträgen überkompensiert. Kleine Banken sind darüber hinaus noch weniger als große Banken in der Lage, Synergieeffekte auszunutzen. Von freiwilligen Fusionen von Genossenschaftsbanken rät *Laudi* „eher" ab (2003, S. 180–181).

Einfluss von Standortfaktoren auf Effizienz und Fusionserfolg

Thiem sowie *Dombrowa* untersuchen in aktuellen Arbeiten zudem den Einfluss von Standortfaktoren auf Betriebsgröße und Fusionen und dann direkt und indirekt auf die Effizienz von Sparkassen und Genossenschaftsbanken – leider getrennt voneinander (2021; 2023). Tab. 4.1 skizziert die wesentlichen Ergebnisse der beiden Analysen.

Tab. 4.1 Ergebnisse der Metastudien von Thiem (2021, Sparkassen) und Dombrowa (2023, Genossenschaftsbanken)

Leitfragen	Sparkassen	Genossenschaftsbanken
Untersuchungszeitraum	2009–2018	2008–2018
Entwicklung von Effizienz im Zeitablauf	Die durchschnittliche technische Effizienz der deutschen Sparkassen ist leicht gesunken.	
	Das Spannungsfeld zwischen effizienten und weniger effizienten Sparkassen nimmt bei der technischen Effizienz stark zu.	
	Bei der durchschnittlichen Kosteneffizienz ist eine sektorale positive Entwicklung festzustellen.	
Effizienz und Größe	Die skalenoptimale Betriebsgröße liegt im Bereich von 2,5–3,0 Mrd. €.	Größe steht in einem positiven Zusammenhang zur Kosteneffizienz.
	• Der im Rahmen von DEA-Analysen bei Kreditinstituten typische nicht-lineare (u-förmige) Zusammenhang zwischen Betriebsgröße (Bilanzsumme) und Effizienz wird auch in dieser Studie eindeutig dokumentiert. • Die Effizienzgewinner (Kosteneffizienz) haben im Vergleich zum sektoralen Durchschnitt aller SK überdurchschnittlich ihr Kreditgeschäft ausgebaut, sonstige ordentliche Erträge gesteigert, die Beschäftigtenanzahl überdurchschnittlich reduziert und einen unterdurchschnittlichen Rückgang bei den Zinserträgen verzeichnet.	Es ist jedoch ein abnehmender Grenzeffekt zu beobachten: • Banken mit Bilanzsummen bis zu ca. 200 Mio. Euro weisen deutliche Kosteneffizienzzuwächse auf. • Banken mit Bilanzsummen ab 500 Mio. € erreichen bereits nahezu vollständige Kosteneffizienz. • Auch die größten Institute erreichen Gewinneffizienzen von maximal 70–85 %, sodass hier Potenzial mit zunehmender Betriebsgröße zu erwarten ist.

(Fortsetzung)

Tab. 4.1 (Fortsetzung)

Leitfragen	Sparkassen	Genossenschaftsbanken
Effizienz von Fusionen	Technische Effizienz und Kosteneffizienz sind keine signifikanten Determinanten für Sparkassenfusionen	Die erfolgreichen Fusionsbanken schließen im Anschluss an die Fusionen überdurchschnittlich viele Filialen.
	Die durchschnittliche Target-SK hat eine durchschnittlich geringere Effizienz im Vorfusionsjahr auf als die Leader-SK.	Die Effizienzgewinner setzen sich über ein rigides Kostenmanagement nach der Fusion von den Effizienzverlierern ab.
	Eine geringe Betriebsgröße erhöht die Wahrscheinlichkeit, bei Sparkassenfusionen als Target involviert zu sein	Ertragsseitig unterscheiden sich die erfolgreichen von den nicht erfolgreichen Fusionsbanken in stabilen Provisionsergebnissen.
	Eine hohe Betriebsgröße erhöht die Wahrscheinlichkeit, als Leader in Fusionen eingebunden zu sein.	Fusionsprojekte sind eher erfolgreich, wenn das Transaktionskostenniveau vergleichsweise niedrig ist.
	Eine hohe (und damit schlechte) CIR erhöht die Wahrscheinlichkeit, bei Fusionen als Target-SK involviert zu sein.	Große Institute haben angesichts hoher Komplexität Probleme, Wachstumsstrategien in Gewinneffizienzsteigerungen zu übersetzen.
	Weiterhin erhöht die Fusionserfahrung die Wahrscheinlichkeit, als übernehmendes Institut bei Fusionen eingebunden zu sein.	Mit steigender Distanz zwischen den Fusionspartnern nimmt die Erfolgswahrscheinlichkeit signifikant zu.
	Für die technische Effizienz dokumentieren die Ergebnisse, dass im betrachteten Zeitraum (Fusionsjahr sowie drei Nachfusionsjahre) keine Fusionserfolge realisiert werden.	Fusionen wirken sich im Fusionsjahr deutlich negativ aus (– 3 % in den Effizienzniveaus, + 3 % im CIR-Niveau, – 8 % im EKR-Niveau).
	Für die Kosteneffizienz belegen die Schätzergebnisse positive Fusionseffekte für die drei Nachfusionsjahre, wobei lediglich der positive Effekt im dritten Nachfusionsjahr signifikant ist.	

(Fortsetzung)

Tab. 4.1 (Fortsetzung)

Leitfragen	Sparkassen	Genossenschaftsbanken
Einfluss von Standortfaktoren	Es besteht ein signifikant positiver Zusammenhang zwischen der Bevölkerungsdichte und der Kosteneffizienz. Die Bevölkerungsdichte hat von allen analysierten signifikanten Umfeldfaktoren den stärksten Einfluss auf die Kosteneffizienz der Sparkassen.	Standortfaktoren haben keinen Einfluss auf die Kosteneffizienz.
	Es besteht ein signifikant negativer Zusammenhang zwischen dem Wettbewerb und der Bankeneffizienz, welcher sowohl für die technische Effizienz als auch die Kosteneffizienz gilt.	Die regionale Wettbewerbsintensität hat einen signifikanten negativen Einfluss auf die Gewinneffizienz.

Beide kommen zu ähnlichen Ergebnissen. *Thiem* belegt, dass die Effizienzgewinner unter den Sparkassen überdurchschnittlich viel Personal abbauen, während die erfolgreichsten Genossenschaftsbanken laut *Dombrowa* nach einer Fusion überdurchschnittlich oft Filialen schließen.

4.2 Auswirkungen von Megatrends auf Sparkassen und Genossenschaftsbanken

4.2.1 Digitalisierung, Filiale, Kunde

Fünf Faktoren bestimmen die Wettbewerbsintensität und somit das Marktergebnis einer Branche. Vier von ihnen – potenzielle neue Wettbewerber, Gefahr durch Ersatzprodukte, Verhandlungsmacht von Kunden sowie Verhandlungsmacht der Lieferanten – wirken wiederum auf die fünfte, die Rivalität unter den existierenden Wettbewerbern. Alle fünf Faktoren bestimmen die Stärke der Wettbewerbsintensität und nachgelagert die Rentabilität der Unternehmen und der Branche generell (Porter, 1999, S. 34–37). Die Trennung zwischen der Macht der Kunden und der Verhandlungsstärke der Lieferanten kann in diesem Fall vernachlässigt werden, da die Kunden bei Banken gleichzeitig die wichtigsten Lieferanten (durch Geldanlage) sind.

Über weite Abschnitte ihrer Geschichte bewegten sich Sparkassen, Genossenschaftsbanken und private Geschäftsbanken in einer oligopolähnlichen, mäßig intensiven Wettbewerbssituation. Diese wurde mehr oder weniger treffend durch das Bild vom 3-Säulen-

oder Sektoren-Modell der deutschen Kreditwirtschaft beschrieben, unterschlägt es doch den Wettbewerb unter den privaten Geschäftsbanken sowie den innergenossenschaftlichen Wettbewerb (Abschn. 5.2.2).

Heute lastet der Wettbewerbsdruck auf Sparkassen und Genossenschaftsbanken mindestens ebenso stark wie auf den privaten Geschäftsbanken, auch wenn sie rechtsformbedingt keine Mindestrendite für den Kapitalmarkt erwirtschaften müssen. Ihnen selbst sind bankwirtschaftliche Diversifizierungsstrategien weitgehend verwehrt; der Gang ins Ausland ebenso wie der Eintritt in andere Kundenmärkte, wie z. B. in das Investment Banking. Ihre strategische Positionierung im lokalen Massengeschäft mit Privatkunden, Selbstständigen sowie kleinen und mittleren Firmenkunden (Retail Banking) ist insofern weniger selbst gewählt als vielmehr durch äußere Einflüsse erzwungen (Stappel, 2000, S. 2).

Die Digitalisierung wirkt auf jede dieser Five Forces ein: Sie erzeugt eine Vielzahl neuer Wettbewerber, indem Sie die bisherigen Markteintrittsbarrieren „Filiale“ und „Bargeld“ aushebelt; bringt neue Produkte und Services hervor, verändert das Kundenverhalten und verstärkt direkt und indirekt die bestehende Rivalität (Pertl, 2019; Joas et al., 2019).

Digitales Banking

Die Nutzung des Online-Bankings (alle Endgeräte und inklusive Appnutzung) ist von 53 % im Jahr 2014 auf 73 % im Jahr 2020 gestiegen, dank Corona auf 80 % im Jahr 2021 gesprungen und beträgt im Jahr 2023 76 % (Bitkom Research, 2023, S. 15). Das – im Vergleich mit dem Best-practise-Land Dänemark – größte Potenzial besteht in der Altersgruppe 55 plus sowie bei Nutzern mit geringem Einkommen und niedriger Bildung (ING, 2021).

Nur 17 % dieser Online-Banking-Nutzenden ziehen die Bankfiliale dem Online-Banking vor (Bitkom Research, 2023, S. 17). 70 % aller Befragten stören sich daran, wenn sie nicht bargeldlos, also zum Beispiel mit Kreditkarte oder Smartphone, bezahlen können; aus Sicht von 66 % sollten alle Geschäfte gesetzlich dazu verpflichtet sein, neben Bargeld-Zahlungen auch mindestens eine elektronische Bezahlmöglichkeit anzubieten (Bitkom Research, 2023, S. 29).

Parallel ist der Anteil derjenigen Bankkunden, die mehr als eine Bankverbindung nutzen, zwischen 2000 und 2023 von 34 auf knapp 75 % gestiegen; der, die ihre Bankverbindung mindestens einmal gewechselt hatten, von 23 auf 55 % (Spiegel-Verlag, 2000, S. 23–24, 121–123; Bitkom Research, 2023, S. 7–8).

53 % sind überzeugt, dass es in wenigen Jahren keine Bankfilialen mehr geben wird und 50 % würden nichts fehlen, wenn es keine Bankfilialen mehr geben wird (Bitkom Research, 2023, S. 11).

Wert der Bankfiliale

Aktuelle empirische Arbeiten versuchen, die Ursachen und Folgen des Filialrückbaus zu identifizieren. *Keil und Ongena* belegen, dass der Filialrückbau zwar mit dem technologischen Wandel einhergeht. Allerdings überraschenderweise in einem geringeren Ausmaß und mit weniger wirtschaftlichen Auswirkungen als Bankenkonsolidierung und Fragilität. Großbanken scheinen die treibende Kraft hinter dem technologiebedingten Rückgang des Filialgeschäfts zu sein, während kleine Banken eher dazu neigen, Filialen zu schließen, wenn die Fragilität zunimmt oder eine Konsolidierung stattfindet. Dabei hängt die Weiterentwicklung interner Technologie enger mit dem Filialrückbau zusammen als andere, häufiger diskutierte technologische Entwicklungen wie z. B. Mobile Banking (2024, S. 13).

Carbo-Valverde et al. weisen für den kanadischen Bankenmarkt nach, dass physische Filialen und die räumliche Nähe trotz des Aufkommens von Internet und mobilem Banking immer noch eine wichtige Rolle bei der Entscheidung der Verbraucher für Finanzdienstleistungen spielen. Am Beispiel der beiden typischen Bankprodukte Kreditlinie und Kreditkarte wird die Bedeutung weicher Informationsmechanismen herausgearbeitet, die aus der geografischen und kulturellen Nähe von Bankfilialen resultieren (2023, S. 23–24).

Die Digitalisierung des Bankgeschäfts und die damit einhergehende Reduzierung des Filialnetzes benachteiligen Ältere nach Ansicht von *Weber et al.* systematisch. Deren Vorliebe für persönliche Interaktionen, geringere digitale Fähigkeiten und kognitive Barrieren schränken den Zugang dieser Kundengruppe zu Finanzdienstleistungen effektiv ein. Auch wenn die allgemeine Entwicklung der digitalen Fähigkeiten in der Gesellschaft stetig wächst, wird das Tempo der technologischen Entwicklung immer das Tempo des Lernprozesses der Senioren übersteigen. Angesichts der Alterung der europäischen Gesellschaften und der derzeitigen (unzureichenden) rechtlichen Regelungen auf EU-Ebene sei ein gesetzgeberisches Eingreifen auf EU-Ebene geboten. Dabei geht es auch um die grundsätzliche Frage, inwieweit Banken die Verantwortung aufgebürdet werden kann, aktiv den Zugang älterer Menschen zu Finanzdienstleistungen zu sichern (2024, S. 106–107).

Amberg und Becker untersuchen die Auswirkungen einer starken Verkleinerung des lokalen Filialnetzes von Banken auf die Kreditvergabe. In den letzten zwei Jahrzehnten wurde in Schweden mehr als die Hälfte aller Bankfilialen geschlossen. Angesichts der Bedeutung der Entfernung bei Interaktionen zwischen Banken und (kleinen und mittleren) Unternehmenskunden – Kreditentscheidungen beruhen hier traditionell auf weichen, dezentralen Informationen – ist die potenzielle Auswirkung auf die Kreditvergabe an KMU negativ und groß. Das wichtigste Ergebnis ist, dass die Kreditvergabe an lokale Unternehmen bei der Schließung von Zweigstellen erheblich und schnell zurückgeht und dass dies wiederum nachteilige Auswirkungen auf die reale Tätigkeit der Unternehmen hat. Indem also Bankdienstleistungen für Privatkunden vermehrt digital bereitgestellt und nachgefragt werden, Fililalen daraufhin geschlossen werden, kann die Kreditvergabe an kleine und mittlere Unternehmen beeinträchtigt werden (2024, S. 30–31).

Neben diesen indirekten Effekten von Filialschließungen müssen Sparkassen und Genossenschaftsbanken auch berücksichtigen, dass die unmittelbare Digitalisierung des Firmenkundengeschäfts die strategische Stoßrichtung ihrer etablierten und neuen Wettbewerber ist, die nur über wenige oder gar keine Filialen verfügen (Osman, 2023, S. 19).

4.2.2 Fachkräftemangel als neuer Fusionstreiber

Der Fachkräftemangel wird von vielen Unternehmen als eines der größten Geschäftsrisiken der Zukunft eingeschätzt (Deutsche Industrie- und Handelskammer, 2023, S. 13). Überrascht dürfte niemand sein, lassen sich demografische Entwicklungen doch ganz gut über größere Zeitabschnitte vorhersagen. Und doch häufen sich die Wehklagen, dass die Babyboomer, die geburtenstarken Jahrgänge der 50er- und 60er-Jahre, plötzlich in den Ruhestand gehen und eine Lücke in das Reservoir der Erwerbstätigen reißen (Wocher und Rosenberger, 2023).

Für die deutsche Kreditwirtschaft bedeutet das einen abrupten und erstaunlichen Perspektivwechsel. Im Jahr 1990 machte der langjährige Deutsche Bank-Vorstand *Cartellieri* das Bonmot der französischen Ökonomen *Plas* und *Godet* bekannt, wonach die Banken die Stahlindustrie der neunziger Jahre werden könnten (von Hiller, 2001, S. 37). Die Gewerkschaft Verdi befürchtete Anfang 2000 den Wegfall von bis zu 200.000 Arbeitsplätzen im Finanzdienstleistungssektor innerhalb von 10 Jahren. Allein durch das Electronic Banking würde die Hälfte der Bankkaufleute arbeitslos werden (o. V., 2001, S. 4).

Noch mitten in der Corona-Pandemie, im Herbst 2020, fordert der oberste BaFin-Bankenaufseher *Röseler* die Banken auf, ihre Kosten zu senken. Im Vergleich mit anderen Ländern arbeiteten deutsche Banken nicht effizient genug. In Schweden komme ein Bankmitarbeiter auf 250 Einwohner, in Deutschland auf 150 Einwohner: „Wir haben nicht unbedingt zu viele Banken, aber wir haben zu viele Banker“ (Kröner, 2020).

Knapp vier Jahre später schlagen alle Bankgruppen Alarm. Die Commerzbank will bis 2034 bis zu 20.000 Mitarbeiter einstellen – nachdem sie zwischen 2021 und 2023 rund 10.000 Stellen abgebaut hat. Etwas zynisch wirkt der Kommentar der Personalvorständin. Es würde auch mehr Spaß machen, eine Arbeitgeberkampagne zu entwickeln, als Sozialpläne zu verhandeln. Neben Arbeitgeberkampagnen gibt es „Mitarbeiter werben Mitarbeiter“-Programme, Quereinsteiger-Konzepte und großzügige Homeoffice-Regeln (Kröner, 2023, S. 20–21). Einige Genossenschaftsbanken haben bereits die Arbeitszeit gesenkt und bspw. die Vier-Tage-Woche eingeführt (Atzler, 2024a, S. 23).

Sparkassen und Genossenschaftsbanken begründen immer öfter die nach wie vor hohe Anzahl von Fusionen explizit mit dem Fachkräftemangel. Kleineren Banken fiele es zunehmend schwer, spezialisierte Funktionen wie Kreditspezialisten, Compliance-Fachleute, Treasurer oder Nachhaltigkeitsexperten zu besetzen (Atzler, 2024b, S. 29).

Der Blick auf Abb. 4.4 zeigt, dass die Anzahl der Beschäftigten im deutschen Kreditgewerbe in den letzten 30 Jahren um 28 % zurückgegangen ist. Die Sparkassen liegen mit 32 % über dem Schnitt, die Genossenschaftsbanken mit knapp 18 % deutlich darunter (AGV Banken, 2024).

Schätzungen zufolge gehen bei den Regionalbanken bis zum Jahr 2030 30 bis 40 % der Arbeitnehmer in den Ruhestand (Atzler, 2024b, S. 29). Die Sparkassen verlören 57.000 bis 76.000, die Genossenschaftsbanken 42.000 bis 56.000 Mitarbeiter.

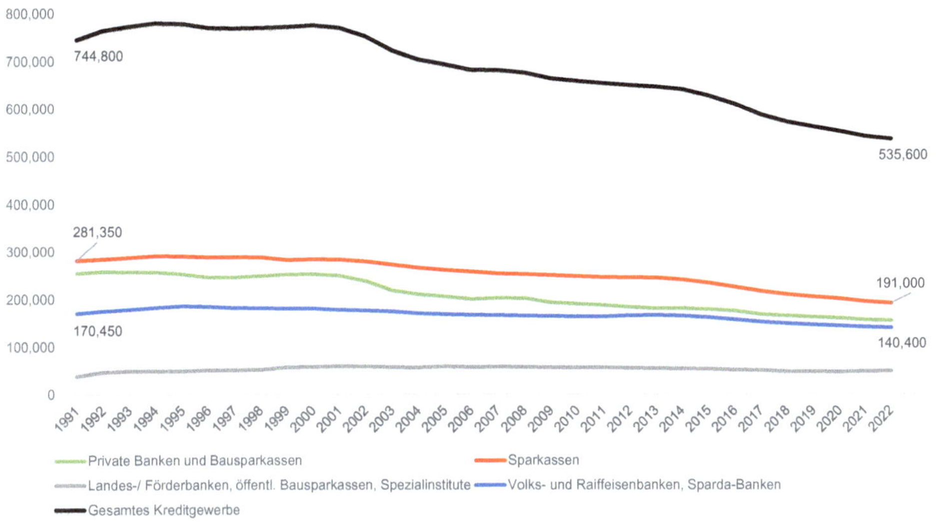

Abb. 4.4 Entwicklung der Beschäftigtenzahl im deutschen Kreditgewerbe von 1991 bis 2022. Eigene Darstellung. (AGV Banken, 2024)

Greift man das Argument von Röseler auf, wonach es in Deutschland zu viele „Banker" gäbe, ergibt sich ein anderes Bild. Deutschland liegt mit 156 Einwohnern je Bankmitarbeiter deutlich unter dem EU-Durchschnitt von 208 Einwohnern je Mitarbeiter (Abb. 4.5). Setzt man diesen Wert an, würden in Deutschland etwas mehr als 400.000 Bankmitarbeiter ausreichen. Die vielbeklagte Lücke würde sich – rein quantitativ betrachtet – in Luft auflösen (EZB, 2024; Eurostat, 2024).

4.2.3 Regulierung auf nationaler und EU-Ebene

Der regulatorische Umsetzungsaufwand für Banken bleibt für die Jahre 2024 und 2025 hoch (Kasprowicz, 2023):

- Die CRR III (Capital Requirements Regulation) muss in die jeweiligen Daten-, IT- und Prozesslandschaften ungesetzt werden.
- Die CRR-III-Anpassungen bringen wesentliche Änderungen am Säule-1-Rahmenwerk mit sich, was wiederum zu konkreten Handlungsfeldern in der Kapitalplanung, der Gesamtbanksteuerung und der Berichterstattung führt.
- Produktausgestaltungen und daraus resultierende RWA (Risk-weighted assets) sind zu optimieren.
- Bestände möglicherweise notleidender Kredite sowie die Werthaltigkeit von Sicherheiten, insbesondere im Immobiliensektor, sind intensiver zu beobachten.

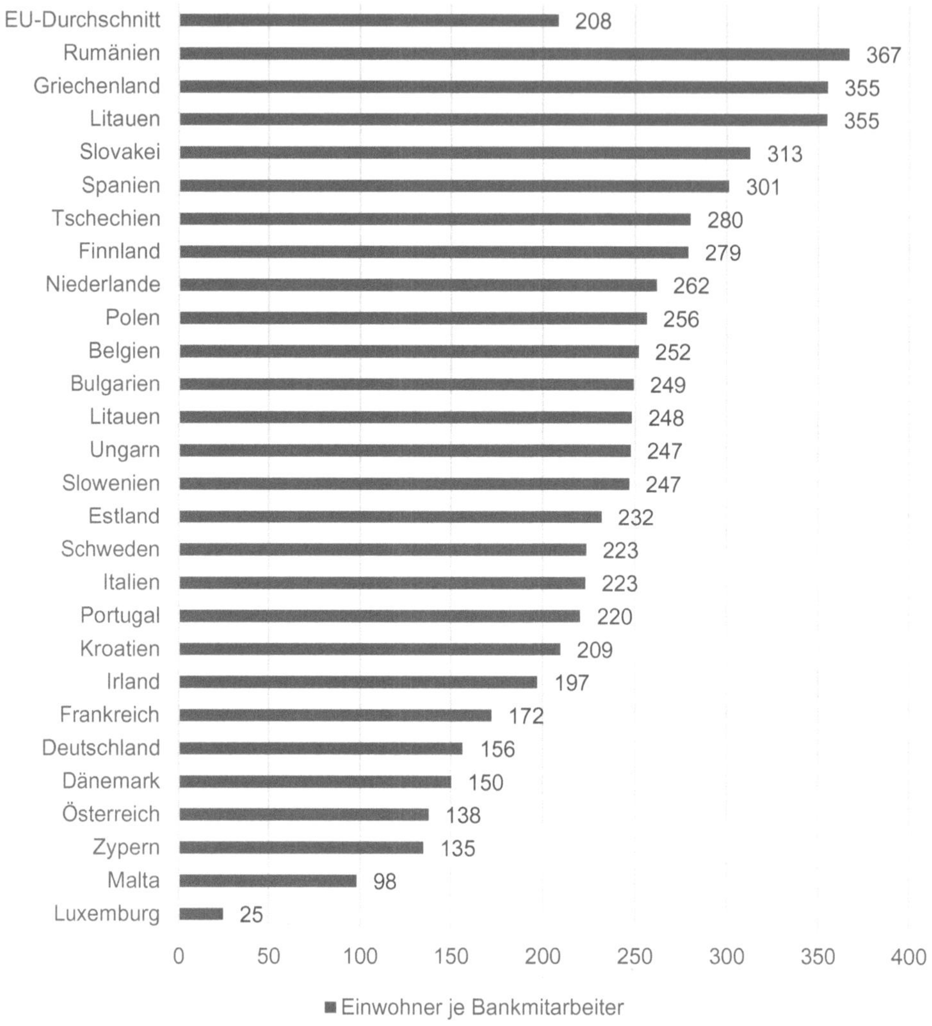

Abb. 4.5 Einwohner je Bankmitarbeiter per 31.12.2022 im EU-Vergleich. Eigene Darstellung. (EZB, 2024; Eurostat, 2024)

- Das Risikomanagement – Liquiditäts- und Refinanzierungsrisiken sowie Zinsänderungsrisiken im Anlagebuch – ist weiter zu stärken.
- Die Sanierungspläne müssen im Zuge der jüngsten Krisenerfahrungen auf ihre Umsetzbarkeit überprüft werden.
- Gemäß der Corporate Sustainability Reporting Directive (CSRD) ändert sich der Umfang und die Art der Nachhaltigkeitsberichterstattung. Banken haben neue Reporting Standards (ESRS) mit obligatorischen nicht finanziellen KPIs und zusätzlichen qualitativen Offenlegungen zu liefern.

- Zunächst gilt die CSRD-Berichtspflicht für große Kreditinstitute mit mehr als 500 Mitarbeitenden für das Geschäftsjahr 2024. In den Folgejahren rücken alle übrigen großen Kreditinstitute und schließlich kleine, nicht komplexe Finanzinstitute (SNCI) nach.
- Zum Digital Operational Resilience Act (DORA) kommen weitere Spezifikationen und finale Entwürfe technischer Standards, sodass die DORA-Verordnung voraussichtlich ab dem 17. Januar 2025 Anwendung finden wird.
- MiCAR (Markets in Crypto Assets Regulation) wird ab Mitte 2024 schrittweise angewandt. Sofern Dienstleister unter MiCAR fallen, ist die Zulassung zu prüfen und umzusetzen. Ein weiterer Schwerpunkt liegt auf der Validierung und Anpassung der Organisation und interner Prozesse.
- Die neue europäische Behörde zur Bekämpfung der Geldwäsche und Terrorismusfinanzierung (Anti-Money Laundering Authority, kurz AMLA), die der Vereinheitlichung der EU-weiten Regelungen dienen soll, soll im Jahr 2024 einen Großteil ihrer Tätigkeiten in Frankfurt aufnehmen.

Abkehr vom Single Rule Book?

Angesichts dieser überbordenden Regulierung sind die Spitzenverbände von Sparkassen und Genossenschaftsbanken, BVR und DSGV, im März 2023 erstmalig von ihrer langjährigen Position abgerückt, wonach das Single Rule Book auch für ihre Banken gelten müsse, um nicht den Eindruck eines Zweiklassensystems zu erwecken. „Das Single Rule Book ist mit Kanonen auf Spatzen geschossen“, meint BVR-Vorstand *Quinten* und wird von *Schriever*, DSGV-Vorstandsmitglied, unterstützt. Die Erkenntnis, dass die EU im Gegensatz zu den USA bis in die Gegenwart weite Teile der Regulierungsvorschläge des Basler Ausschusses für Bankenaufsicht in eigenes Recht und dann für alle Banken übernähme, ist freilich nicht neu (Kröner & Osman, 2024, S. 30). Die freundliche Aufnahme dieses Positionswechsels durch die anwesende Vertreterin des Bundesfinanzministeriums (Kröner & Osman, 2024, S. 30) sowie die parallele Kritik des DSGV-Präsidenten *Reuter* an den EU-Vorschlägen zur Bankenabwicklung und Einlagensicherung (Rohrig, 2024) können auch auf eine konzertierte Aktion hindeuten. So fußt die Europäische Bankenunion einerseits auf den drei institutionellen Säulen „Gemeinsame Aufsicht“, „Gemeinsame Abwicklungsbehörde“ und „Gemeinsame Einlagensicherung“, von denen die ersten beiden weitgehend umgesetzt sind, die dritte in Planung, jedoch hochgradig umstritten ist. Andererseits soll das Single Rule Book (mit vielen Gesetzespaketen) das einheitliche Fundament dieser drei Säulen bilden (Osman, 2024, S. 42).

Wenn aber Sparkassen und Genossenschaftsbanken aus dem Anwendungsbereich des Single Rule Book herausfallen, sind vielleicht auch ihre nationalen Institutssicherungssysteme zu retten.

Gleichzeitig schütze der immense Regulierungsaufwand, dem das Bankgeschäft unterliegt – *Quinten* spricht von 140 Verordnungen, die die EBA für die aktuelle Fassung der CRR III noch erstellen müsse, eine neue EBA-Leitlinie alle 14 Tage sowie durchschnittlich vier FAQs jeden Arbeitstag (Kröner & Osman, 2024, S. 30) – vor Wettbewerb von außen (Osman, 2024, S. 199).

Daraus ergibt sich ein schmaler Grat gerade für Sparkassen und Genossenschaftsbanken: Beschützt die Regulierung das bestehende System kleiner Banken oder ist sie dessen Tod? *Quinten* hat eine Antwort: „Von unseren Banken, von den Kreditgenossenschaften in Deutschland, werden jedes Jahr 30 bis 40 wegreguliert“ (Kröner & Osman, 2024, S. 30).

4.3 Ökosysteme als Allheilmittel für Sparkassen und Genossenschaftsbanken?

4.3.1 Physische Ökosysteme, regionale Netzwerke

Ein Ökosystem bezeichnet ursprünglich einen dynamischen Komplex von Gemeinschaften aus Pflanzen, Tieren und Mikroorganismen sowie deren nicht lebender Umwelt, die als funktionelle Einheit in Wechselwirkung stehen (Destatis, 2024).

In einem wirtschaftlichen Zusammenhang wird der englische Begriff „business ecosystem“ erstmals im Jahr 1993 von *Moore* eingeführt, der eine neue Metapher für Wettbewerb, die aus der Biologie und sozialen Systemen abgeleitet ist, vorschlägt. Demnach sind Unternehmen nicht als Mitglieder einer einzelnen Branche zu betrachten, sondern als Teil eines Geschäftsumfelds, das verschiedene Branchen überspannt.

Aus dieser erweiterten Perspektive ergeben sich neue Handlungsmöglichkeiten (Moore, 1993):

- **Diversifizierte Strategien**: Durch die Betrachtung des Geschäftsumfelds als Ökosystem können Unternehmen verschiedene Branchen und Marktsegmente identifizieren, in denen sie tätig sein können. Dies ermöglicht eine diversifizierte Strategie, um Risiken zu mindern und neue Chancen zu nutzen.
- **Kooperation und Partnerschaften**: Wenn Unternehmen ihre Konkurrenten nicht nur als Feinde, sondern als Teil eines größeren Systems sehen, können sie auch Kooperationsmöglichkeiten erkennen. Partnerschaften mit anderen Unternehmen, die in unterschiedlichen Bereichen tätig sind, können zu Synergien und gemeinsamem Wachstum führen.
- **Innovation und Anpassungsfähigkeit**: Die Betrachtung des Geschäftsumfelds als Ökosystem erfordert eine ständige Anpassung an Veränderungen. Unternehmen, die flexibel sind und sich schnell an neue Gegebenheiten anpassen können, sind besser positioniert, um auf Marktveränderungen zu reagieren und innovative Lösungen zu entwickeln.
- **Langfristige Nachhaltigkeit**: Indem Unternehmen ihre Rolle im größeren Ökosystem verstehen, können sie nachhaltige Geschäftsmodelle entwickeln. Langfristige Überlegungen zur Umwelt, zur sozialen Verantwortung und zu wirtschaftlichen Auswirkungen sind entscheidend für den langfristigen Erfolg.

Zeitgleich entwickelt *Porter* die These, dass Innovationen als Wettbewerbsvorteile dann entstehen, wenn konkurrierende Akteure einer Industrie am selben Ort versammelt sind (1999). Damit erlangten Regionen eine neue ökonomische Bedeutung. Zu den Akteuren von Kooperationen zählen dabei nicht nur Konkurrenten einer Branche. Abhängig von der Breite des Leitbildbegriffs eines regionalen Netzwerkes oder Clusters spielen Universitäten, private Forschungsinstitute, Akteure aus der Politik, Bildungseinrichtungen und Privatpersonen eine wichtige Rolle (Bolze et al., 2006, S. 82, 88).

In einem Sammelband zur Regionalökonomie aus dem Jahr 2012 taucht der deutsche Begriff „regionales Ökosystem" noch nicht auf. Stattdessen: regionale Wertschöpfung, Regionalentwicklung, regionale Zusammenarbeit, „regionale Zusammenarbeit", Regionalplanung, der regionale Businessplan, regionale Innovationssysteme, regionale Netze, regionale Plattform, regionales Cluster (George & Berg, 2012). Dabei beschreibt *Breunig* dort bereits exemplarisch, was ein regionales Ökosystem ausmacht, ohne den Begriff zu verwenden (Breunig, 2012, S. 271–278).

In solchen regionalen Netzwerken wird Genossenschaftsbanken eine wichtige Rolle zugeordnet. Zum einen kommen sie ihrer genossenschaftlichen Verantwortung gegenüber ihren Mitgliedern nach, die Teil des regionalen Netzwerks sind. Zum anderen leisten sie in Form einer freiwilligen Selbstverpflichtung Beiträge zur Verbesserung der Lebensverhältnisse in der jeweiligen Region (Blome-Drees & Schmale, 2019, S. 75–76). Für *Friedländer et al.* wären auch Sparkassen für eine solche Rolle „prädestiniert", sie dürften nur nicht weitere Filialen schließen (2023, S. 44–45).

Organisationstheoretisch versuchen *Sydow und Auschra* in Tab. 4.2 die Begriffe Netzwerk, Plattform und Ökosystem anhand der Dimensionen

Tab. 4.2 Gegenüberstellung der drei Organisationsformen Netzwerk, Ökosystem und (Digitale) Plattform. Entnommen aus Sydow und Auschra (2022, S. 38–39)

Aspekte	Interorganisationales Netzwerk	Zwei Spielarten von Ökosystemen	(Digitale) Plattform
Teilnehmer	Organisationen	Organisationen, Individuen	Organisationen, Individuen
Theoretische Wurzeln	Organisations- und Netzwerkforschung	Entrepreneurship-Forschung; Technologie- und Innovationsmanagement	Industrieökonomik, strategisches Management; Technologie- und Innovationsmanagement; Wirtschaftsinformatik
Zentrale Analyseebene(n)	Organisationen im Falle von egozentrischen, strategisch geführten Netzwerken, Teilnetzwerke (Cliquen) oder aber ganze Netzwerke	Organisationen oder interorganisationale Netzwerke, gesamtes Ökosystem oder im Fall von Business Ecosystems auch das Wertversprechen	Organisationen (z. B. Plattformeigner oder Komplementoren) und weitere Plattformteilnehmer, auch ganze interorganisationale Netzwerke

(Fortsetzung)

Tab. 4.2 (Fortsetzung)

Aspekte	Interorganisationales Netzwerk	Zwei Spielarten von Ökosystemen	(Digitale) Plattform
Ziele	Gemeinsam formulierte oder sich im Zuge der Zusammenarbeit entwickelnde Ziele der teilnehmenden Organisationen, die in der Regel auf Wertgenerierung und -aneignung abzielen; Erreichung möglichst dauerhafter Wettbewerbsvorteile	Im Prinzip keine gemeinsamen Ziele, aber im Falle von Business Ecosystems Interesse an gemeinsamer Entwicklung und Vermarktung von Produkten/Dienstleistungen und entsprechender Wertgenerierung und -aneignung oder im Falle regional ausgerichteter unternehmerischer Ökosystemen u. U. Interesse an Regionalentwicklung	Plattformbetreiber hat meist profitorientiertes, selten soziales Ziel, das er versucht durch Bedürfnisbefriedigung der Plattformteilnehmer zu erreichen; Plattformteilnehmer suchen nach Vorteilen durch zusätzlichen oder kostengünstigen Marktzugang; Realisierung von Netzeffekten
Governance/ Steuerung	Netzwerkkooperation zwischen oder jenseits von Markt und Organisation oder Hierarchie; allerdings hierarchieähnlich bei strategisch geführten Netzwerken	Hierarchie, Markt oder Netzwerk, oft plural; in Produktökosystemen informale Abhängigkeit der Unternehmen voneinander, aber keine hierarchische Governance und kein formales Netzwerk	Plattformen vermitteln zumeist marktliche Transaktionen zwischen verschiedenen Akteursgruppen, insbesondere Kunden und Lieferanten; Aushandlung von Kontroll- und Mitspracherechten zwischen Plattformbetreiber und Kunden
Dynamiken und Grenzen	Oft volatile Mitgliedschaften, gerade im Falle von Projektnetzwerken, aber sonst relativ stabil, relativ klare Netzwerkgrenzen	Volatile Mitgliedschaften, oft marktlich, allenfalls zeitlich begrenzte Verträge; regionale Grenzen im Fall von Entrepreneurial Ecosystems, im Falle von Business Ecosystems durch Beteiligung an der Einlösung des Wertversprechens	Volatile Mitgliedschaften, oft marktlich und/oder durch zeitlich begrenzte Verträge; ggf. kooperative Beziehungen zwischen Plattformbetreiber und ausgewählten Komplementoren; nur im letzteren Fall klare Grenzziehung
Kooperation und Wettbewerb	Findet oft gleichzeitig im Netzwerk statt, muss austariert werden; Wettbewerb zwischen Netzwerken möglich, aber eher selten	Marktlicher Wettbewerb in Ökosystemen, Kooperation im Rahmen von Dyaden sowie Netzwerken möglich; Wettbewerb zwischen Ökosystemen ist denkbar, sowohl in der Region als auch auf Produktmärkten	Wettbewerb findet oft zwischen Komplementoren um Nutzer statt; ggf. auch zwischen Plattformbetreibern um zentrale Komplementoren; Wettbewerbe zwischen Plattformen („the winner takes it all“) sind häufig

(Fortsetzung)

Tab. 4.2 (Fortsetzung)

Aspekte	Interorganisationales Netzwerk	Zwei Spielarten von Ökosystemen	(Digitale) Plattform
Offenheit/ Selektion von Mitgliedern	Netzwerk selektiert Mitglieder bewusst und hat i. d. R. Grenzen; die Mitgliedschaft kann formell oder informell sein	Eher informelle Mitgliedschaften ohne Zugangsbeschränkung, aber je nach Ökosystemtyp	Je nach Plattform unterschiedliche Grade der Offenheit gegenüber der Teilnahme von Dritten; bei grundsätzlich offenen Plattformen werden Komplementoren manchmal bewusst selektiert; häufig große Offenheit gegenüber Kunden
Beispiele	Star Alliance, Toyota, MLP, Gesundes Kinzigtal	Apple, Microsoft (Business Ecosystems) oder Regionen wie Berlin, Cambridge, Silicon Valley (Entrepreneurial Ecosystems), oft mit Bezug auf eine Branche, wie z. B. die Versorgung mit Gesundheitsdienstleistungen	Uber, Apple App Store, aber auch Finanz-, Mobilitäts- und Gesundheitsplattformen

- Theoretische Wurzeln
- Zentrale Analyseebenen
- Ziele
- Governance/Steuerung
- Dynamiken und Grenzen
- Kooperation und Wettbewerb sowie
- Offenheit/Selektion von Mitgliedern

voneinander abzugrenzen (2022, S. 38–39).

4.3.2 Digitale Plattformen und Embedded Finance

Die Zahl derer, die sich vorstellen können, ein Girokonto bei einem der großen Plattformunternehmen wie Amazon, Apple oder Google (BigTechs), steigt kontinuierlich. In der Gruppe der 16- bis 29-jährigen sind es im Jahr 2023 55 %, bei den 30 plus immer noch 41 % (Bitkom Research, 2023, S. 19).

Noch verzichten die Plattformanbieter auf eigene Banklizenzen. Zum einen mag die Bankenregulierung abschrecken (Abschn. 4.2.3). Zum anderen entspricht es auch nicht dem Geschäftsmodell eines Plattformanbieters. Vielmehr werden Bank- oder Finanzdienstleistungen von Banken oder anderen Finanzdienstleistern in Produkte, Dienstleistungen,

Prozesse und Plattformen von Unternehmen eingebunden, die außerhalb der Finanzbranche tätig sind (Embedded Banking bzw. Embedded Finance). Die meisten Anwendungen stammen aus dem Payment-Bereich; in Verbindung damit gewinnen Ratenkauf- und Kauf-auf-Rechnung-Funktionalitäten (Buy Now Pay Later, BNPL) an Bedeutung (Waschbusch et al., 2023, S. 164–166).

Als Grundlage für Embedded Banking oder Embedded Finance kann Open Banking betrachtet werden. Konzeptionell meint Open Banking die Öffnung der Banksysteme und der darin vorhandenen Kundendaten für andere Unternehmen, um gemeinsam neue Geschäftsmodelle zu etablieren. Rechtliche Grundlage für Open Banking ist die zweite Zahlungsdiensterichtlinie (Payment Services Directive, PSD2), die die Banken dazu verpflichtet, Drittanbietern mit der Erlaubnis des Kunden Zugriff auf Kundendaten zu ermöglichen. Technisch geschieht das über Programmierschnittstellen, über die Anwendungssysteme direkt miteinander interagieren können, sogenannte APIs -Application Programming Interfaces (Waschbusch et al., 2023, S. 167). *Bramberger* sortiert auch die Blockchain-Technologie und Chatbots als Open Banking-Produkte ein (2019, S. 19–20).

Hier liegt auch das Geschäftsmodell der sogenannten FinTech (Kurzform des Begriffs „Financial Technology") begründet. Im Allgemeinen werden damit Unternehmen bezeichnet, die innovative, technologiebasierte Anwendungssysteme rund um das Thema „Finanzen" anbieten (Deutsche Bundesbank, 2024). Wenn das FinTech Softwarekomponenten mittels Cloud-Technologie von IT-Firmen oder Banken einkauft, diese in die eigenen Anwendungen integriert und auf dieser Basis Finanzdienstleistungen anbietet, spricht man von BaaS: Banking-as-a-Service (Waschbusch et al., 2023, S. 167). Tab. 4.3 gibt einen Überblick über Chancen und Risiken durch Embedded Finance.

Tab. 4.3 Chancen und Risiken für Banken durch Embedded Finance. (Waschbusch et al., 2023, S. 168–172)

Chancen	Risiken
• Gewinnung neuer Kundengruppen und neuer Einnahmequellen	• Verlust der Kundenschnittstelle und der Transaktionsdaten
• Steigerung des Marktpotenzials aufgrund veränderter Kundenerwartungen	• Sichtbarkeitsverlust der Bank
• Kundenkontaktpunkt am Point of Sale – Möglichkeit für Cross-Selling	• Reduzierte Kundenbindung
• Aufbau von IT-Kompetenz und Entwicklung zu Technologieunternehmen	• Rückgang des Kundenvertrauens
	• Abhängigkeit der Banken von den Plattformbetreibern
	• Risiken bankbetrieblicher Tätigkeit und Embedded Finance
	• Technischer Umsetzungsaufwand von Embedded Finance
	• Personeller Aufwand für Banken

Plattform- und Datengenossenschaften

Darüber hinaus wird die eG als institutionelle Alternative zum „Plattform-Kapitalismus" gedeutet. So betreiben Genossenschaften Buchungsplattformen für Hotelbetriebe, E-Carsharing oder Bücher (Wieg, 2020). Gleichzeitig loten deutsche mittelständische Unternehmen aus, ob die eG ein Governance-Rahmen für ein gemeinsames Ökosystem sein kann, in dem aus dem Pooling der Daten der verschiedenen Partner neue datengetriebene Services geschaffen werden. Einer solchen Datengenossenschaft werden folgende Vorteile zugeordnet (Weber et al., 2022, S. 1363–1364):

- Schaffung eines Vertrauensraums durch die neutrale – und allen Mitgliedern zu gleich verpflichtete – Rolle der Genossenschaft
- rechtliche Verbindlichkeit und Commitment
- Skalierbarkeit
- Vergemeinschaftung von Kosten und Nutzen von Plattforminfrastrukturen

Institutionelle Berührungspunkte zwischen eingetragener Genossenschaft und öffentlicher Hand finden sich beispielsweise in der govdigital eG, in der sich öffentliche IT-Dienstleister zusammengeschlossen haben. Deren Ziel ist es, „sichere digitale Infrastrukturen für die Aufgaben der Verwaltung und der Daseinsvorsorge zu schaffen. Der Fokus liegt dabei auf der gemeinsamen Entwicklung und Implementierung sowie dem gemeinsamen Betrieb von IT-Systemen. Dazu zählen vor allem der Aufbau und der Betrieb von rechenzentrumsübergreifenden und cloudbasierten Infrastrukturen" (govdigital, 2024a). Mitglied der govdigital eG ist beispielsweise die d-NRW AöR, die ihre Träger (Land NRW, Landschaftsverbände und viele NRW-Kommunen) beim Einsatz von Informationstechnik in der öffentlichen Verwaltung begleitet und unterstützt. (govdigital, 2024b).

4.3.3 Regionale digitale Ökosysteme

In der Verbindung ihrer bestehenden regionalen Netzwerke mit digitalen Plattformen zu digitalen Ökosystemen mit regionalen Bezügen sehen sowohl Sparkassen als auch Genossenschaftsbanken die ultimative Lösung:

Joachim Schmalzl, DSGV-Vorstandsmitglied (Schmalzl & Wiegand, 2019, S. 76):

> „Das Girokonto wird deshalb in eine digitale Plattform eingebettet und zum Ökosystem ausgebaut, das das digitale Zuhause aller Nutzer (Privat- und Firmenkunden) für ihre finanziellen Bedürfnisse ist und das Leben einfacher gestalten will. Der Begriff Nutzer wird hier bewusst verwendet, denn diese Plattform steht nicht nur Kunden der Sparkassen-Finanzgruppe offen, sondern perspektivisch auch Kunden anderer Institute. Die Finanzplattform will dabei auch ein regionales und überregionales Serviceangebot außerhalb des Kerngeschäfts bieten."

Marija Kolak, BVR-Präsidentin (o. V., 2021, S. 3):

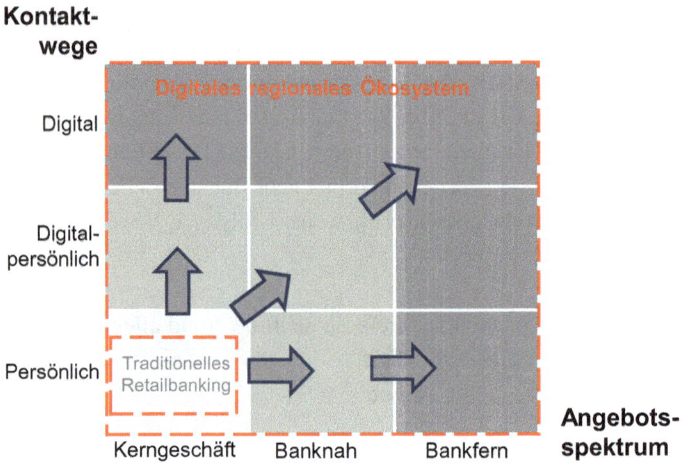

Abb. 4.6 Entwicklungsschritte zu einem digitalen regionalen Ökosystem. (Eurogroup Consulting, 2020)

> „Unser Anspruch ist aber, das leistungsstärkste Ökosystem mit regionaler Prägung zu etablieren. Gute Chancen sehen wir darin, wenn wir unser bestehendes auf Banking ausgerichtetes Ökosystem mit einem Ausbau der Plattforminfrastruktur, der Übertragung unserer bestehenden Netzwerke in die digitale Welt sowie dem Ausbau von Partnerschaften und gegebenenfalls Beyond-Banking-Leistungen erweitern."

Eine räumliche Fokussierung läuft der Logik von Online-Plattformen, deren Stärke es ja gerade ist, Menschen weltweit zu vernetzen, allerdings zuwider. Die Regionalisierung von Online-Plattformen ist mit anderen Worten sehr voraussetzungsvoll (Ibert et al., 2022, S. 4) und muss in mehreren Entwicklungsschritten vollzogen werden, was Abb. 4.6 zeigt. So muss die Digitalisierung der Kontaktwege hin zu einem nahtlosen Omnikanal-Ansatz erfolgen, bevor das Angebotsspektrum modernisiert und über das Kernbankgeschäft hinaus ausgeweitet werden sollte. Der dritte Erfolgshebel ist dann die Vernetzung der Einzelkomponenten sowie die Mobilisierung der jeweiligen Region (Eurogroup Consulting, 2020).

Die zweiseitige Logik eines solchen digitalen regionalen Ökosystems sowie die Komplexität des Vorhabens angesichts der vielen möglichen Partner werden in Abb. 4.7 veranschaulicht (Investors Marketing, 2024).

Und wenn Sparkassen und Genossenschaftsbanken parallele Ökosysteme aufbauen, müssen sich die Partner auf beiden Seiten der Plattformen entscheiden, ob sich ihr doppelter Aufwand lohnt oder sie sich für eine der beiden Plattformen entscheiden sollen. So dürfte das digitale regionale Ökosystem „Immobilie" der Sparkasse Hannover nicht viel anders aussehen als das Ökosystem „Bauen und Wohnen" der Hannoverschen Volksbank eG. Vor diesem Hintergrund mahnen *Demiri und Hierl* dann auch die Zusammenarbeit zwischen Sparkassen und Genossenschaftsbanken an (2021, S. 122, 125).

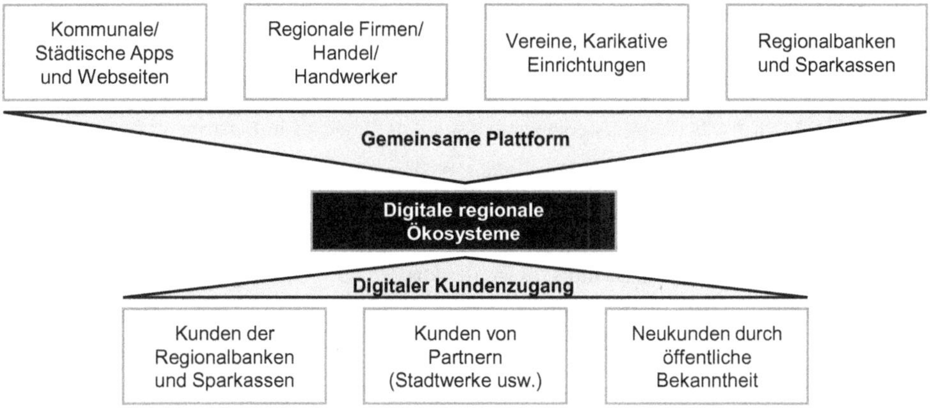

Abb. 4.7 Aufbau eines digitalen regionalen Ökosystems. (Investors Marketing, 2024)

Literatur

AGV Banken. (2024). Personalstatistik: Beschäftigte im Kreditgewerbe. https://www.agvbanken.de/statistik-2/personalstatistik. Zugegriffen am 11.03.2024.

Altunbaş, Y., Evans, L., & Molyneux, P. (2001). Bank ownership and efficiency. *Journal of Money, Credit and Banking, 33*, 926–954. https://doi.org/10.2307/2673929

Amberg, N., & Becker, B. (2024). Banking without Branches. Sveriges Riksbank Working Paper Series 430. https://www.riksbank.se/globalassets/media/rapporter/working-papers/2023/no.-430-banking-without-branches.pdf. Zugegriffen am 31.03.2024.

Anagnostopoulos, Y., Husa, K. A., & Noikokyris, E. (2022). A three-phase comparative efficiency analysis of US and EU Banks. *International Review of Economics & Finance, 81*, 113–127. https://doi.org/10.1016/j.iref.2022.04.009

Ashauer, G. (2002). Die Rentabilität der Kreditwirtschaft im internationalen Vergleich. *Die Sparkasse, 119*, 248–259.

Atzler, E. (2024a, Februar 20). Modell Viertagewoche: Freitags ist die Filiale zu. *Handelsblatt.*

Atzler, E. (2024b, Januar 8). Furcht vor zu wenig Personal treibt Banken zu Fusionen. *Handelsblatt.*

Berger, A. N., Leusner, J. H., & Mingo, J. J. (1997). The efficiency of bank branches. *Journal of Monetary Economics, 40*, 141–162.

Bitkom Research. (2023). Digital finance. https://www.bitkom.org/Bitkom/Publikationen/So-digital-ist-die-deutsche-Finanz-und-Versicherungsbranche-Die-Transformation-der-Finanzindustrie. Zugegriffen am 24.02.2024.

Blome-Drees, J., & Schmale, I. (2019). Genossenschaftsbanken mobilisieren regionale Ressourcen. *Zeitschrift für das gesamte Genossenschaftswesen, 69*, 66–84. https://doi.org/10.1515/zfgg-2019-0009

Bolze, C., Ernst, T., Greif, S., Krügler, S., Nowotnick, M., Schneider, A., & Sterneberg, B. (2006). Entschleunigung von Konsum- und Unternehmensprozessen. *Dresdner Beiträge zur Lehre der betrieblichen Umweltökonomie* 20. https://nbn-resolving.org/urn:nbn:de:swb:14-1157450611775-78087.

Bramberger, M. (2019). *Open Banking: Neupositionierung europäischer Finanzinstitute.* Springer Gabler. https://doi.org/10.1007/978-3-658-26123-8

Breunig, C. (2012). Bündelung regionaler Wertschöpfung. In von W. George & T. Berg (Hrsg.), *Regionales Zukunftsmanagement: Regionalökonomie* (S. 271–278). Pabst.

Carbo, S., Gardener, E., & Williams, J. (2000). Efficiency and technical change in Europe's savings banks industry. *Revue de la Banque, 64*, 381–394.
Carbo-Valverde, S., Saiz, H. P., & Xiao, H. (2023). Geographical and cultural proximity in retail banking. *Bank of Canada staff working papers*. https://doi.org/10.34989/swp-2023-2
Casu, B., & Molyneux, P. (2003). A comparative study of efficiency in European banking. *Applied Economics, 35*, 1865–1876.
Demiri, A., & Hierl, L. (2021). Ökosysteme als Quelle für neue Ertragspotenziale für regionale Banken. In von D. Knörrer, M. W. Mosen, J. Moormann, & D. Schmidt (Hrsg.), *Digitale Ökosysteme* (S. 109–128). Frankfurt School Verlag.
Destatis. (2024). Ökosystematlas. https://www.destatis.de/DE/Service/Statistik-Visualisiert/Oekosystematlas/_inhalt.html. Zugegriffen am 24.02.2024.
Deutsche Bundesbank. (2023). Die Ertragslage der deutschen Kreditinstitute. Diverse Monatsberichte September. Frankfurt am Main. https://www.bundesbank.de/de/statistiken/banken-und-andere-finanzielle-unternehmen/banken/ertragslagedaten/ertragslagedaten-773050. Zugegriffen am 09.03.2024.
Deutsche Bundesbank. (2024). FinTech. https://www.bundesbank.de/de/aufgaben/bankenaufsicht/einzelaspekte/fintech-598228. Zugegriffen am 01.04.2024.
Dombrowa, M. (2023). *Die Effizienzwirkungen von Größe und Fusionen bei Genossenschaftsbanken unter Berücksichtigung regionaler Standortfaktoren*. Shaker.
Deutsche Industrie- und Handelskammer. (2023). Konjunkturumfrage Herbst 2023. https://www.dihk.de/resource/blob/105338/76857c4085affce0c37847c93009e153/statistischer-anhang-dihk-konjunkturumfrageherbst-2023-data.pdf. Zugegriffen am 11.03.2024.
Engerer, H. (2006). Vom Dreisäulensystem zum Baustein des europäischen Hauses: Wandel von Eigentum und Wettbewerb im deutschen Bankensektor. *Vierteljahrshefte zur Wirtschaftsforschung, 75*(4), 11–32.
Eurogroup Consulting. (2020). Regionalbanken – Gewinner der Coronakrise? https://www.eurogroupconsulting.de/?p=11383. Zugegriffen am 01.04.2024.
EZB. (2024). EU structural financial indicators: Number of employees of domestic credit institutions. https://data.ecb.europa.eu/publications/financial-corporations/3030658. Zugegriffen am 11.03.2024.
Eurostat. (2024). Population change – demographic balance and crude rates at national level. https://ec.europa.eu/eurostat/en/. Zugegriffen am 11.03.2024.
Ferreira, C. (2021). Efficiency of European banks in the aftermath of the financial crisis: a panel stochastic frontier approach. *Journal of Economic Integration, 36*(1), 103–124. https://ideas.repec.org/a/ris/integr/0821.html
Ferreira, C. (2023). Competition and stability in the European union banking sector. *International Advances in Economic Research, 29*, 207–224. https://doi.org/10.1007/s11294-023-09880-z
Ferri, G. (2012). Credit cooperatives: Challenges and opportunities in the global scenario. SSRN Electronic Journal. https://www.researchgate.net/publication/255697926_Credit_Cooperatives_Challenges_and_Opportunities_in_the_Global_Scenario. Zugegriffen am 09.03.2024.
Friedländer, B., Dumkow, J., & Schaefer, C. (2023). Öffentliche Unternehmen und innovative öffentliche Aufgabenerfüllung im ländlichen Raum am Beispiel des Politikfeldes „Infrastruktur". *Zeitschrift für Gemeinwirtschaft und Gemeinwohl, 46*, 33–50. https://doi.org/10.5771/2701-4193-2023-1-33
George, W., & Berg, T. (Hrsg.). (2012). *Regionales Zukunftsmanagement: Regionalökonomie* (Bd. 6). Pabst.
govdigital. (2024a). Die Genossenschaft. https://www.govdigital.de/die-genossenschaft/. Zugegriffen am 01.04.2024.
govdigital. (2024b). d-NRW tritt govdigital bei. https://www.govdigital.de/d-nrw-tritt-govdigital-eg-bei/. Zugegriffen am 01.04.2024.
Greiber, C., & Herz, B. (1998). *Cost structure of the German banking industry an empirical analysis*. ohne Verlag.

Gubelt, C., Padberg, T., & Werner, T. (2000a). Produktionstheoretische Untersuchung der Effizienz deutscher Sparkassen. *Zeitschrift für öffentliche und gemeinwirtschaftliche Unternehmen, 23*, 289–303.

Gubelt, C., Padberg, T., & Werner, T. (2000b). Zur Effizienz von Genossenschaftsbanken. *Zeitschrift für das gesamte Kreditwesen, 53*, 994–997.

Hausner, K. H. (2004). Der Bankenmarkt in der Europäischen Union. *Zeitschrift für das gesamte Kreditwesen, 57*, 267–270.

Herz, B. (1999). Größe und Effizienz von Kreditinstituten. *Sparkasse, 116*, 176–178.

von Hiller, C. (2001, Oktober 28). Banken kämpfen gegen schwerste Krise seit 20 Jahren. *Die Zeit.*

Ibert, O., Oechslen, A., Repenning, A., & Schmidt, S. (2022). Geht digital auch regional? Handlungsansätze zur Gestaltung von regionalen digitalen Plattformen. *IRS Dialog Policy Paper*, März 2022. https://leibniz-irs.de/medien/irs-dialog/geht-digital-auch-regional-handlungsansaetze-zur-gestaltung-von-regionalen-digitalen-plattformen. Zugegriffen am 24.02.2024.

ING. (2021). Digitales banking. Frankfurt am Main. https://www.ing.de/binaries/content/assets/pdf/ueber-uns/presse/publikationen/2021/ing-studie_wachstumspotential-digitales-banking.pdf. Zugegriffen am 31.03.2024.

Investors Marketing. (2024). Regionale Ökosysteme: Wiederentdeckung der Region als Gegentrend zu globalen Plattformen. https://www.investors-marketing.de/wp-content/uploads/2020/12/White_Paper_Regionale_Oekosysteme.pdf. Zugegriffen am 01.04.2024.

Joas, B., Popović, T., & Bäumer, T. (2019). Digitalisierung im Zahlungsverkehr: Eine kritische Analyse der Chancen und Herausforderungen für Banken. In von A. Lochmahr, P. Müller, P. Planing, & T. Popović (Hrsg.), *Digitalen Wandel gestalten* (S. 103–114). Springer Gabler. https://doi.org/10.1007/978-3-658-24651-8_4.2.

Kasprowicz, T. (2023). Das sind die regulatorischen Megatrends in 2024 für Banken. https://klardenker.kpmg.de/financialservices-hub/das-sind-die-regulatorischen-megatrends-in-2024-fuer-banken/. Zugegriffen am 30.03.2024.

Keil, J., & Ongena, S. (2024). The demise of branch banking – Technology, consolidation, bank fragility. *Journal of Banking & Finance, 158*, 1–21. https://doi.org/10.1016/j.jbankfin.2023.107038

Kröner, A. (2020, September 22). Banken-Aufseher Raimund Röseler: „Wir haben zu viele Bank". *Handelsblatt.* https://www.handelsblatt.com/finanzen/banken-versicherungen/banken/bafin-banken-aufseher-raimund-roeseler-wir-haben-zu-viele-banker/26209624.html. Zugegriffen am 11.03.2024.

Kröner, A. (2023, Dezember 19). „Es wird sportlich, genug Personal zu finden." *Handelsblatt.*

Kröner, A., & Osman, Y.. (2024, März 20). Volksbanken fordern ein Ende der Einheitsregeln. *Handelsblatt.*

Lang, G., & Welzel, P. (1999). Mergers among German cooperative banks: A panel-based stochastic frontier analysis. *Small Business Economics, 13*, 273–286.

Laudi, P. (2003). *Fusionen von Genossenschaftsbanken: Zielerreichung von Unternehmensverschmelzungen und deren Alternativen.* Institut für Finanz- und Dienstleistungsmanagement, Universität.

McKinsey & Company. (2023). What better place than here, what better time than now? German banking in 2023. https://www.mckinsey.de/news/presse/2023-09-11-german-banking-report-2023. Zugegriffen am 09.03.2024.

Moore, J. F. (1993). Predators and prey: A new ecology of competition. *Harvard Business Review, 71*(3), 75–86.

o. V. (2001, September 4). Stellenabbau im Finanzsektor befürchtet. *Handelsblatt.*

o. V. (2021). „Unser Anspruch ist, das leistungsstärkste Ökosystem mit regionaler Prägung zu etablieren." Redaktionsgespräch mit Marija Kolak. *Zeitschrift für das gesamte Kreditwesen, 74*, 1–5.

https://www.kreditwesen.de/kreditwesen/themenschwerpunkte/interview/anspruch-leistungsstaerkste-oekosystem-regionaler-id74949.html. Zugegriffen am 01.04.2024.

Osman, Y. (2023, Dezember 18). Hypo-Vereinbank: Weniger Filialen für kleine Firmen. *Handelsblatt.*

Osman, Y. (2024). *Basiswissen Bankenaufsicht* (2. Aufl.). Schäffer-Poeschel.

Paul, S., & Kästner, L. (2006). Privatisierung und Bankperformance. *Vierteljahrshefte zur Wirtschaftsforschung, 75*(4), 33–52.

Pertl, P. (2019). *Regionalbanken zwischen Digitalisierung, Regulierung und Niedrigzinsumfeld.* Springer Gabler.

Picot, A., & Kaulmann, T. (1989). Comparative Perfomance of government-owned and privately-owned Corporations. *Journal of Institutional and Theoretical Economics, 145*, 298–316.

Porter, M. E. (1999). *Wettbewerbsstrategie: Methoden zur Analyse von Branchen und Konkurrenten.* Campus.

Richter, F., Christians, U., & Hartl, F. (2018). Effizienz der Banken: Eine empirische Analyse der Kreditgenossenschaften. *Zeitschrift für das gesamte Genossenschaftswesen, 68*(1), 29–47. https://doi.org/10.1515/zfgg-2018-0003

Richter, T. (2020). Bankenwettbewerb und die Stabilität/Fragilität von Finanzsektoren: Nur eine Frage der Messmethode? *FEMM Working Paper Series No. 10/2020 der Fakultät für Wirtschaftswissenschaft der Otto-von-Guericke-Universität Magdeburg.* https://www.fww.ovgu.de/fww_media/femm/femm_2020/2020_10.pdf. Zugegriffen am 25.02.2024.

Rohrig, D. (2024). DSGV-Präsident Reuter kritisiert EU-Vorschläge zur Bankenabwicklung und Einlagensicherung. https://finanzbusiness.de/nachrichten/banken/article16960686.ece. Zugegriffen am 30.03.2024.

Schmalzl, J., & Wiegand, F. (2019). Standortbestimmung Digitalisierung Sparkassen. *BaFin Perspektiven, 1*, 69–87. https://www.bafin.de/SharedDocs/Veroeffentlichungen/DE/BaFinPerspektiven/2019_01/bp_19-1_Beitrag_Dr_Schmalzl.html. Zugegriffen am 01.04.2024.

Spiegel-Verlag. (2000). *Soll und Haben 5.* Hamburg.

Spulbăr, C., Nițoi, M., & Anghel, L. (2015). Efficiency in cooperative banks and savings banks: A stochastic frontier approach. *Romanian Journal of Economic Forecasting, 18*, 5–21.

Stappel, M. (2000). Genossenschaftsbanken im Retail-Banking – eine Analyse der Wettbewerbssituation. *Zeitschrift für das gesamte Kreditwesen, 53*, 990–993.

Statista. (2023). Anteil der fünf größten Banken ausgewählter EU-Länder an der Bilanzsumme aller Banken des jeweiligen Landes im Jahr 2022. https://de.statista.com/statistik/daten/studie/209464/umfrage/anteil-groesste-kreditinstitute-aus-laender-der-eu-an-summe-der-aktiva/. Zugegriffen am 01.05.2024.

Sydow, J., & Auschra, C. (2022). Netzwerke, Plattformen und Ökosysteme: Organisationstheoretische Klärungen. *Kölner Zeitschrift für Soziologie und Sozialpsychologie, 74*(1), 35–57. https://doi.org/10.1007/s11577-022-00827-6

Tebroke, H.-J. (1993). *Größe und Fusionserfolg von Genossenschaftsbanken: eine theoretische und empirische Analyse der Auswirkungen von Betriebsgröße und fusionsbedingter Betriebsgrößenerweiterung auf die Ergebnisstruktur von Kreditgenossenschaften.* Müller Botermann.

TheGlobalEconomy.com. (2024). Eigenkapitalrendite: Länder-Rankings. https://de.theglobaleconomy.com/rankings/bank_return_equity/. Zugegriffen am 09.03.2024.

Thiem, O. G. (2021). *Effizienz der deutschen Sparkassen in Zeiten von Niedrigzins und Digitaler Transformation.* Darmstadt. https://doi.org/10.26083/tuprints-00020046

Waschbusch, G., Schlenker, B., & Burr, J. (2023). Embedded Finance – Fluch oder Segen für Banken? *Corporate Finance, 14*(7–8), 164–173.

Weber, A.-M., Mittwoch, A.-C., Herbet-Homenda, W., & Stefaniuk, W. (2024). Digitalizing the commercial banking business model: vanishing bank branches and the risks of financial exclusion of the elderly. In von M. Bodellini, G. Gimigliano, & D. Singh (Hrsg.), *Commercial banking in transition* (S. 87–107). Palgrave. https://doi.org/10.1007/978-3-031-45289-5_5

Weber, P., Werling, M., Tank, A., & Baars, H. (2022). Institutionalisierung digitaler Ökosysteme in der Rechtsform einer Genossenschaft: Case Study im produzierenden Kontext. *HMD Praxis der Wirtschaftsinformatik, 59*, 1353–1365. https://doi.org/10.1365/s40702-022-00898-1

Wieg, A. (2020). Plattformgenossenschaften: Eine Antwort auf die Herausforderungen der Plattformökonomie? *Zeitschrift für das gesamte Genossenschaftswesen, 70*, 211–229. https://doi.org/10.1515/zfgg-2020-0015

Williams, J., & Gardener, E. (2003). The efficiency of European regional banking. *Regional Studies, 37*, 321–330.

Wocher, M., & Rosenberger, J. (2023, Januar 23). Das bedeutet der Ruhestand der Babyboomer für den Arbeitsmarkt. *Handelsblatt.* https://www.handelsblatt.com/rente-das-bedeutet-der-ruhestand-der-babyboomer-fuer-den-arbeitsmarkt/28922494.html. Zugegriffen am 11.03.2024.

5 Entwicklungslinien und Verbindungspunkte der beiden Gruppen

5.1 Sparkassen

5.1.1 Vertikalisierungsmodelle: Die Anstalt in der Anstalt

Ohne eigenes, tragfähiges Geschäftsmodell liegt es aus Sicht einer Landesbank nahe, das stabile Retailgeschäft der Sparkassen zu absorbieren. Solch eine vertikale Integration gibt es in verschiedenen Varianten in der Sparkassen-Finanzgruppe. *Noack* zeigt die Risiken einer solchen Strategie auf (2009, S. 14–15):

- Die besondere Identifikation bestimmter Kundengruppen mit dem Regionalinstitut geht verloren, was in der Tendenz das Einlagengeschäft schwächt.
- Die Entscheidungskompetenz vor Ort im Aktivgeschäft fällt weg; eine Verschlechterung der Kreditversorgung des Klein- und Mittelstandes ist wahrscheinlich.
- Strukturell benachteiligte Regionen werden geschwächt, weil die integrierten Landesbankkonzerne auf mutmaßlich ertragsstärkere Regionen ausweichen können.

Sachsen-Finanzgruppe

Sachsen treibt die Zusammenarbeit von Landesbank und Sparkassen Anfang der 2000 Jahre auch gesellschaftsrechtlich am weitesten voran. Zum 1. Oktober 2000 übernimmt der „Sachsen-Finanzverband" strategische Holdingfunktionen für sechs (Stand Ende März 2001: 7; o. V., 2001) der insgesamt 22 sächsischen Sparkassen sowie die Sächsische Landesbank (o. V., 2000a). Die Verantwortung für das operative Geschäft soll dezentral bei den Sparkassen bleiben und die Holding die Kräfte in der Produktgestaltung, Beratungskompetenz und im Wertpapiergeschäft bündeln (Milbradt, 2000, S. 137–141). Abb. 5.1 zeigt die Organisationsstruktur.

M.-P. Dagott, *Die Volks- und Raiffeisensparkasse eG*,
https://doi.org/10.1007/978-3-658-45751-8_5

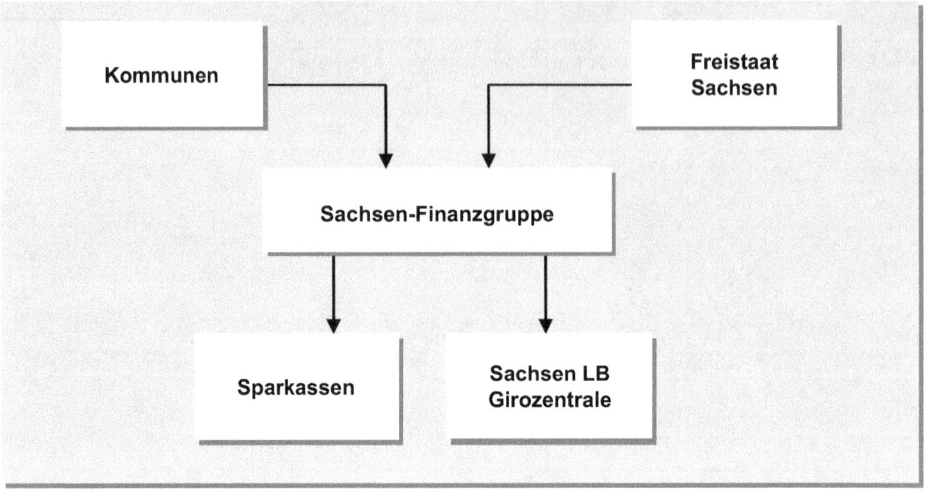

Abb. 5.1 Organisationsstruktur der Sächsischen Verbundlösung. (Freistaat Sachsen, 2000)

Die Zustimmung der Sparkassengewährträger sichert sich das Land vorerst durch die Zusage einer hohen jährlichen Mindestausschüttung in Höhe von rund 35,8 Mill. €. Diese soll dadurch möglich werden, dass die Sparkassen dank der besseren Risikostreuung über den Verbund ihre Eigenkapitalquoten senken können.

In dieser Form hat der Sächsische Finanzverband jedoch nicht Bestand. Der sächsische Verfassungsgerichtshof erklärt die Gesetzesgrundlage für den Zusammenschluss zwar für verfassungskonform (o. V., 2000a). Bei einem von der Bürgerinitiative „Pro Kommunale Sparkasse" organisierten Volksentscheid im Oktober 2001 sprechen sich jedoch rund 85 % der Wähler für eine Auflösung des Finanzverbandes aus (Rössing, 2001, S. 22).

So wird im Jahr 2002 ein Kompromissvorschlag des Sächsischen Städte- und Gemeindetages, des Sächsischen Landkreistages, des Beteiligungsverbandes Sächsischer Sparkassen, des Ostdeutschen Sparkassen- und Giroverbandes sowie des Sächsischen Staatsministeriums der Finanzen erarbeitet, der den Finanzverband zu einer gesellschaftsrechtlich weniger stark verbundenen Sachsen-Finanzgruppe (SFG) abschwächt. Im November 2002 wird das entsprechende Gesetz über das öffentlich-rechtliche Kreditwesen im Freistaat Sachsen verabschiedet. Aufgelöst wird der Sachsen-Finanzverband indes erst zum 31. August 2003; einen Tag später nimmt die Sachsen-Finanzgruppe ihre Arbeit auf.

Die Teilnahme ist nun für die Sparkassen freiwillig; es gibt weder eine Konzernzentrale noch Beherrschungsverträge. Die SFG ist fortan eine juristische Person des öffentlichen Rechts mit einem Stammkapital, jedoch kein Kreditinstitut (§ 1 Abs. 1 Gesetz über den Sachsen-Finanzverband). Die Dachholding soll lediglich Oberziele vorgeben, die sich an den Zielgrößen des Deutschen Sparkasse- und Giroverbandes orientieren. Dazu gehören unter anderem eine Eigenkapitalrendite von 15 % vor Steuern und eine Aufwands-/Ertragsrelation von unter 60 % bis 2007.

Die Gewährträger der Sparkassen erhalten als Gegenleistung für die Übertragung der Trägerschaft ihrer Sparkasse auf die SFG einen entsprechenden Anteil am Stammkapital

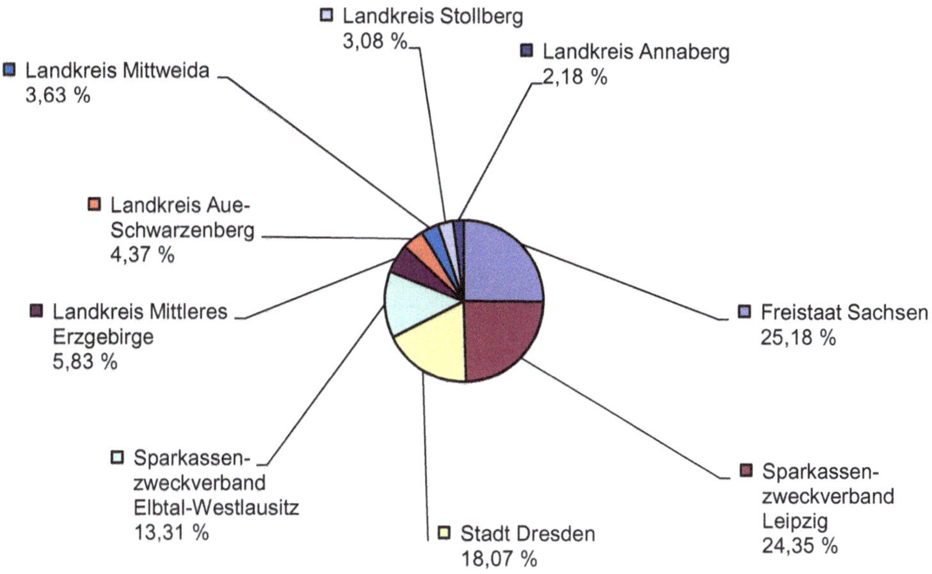

Abb. 5.2 Träger der Sachsen-Finanzgruppe per April 2004. (Sachsen-Finanzgruppe, 2004)

der SFG. Größte Anteilseigner am Finanzverband sind im Jahr 2004 das Land Sachsen, der Sparkassenzweckverband Leipzig sowie die Stadt Dresden, was Abb. 5.2 zeigt.

Bleibt die Kunden- und Marktkompetenz auch weiterhin bei der einzelnen Sparkasse, muss die Sparkassenorganisation hier dennoch die Erosion des Prinzips der Zweistufigkeit befürchten. Mit dem Verkauf der Sachsen LB an die LBBW im Jahr 2007 ist dieses Vertikalisierungsmodell hinfällig. Ein Großteil der Sparkassen in Sachsen wird heute wieder durch die jeweiligen Kommunen getragen.

Integration der Frankfurter Sparkasse (Fraspa) in die Helaba

Die Fraspa entsteht am 8. März 1989 durch den Zusammenschluss der Frankfurter Sparkasse von 1822, einer Tochter der Polytechnischen Gesellschaft, mit der Stadtsparkasse Frankfurt, damals noch als freie Sparkasse in der Rechtsform einer Aktiengesellschaft.

Aufgrund risikoreicher Kreditengagements gerät die Frankfurter Sparkasse 2004 in eine wirtschaftlich schwierige Lage. Dies führt zu einer Aufzehrung der Vorsorgereserven. Um die Risikotragfähigkeit zu sichern, müssen in der Folge Risikoaktiva und damit das Geschäftsvolumen zurückgeführt werden. Im September 2006 übernimmt die Helaba 100 % der Anteile an der Frankfurter Sparkasse (Grüntker, 2006, S. 26).

Diese wird als rechtsfähige und landesunmittelbare Anstalt des öffentlichen Rechts etabliert, deren alleiniger Träger die Helaba ist (§ 1 Fraspa-Gesetz). Abb. 5.3 zeigt die gesellschaftsrechtliche Konstruktion. Die hessischen Kommunen sehen sich übergangen und damit die „Zukunftsfähigkeit des [hessischen] Sparkassenwesens bedroht“ (Jakoubek, 2007, S. 157). Das Land Hessen beweist in der Formulierung des Gesetzes eine gewisse Flexibilität. So kann zum einen die Trägerschaft an der Fraspa auf hessische Gemeinden,

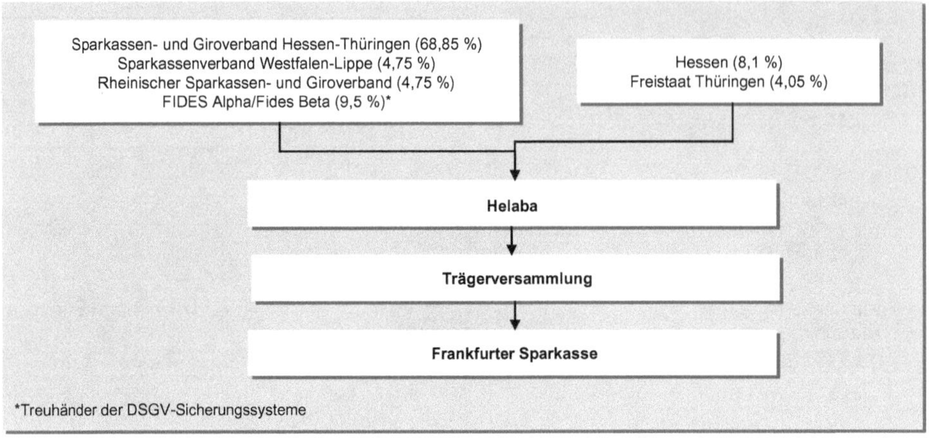

Abb. 5.3 Die Fraspa im Helaba-Konzern. Eigene Darstellung

Gemeindeverbände, öffentlich-rechtliche Stiftungen, Gemeinschaftssparkassen oder kommunale Zweckverbände übertragen werden. Zum anderen kann die Fraspa Träger von Sparkassen mit Sitz in Hessen werden (§ 3, Abs. 1 Fraspa-Gesetz).

Die Frankfurter Sparkasse ist heute mit einer Bilanzsumme von 22,5 Mrd. € die fünftgrößte Sparkasse in Deutschland; das sind rund 11 % der Helaba-Bilanzsumme.

Ausgliederung der Braunschweigischen Landessparkasse

Die Braunschweigische Landessparkasse weist eine andere Entstehungsgeschichte auf als die „normale" Sparkasse. Eng mit der Historie des Herzogtums Braunschweig verbunden, entsteht zunächst 1765 das Fürstliche Leihhaus zu Braunschweig. Das Braunschweigische Leihhaus ist in der zweiten Hälfte des 19. Jahrhunderts Instrument der staatlichen Modernisierung und Finanzierungsmotor von Infrastruktur, Landwirtschaft und beginnender Industrialisierung. Die in den vorangegangenen 60 Jahren etablierten Einzel-Sparkassen werden 1892 in einer „Herzoglichen Sparkasse" zusammengefasst, die zu einer Abteilung des Leihhauses wird. Mit dem Untergang des Herzogtums Braunschweigs 1919 wird aus der Herzoglichen Leihhausanstalt die Braunschweigische Staatsbank. Die Herzogliche Sparkasse wird zur Braunschweigischen Landessparkasse, rechtlich selbstständig, aber von der Staatsbank verwaltet. 1970 entsteht die Nord LB aus der Fusion der Braunschweigischen Staatsbank mit der Niedersächsischen Landesbank-Girozentrale, der Hannoverschen Landeskreditanstalt sowie der Niedersächsischen Wohnungskreditanstalt Stadtschaft. Die Braunschweigische Landessparkasse verliert die eigene Rechtspersönlichkeit und wird als besondere Abteilung in der Nord LB geführt (Braunschweigische Landessparkasse, 2015, S. 5–22).

Mit der Finanzkrise wird der Ruf nach einer „eigenen" Sparkasse von den Vertretern der Kommunen im Braunschweigischen Land erstmals hörbar. Als Ergebnis der politischen Einigung wird die Braunschweigische Landessparkasse durch einen neuen Staatsvertrag vom 22. August 2007 zwischen Niedersachsen, Sachsen-Anhalt und Mecklenburg-Vorpommern in eine teilrechtsfähige Anstalt des öffentlichen Rechts innerhalb der Anstalt Nord LB umgestaltet. Am 7. Januar 2008 wird die „Braunschweigische Landessparkasse – ein Unternehmen der NORD/LB" ins Leben gerufen (Braunschweigische Landessparkasse, 2015, S. 26–27).

Es sind die Schifffahrtskrise und die dann notwendige Rettung der Nord LB, die die erneute Diskussion um eine Herauslösung der Braunschweigischen Landessparkasse befeuern (Abschn. 3.3.2). Der Braunschweiger Oberbürgermeister *Markurth* legt 2021 einen Plan vor, der in drei Schritten die Braunschweigische Landessparkasse zu einer voll rechtsfähigen „Anstalt in der Anstalt" macht, dann technisch-organisatorisch und schließlich rechtlich aus der Nord LB herauslöst. „Bis zur nächsten WM [2026] wollen wir fertig sein", meint Salzgitters Oberbürgermeister Frank Klingebiel (Kalkreuter, 2021). Zum 1. Januar 2024 werden dem Vorstand der BLSK erweiterte Kompetenzen übertragen; das Gremium soll beispielsweise bei Budget- und Personalentscheidungen mehr Autonomie erhalten (Atzler, 2023a). Ein avisiertes weiteres Gutachten zur Herauslösung der BLSK lässt auf sich warten (Schmitz, 2023).

5.1.2 Öffentlich-rechtlicher Charakter von Sparkassen auf EU-Ebene

Im Fokus der EU-Kommission stand nicht nur das öffentlich-rechtliche Bankensystem Deutschlands. Auch Österreich und Frankreich wurden aus Brüssel bedrängt, ihr Bankenhaftungssystem abzustellen. So lässt Paris die staatliche Bürgschaft für die CDC lxis, die Tochtergesellschaft der Caisse des Depots, bis 2007 auslaufen. Österreich haftet für neue Verbindlichkeiten der österreichischen Sparkassen und Landeshypothekenbanken nur noch, wenn sie bis zum 1. April 2007 eingegangen werden. Diese dürfen dann nur noch eine Laufzeit bis 2017 aufweisen (Jennen & Höller, 2003, S. 20).

Die öffentlich-rechtliche Rechtsform kann kaum als Grundlage gemeinsamer europäischer Sparkassenidentität dienen. Neben öffentlich-rechtlichen Sparkassen gab und gibt es stiftungsrechtlich, aktienrechtlich oder genossenschaftlich organisierte Sparkassen (Wysocki, 1995, S. 15–23).

Während der letzten Jahrzehnte lässt sich unter den europäischen Sparkassen ferner ein Trend zu privatrechtlichen Organisationsformen feststellen (im Überblick Tab. 5.1):

- Österreichs Sparkassen können ihr Bankgeschäft seit 1987 in Aktiengesellschaften einbringen. Und eine weitere Gesetzesänderung ermöglicht ihnen seit 1999, die verbliebenen Anteilsverwaltungssparkassen in private Stiftungen umzuwandeln. Von der Ausgliederung haben bisher 35 von 48 Sparkassen, von der Umwandlung inzwischen alle 35 Anteilsverwaltungssparkassen Gebrauch gemacht (Kattinger, 2001, S. 46 und Gieseler, 2023a, S. 4–5).
- Die dänischen Sparkassen waren ursprünglich genossenschaftlich organisiert, wenden sich jedoch mehr und mehr der Aktiengesellschaft als Rechtsform zu (Steuer, 2001, S. 48).

Tab. 5.1 Sparkassenorganisationen in Europa. Eigene Darstellung in Anlehnung an Schneider (2015, S. 189)

Modell	Institutsgruppe Sparkasse vorhanden; öffentlich-rechtliche Rechtsform	Institutsgruppe Sparkasse vorhanden; private Rechtsform	Institutsgruppe Sparkasse verschwunden; private Rechtsform
	Deutschland Luxemburg	Finnland Frankreich Norwegen Österreich Portugal Schweden Spanien	Belgien Dänemark Estland Griechenland Großbritannien Italien Lettland Litauen Niederlande Polen Rumänien Slowakei Tschechische Republik Ungarn

- Die ehemals staatlichen Sparkassen Italiens wurden bis 2006 in private Stiftungen umgewandelt; ihr Bankgeschäft ist bereits zu Beginn der 1990er-Jahre in Aktiengesellschaften ausgegliedert worden (Berni, 2001, S. 46). Eine Vielzahl von Sparkassen ist seither in der Unicredit sowie der Intesa Sanpaolo aufgegangen, unter deren Aktionären sich noch einige Stiftungen befinden (Gieseler, 2023b, S. 1).
- Die spanischen Sparkassen sind Universalbanken in stiftungsähnlicher Rechtsform ohne Gesellschafter und ohne Gewinnerzielungsabsicht. Ein Gesetz vom Juli 2010 ermöglicht die Trennung der Gemeinwohlorientierung vom Bankgeschäft. Die gemeinwohlorientierten Aufgaben verbleiben in der Trägersparkasse, das Bankgeschäft kann in eine (börsennotierte) Bank ausgelagert werden (Gieseler, 2023c, S. 1–5).
- Frankreich ist ebenso den Weg einer Zweiteilung gegangen. Der in Österreich und Italien gewählten mischrechtlichen Konstruktion aus aktienrechtlich organisierter Betriebsgesellschaft und Anteilsverwaltungsgesellschaft als privater Stiftung ist jedoch eine rein genossenschaftsrechtliche vorgezogen worden (siehe ausführlich Abschn. 5.3.4).

Die deutschen Sparkassenfunktionäre weisen solche Vergleiche regelmäßig als unzulässig zurück. Die Sparkassengruppen der genannten Länder seien schon allein aufgrund der schwächeren Marktstellung keine geeigneten Benchmarks für die deutsche Situation. Als Argument für die Beibehaltung des öffentlich-rechtlichen Status der deutschen Sparkassen und gegen eine Privatisierung führen Sparkassenfunktionäre vielmehr die Wettbewerbsverhältnisse auf dem britischen Bankenmarkt an. Die große Anzahl von Briten ohne Bankkonto sowie die unzureichende Versorgung mittelständischer Unternehmen mit Finanzdienstleistungen gäbe es ihrer Ansicht nach nicht, wenn dort auch öffentlich-rechtliche Kreditinstitute existieren würden (Düren, 2000, S. 295–296). Die hat es aber nie in Großbritannien gegeben (Keidel, 2001, S. 47).

5.1.3 Freie Sparkassen: Es geht auch ohne Anstalt

Wie gezeigt, hatten die Sparkassen in anderen (europäischen) Ländern nie einen öffentlich-rechtlichen Status oder wurden inzwischen privatisiert (Abschn. 5.1.2).

Waren die ersten deutschen Sparkassen noch privatrechtlich organisiert, finden sich heute nur noch fünf „Freie“, d. h. kommunal nicht gebundene Sparkassen in Deutschland (Verband freier Sparkassen, 2020, S. 30). Diese sehen sich als Vorbild für künftige Reformen im Sparkassensektor. Ohne Gewährträgerhaftung auskommend, halten sie sich freiwillig an das Regionalprinzip der öffentlich-rechtlichen Sparkassenorganisation und sind satzungsmäßig gemeinwohlverpflichtet (Stelzl, 1999, S. 13).

Der operative Bankbetrieb aller fünf freien Sparkassen ist in Aktiengesellschaften organisiert; Tab. 5.2 zeigt deren Aktionärsstruktur. Die Sparkasse Mittelholstein AG spiegelt als Zusammenschluss mehrerer, ehemals rechtlich unterschiedlich organisierter Sparkassen die ganze Bandbreite an Rechtsformen wider.

5.1.4 Filialschließungen im Fokus der Politik

In einem Brief an den Präsidenten des Ostdeutschen Sparkassenverbands warnt Brandenburgs Ministerpräsident *Woidke* im Sommer 2023 vor Filialschließungen bei Sparkassen. Er verfolge die aktuelle Berichterstattung über geplante Filialschließungen bei der Mittelbrandenburgischen Sparkasse so wie der Sparkasse Uckermark mit Sorge (Atzler, 2023b, S. 29). Die Mittelbrandenburgische Sparkasse hatte zuvor kommuniziert, 30 von 141

Tab. 5.2 Aktionärsstruktur der fünf freien Sparkassen in Deutschland. (Verband freier Sparkassen, 2020; Sparkasse in Bremen, 2024; Haspa Finanzholding, 2024; Sparkasse zu Lübeck, 2024; Sparkasse Mittelholstein, 2024)

Bankbetrieb	Aktionäre
Bordesholmer Sparkasse AG	• Wirtschaftsvereine Bordesholmer Sparkasse Finanzholding und St. Margarethen-Wacken (85 %) • Haspa Finanzholding (15 %)
Die Sparkasse Bremen AG	• Finanzholding der Sparkasse in Bremen (wirtschaftlicher Verein, 100 %)
Hamburger Sparkasse AG	• Haspa Finanzholding (juristische Person alten hamburgischen Rechts, 100 %)
Sparkasse zu Lübeck AG	• Gemeinnützige Sparkassenstiftung zu Lübeck (74 %) • Haspa Finanzholding (26 %)
Sparkasse Mittelholstein AG	• Haspa Finanzholding (49,9 %) • Zweckverband Sparkasse Hennstedt-Wesselburen (20,09 %) • Stiftung Spar- und Leihkasse in Rendsburg (14,68 %) • Stadt Büdelsdorf (5,09 %) • Zweckverband Sparkasse Mittelholstein (1,67 %) • Stadt Rendsburg (1,29 %) • Private (7,28 %)

Filialen schließen zu wollen (Hahn, 2023). Tatsächlich ist die Zahl der Sparkasse-Zweigstellen im Zeitraum von 1998 bis 2022 um 60 % gesunken, was Abb. 5.4 zeigt.

Gerade für Sparkassen sind Filialschließungen ein Balanceakt. Erstens ist die Nähe zum Kunden Teil ihrer Daseinsberechtigung. Zweitens sollen sie die Versorgung mit Finanzdienstleistungen sicherstellen (Atzler, 2023b, S. 29). Durch den Abbau von Bank-

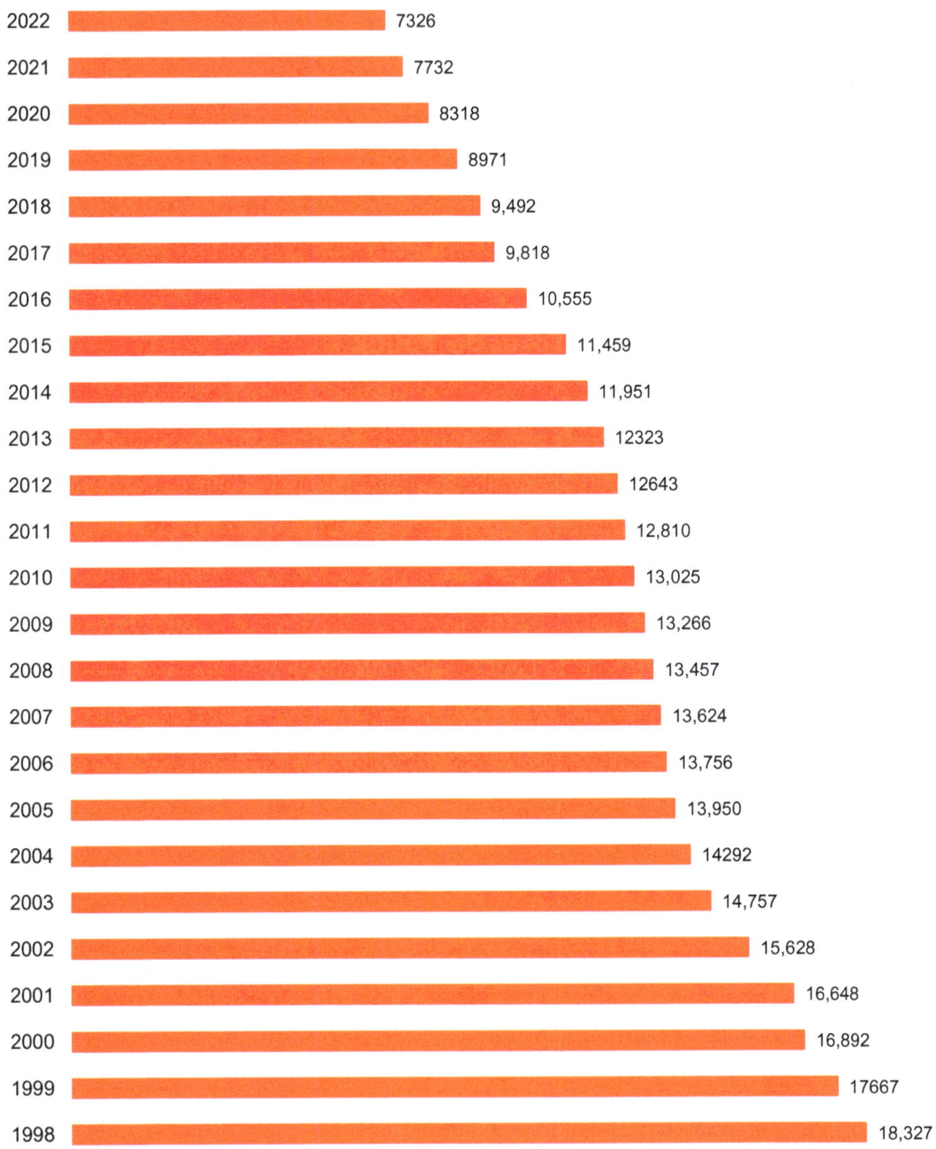

Abb. 5.4 Anzahl der Sparkassen-Zweigstellen von 1998 bis 2022. (Deutsche Bundesbank, o. J.)

filialen wird wenigstens der physische Zugang zu Finanzdienstleistungen in vielen Regionen erschwert. In einigen Regionen wird der Rückbau des physischen Zugangs (stationäre Filiale) durch den Ausbau digitaler Angebote kompensiert. In Gebieten, in denen ein deutlich unterdurchschnittlicher Zugang zum Internet besteht, in denen neben der geografischen Ausgrenzung auch die Gefahr einer digitalen oder sogar informationellen Kluft droht, wird u. a. der Betrieb mobiler Geschäftsstellen zur Sicherung der Erreichbarkeit grundlegender Finanzdienstleistungen praktiziert (Conrad et al., 2018).

Solche mobilen Filialen verbessern zwar kaum die zeitliche Verfügbarkeit der Filialen insgesamt, können aber für die Kundengruppe älterer, hochbetagter, oftmals wenig mobiler Kunden eine wichtige Rolle spielen. Die Fahrpläne sind oft auf deren Wohngebiete (Bedienung von Dörfern) ausgerichtet (Conrad & Rösch, 2019, S. 15–16).

Hier zeigen sich zarte Risse in der sonst so geschlossenen Front aus Sparkasse und Politik. Die Sparkassen-Finanzgruppe verweist darauf, dass 90 % der deutschen Bevölkerung maximal acht Minuten zum nächsten mitarbeiterbesetzten Sparkassen-Standort benötigen (Schackmann-Fallis, 2022, S. 333).

5.2 Genossenschaftsbanken

5.2.1 Genossenschaften und Gemeinwohlökonomie

In der Genossenschaftswissenschaft wird seit jeher kontrovers darüber diskutiert, ob die Genossenschaft gemeinnützige Züge aufweist. Die Abfindung ausscheidender Mitglieder mit dem Buchwert ihrer Anteile wird dahingehend interpretiert, dass die Genossenschaft generationsübergreifend als öffentliche Dauereinrichtung betrieben werden soll. Die Verfolgung von Interessen derzeitiger und künftiger Nichtmitglieder betone den frei(willig) gemeinnützigen bzw. freigemeinwirtschaftlichen Charakter der Genossenschaften. Nur die Genossenschaftsbanken seien bei ihrem Versuch, es der privaten Konkurrenz gleich zu tun, zu Dividendengenossenschaften kapitalistischer Prägung geworden (Engelhardt, 2000, S. 73–76).

Göler von Ravensburg kommt zu einem anderen Schluss. Aufgrund ihres großen Anteils an Nichtmitgliedergeschäften würden die meisten Kreditgenossenschaften weniger Clubgüter – also Güter, die allein dem Mitgliederkreis zukommen sollen – als vielmehr Nutzen für Dritte produzieren (2023, S. 1003).

Als eine „organisierte Sozialverpflichtung des Eigentums“ definiert der damalige BVR-Präsident *Pleister* die Genossenschaftsbanken. Das Eigentum, welches an diesen gehalten wird, sei so organisiert, dass „die bankwirtschaftliche Versorgung sämtlicher Bevölkerungsteile gewährleistet wird“. Mit dem Verweis auf den Bankenmarkt in England, wo „gerade die sozial Schwachen“ keine Bankverbindung hätten, verwendet *Pleister* dasselbe Argument, das auch die Sparkassenfunktionäre zur Rechtfertigung ihres öffentlichen Auftrages heranziehen (2002, S. 10).

Boettcher rechnet die Genossenschaft den privatwirtschaftlichen Unternehmen zu. Ferner trennt er zwischen Gemeinwirtschaft und Gemeinnützigkeit. Privat-, Gemein- und Staatswirtschaft sind die drei grundlegenden Ordnungstypen der Wirtschaft. Während in privatwirtschaftlichen Unternehmen die Träger selbst durch Leistungen des Gemeinschaftsbetriebs (Genossenschaft) oder durch Gewinnstreben auf Märkten (erwerbswirtschaftliche Unternehmung) gefördert werden, sind in gemeinwirtschaftlichen Unternehmen fremde Dritte und in der Staatswirtschaft alle Bürger Ziel der Förderung. Gemeinnützig können sowohl gemein- als auch privatwirtschaftliche Unternehmen sein; Voraussetzung dafür ist, dass sie den Staat durch ihre Fremd- oder Eigenförderung in dessen Pflichtaufgaben subsidiär entlasten (Boettcher, 1984, S. 91–98).

Jäger möchte der Genossenschaft jede Assoziation mit dem Begriff der Gemeinnützigkeit ersparen. Die „Gemeinwohldienlichkeit eigennützigen Strebens" erkennt er an, betont indes, dass die privatwirtschaftlichen Genossenschaften keineswegs sozialpolitische motivierte Wohlfahrtsvereine in einem Dritten Sektor zwischen Markt und Staat sind (2000, S. 78–82). In dieser Auffassung wird er von Genossenschaftsrechtlern unterstützt. Zwar sei das wirtschaftliche Fördermotiv 2006 mit der Novelle des GenG erweitertet worden, sodass nun auch soziale und kulturelle Ziele als Hauptzweck der Mitgliederförderung durch eine Genossenschaft möglich sind. Die ausschließliche Verfolgung gemeinwohlorientierter Ziele ist mit dem deutschen Genossenschaftsrecht jedoch nicht vereinbar (Reichel, 2022, S. 177, 192). Für *Picker* wirken „Genossenschaften in marktwirtschaftlich verfassten Wirtschaftssystemen gemeinnützig, weil das Gemeinwohl nicht Ziel, sondern nur (typische und durchaus erwünschte) Nebenfolge genossenschaftlichen Wirtschaftens ist" (2019, S. 255).

Außerhalb der Genossenschaftswissenschaft wird nicht gezögert, die Genossenschaft dem so genannten dritten Sektor zwischen Staat und Markt zuzuordnen. Die hier agierenden Non-Profit-Organisationen (NPO) unterscheidet von Unternehmen des Marktsektors, dass sie sich primär nicht an Formalzielen wie Gewinn und Rentabilität, sondern an Sachzielen (Bedarfsdeckung, Gemeinwohl, Mitgliederförderung) orientieren und dass es eine Nichtausschüttungsrestriktion für den anfallenden Gewinn gibt. Vom Sektor der unmittelbaren Staats- und Kommunalverwaltung trennt sie andererseits ihre Eigenständigkeit (Wilkens, 1999, S. 586). Sind Sparkassen und Landesbanken demzufolge öffentliche Non-Profit-Organisationen, die in öffentlicher Trägerschaft eine öffentliche Aufgabe erfüllen, werden die Genossenschaften wiederum als (frei-)gemeinwirtschaftliche NPO lokalisiert, welche ein sachlich definiertes Ziel (Mitgliederförderung) verfolgen (Klingebiel, 1999, S. 373).

Hybridität der Genossenschaft

In den letzten Jahren ist unter den Stichwörtern Gemeinwohlökonomie, Social Entrepreneurship, Zivilgesellschaftliches Wirtschaften und Kooperatives Wirtschaften ein spannender politischer Diskurs entstanden, der die ganze Bandbreite bestehender und neuer gemeinwohlorientierter Unternehmen sichtbar macht und den engen, Entweder-oder-Blick auf die drei Sektoren Staat, Markt und Dritter Sektor weitet (Blome-Drees et al., 2021, S. 460; Schulz-Nieswandt, 2020; Felber, 2021). Abb. 5.5 veranschaulicht dies deutlich.

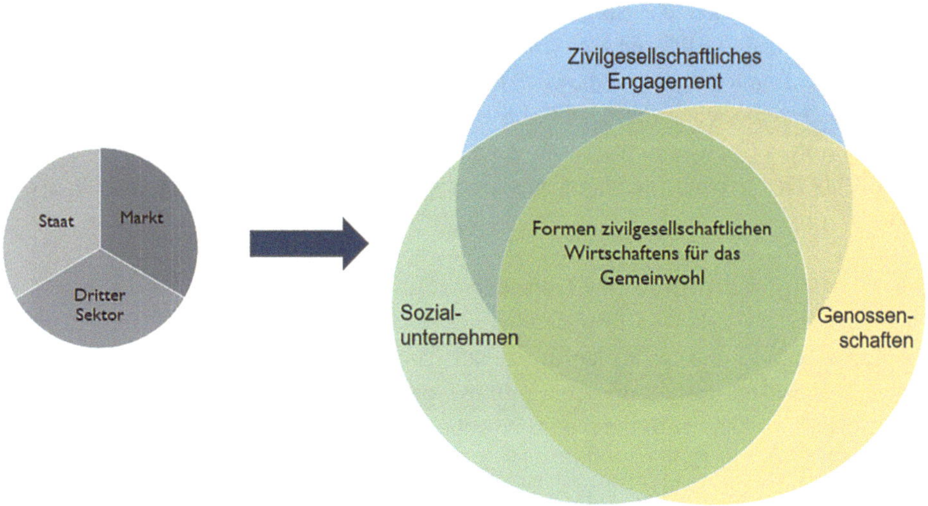

Abb. 5.5 Enger und weiter Begriff zivilgesellschaftlichen Wirtschaftens. (Institut für ökologische Wirtschaftsforschung, 2023, S. 5)

Die Bundesregierung hat inzwischen – die Resolution der Vereinten Nationen zur Förderung der Sozial- und Solidarwirtschaft vom 18. April 2023 sowie den Aktionsplan der EU-Kommission für die Sozialwirtschaft aufgreifend – eine Nationale Strategie für Soziale Innovationen und gemeinwohlorientierte Unternehmen verabschiedet, die ausdrücklich auch Genossenschaften adressiert (Göler von Ravensburg, 2024, S. 2).

Diese „definitorischen Grabenkämpfe" der letzten Jahrzehnte überwindend arbeiten *Zimmer und Priller* die Hybridität der Genossenschaft und damit ihre eigentliche Stärke heraus (2023, S. 1030):

> „Für die Genossenschaft war Hybridität von Anfang an ein Organisationsspezifikum. Als Organisationsform verbindet die Genossenschaft konstitutive Elemente des Vereins als Mitgliederorganisation mit denen einer Kapitalgesellschaft. Genossenschaft ist Verein/Mitgliederorganisation und gleichzeitig Kapitalgesellschaft. Wie der Verein basiert die Genossenschaft auf Solidarität und Reziprozität; ferner gilt analog zum Verein das Demokratieprinzip und die Erstellung von Leistungen und Gütern erfolgt für Mitglieder. Gleichzeitig wird die Genossenschaft durch individuelle Einlagen konstituiert und stellt eine gegenüber der Aktiengesellschaft alternative Form der Erschließung von Finanzmitteln dar; wie die GmbH trägt die Genossenschaft maßgeblich zur Risikominimierung der Kapitalgeber bei und ermöglicht gleichzeitig Entrepreneurship und marktwirtschaftliches Unternehmertum, da sie im Unterschied zum Idealverein nicht den engen Restriktionen für wirtschaftliche Tätigkeiten unterliegt, sondern die Förderung der Wirtschaftlichkeit ein ureigenes Organisationsziel der Genossenschaft darstellt."

Die Frage, ob und welche Genossenschaften als gemeinwirtschaftlich eingestuft werden sollten, hängt nicht nur von ihnen selbst ab, sondern auch maßgeblich von einem ständig wandelnden Verständnis von Gemeinwirtschaft, dem Dritten Sektor und der Gemeinwohlökonomie (Göler von Ravensburg, 2023, S. 1003).

So positioniert sich die Sparda-Bank München 2011 als erste Gemeinwohl-Bank Deutschland und stellt seitdem Gemeinwohl-Bilanzen auf (2021; Felber, 2021, S. 172–173). Damit blendet sie die GLS Bank aus, deren Vorgängerinstitution bereits seit 1958 gemeinwohlorientiert arbeitet (GLS Bank, 2024). Und Genoverband und Zukunftsinstitut verorten Genossenschaften als zentrale Player beim Aufbruch in die „Wir-Ökonomie", als Treiber einer nachhaltigen, solidarischen und regionalen Wirtschaft (2022).

5.2.2 Vielgestaltigkeit der Genossenschaftsbanken

Die Landschaft der deutschen Genossenschaftsbanken ist vielgestaltig. Neben den klassischen Volksbanken Raiffeisenbanken gibt es Spar- und Darlehenskassen, PSD-Banken, Sparda-Banken, Kirchenbanken und branchenspezifische Banken, die mitunter Teil genossenschaftlicher Konzerne sind. Abb. 5.6 gibt nur einen ersten Eindruck über die Diversität genossenschaftlicher Banken.

Angesichts dieser Vielfalt ist innergenossenschaftlicher Wettbewerb nicht verwunderlich. So ist das Regionalprinzip auch mehrschichtig und flexibel: Die Volks- und Raiffeisenbanken orientieren sich untereinander daran, die PSD-Banken teilen sich das Bundesgebiet untereinander auf wie die Sparda-Banken es auch tun. Die protestantischen Kirchenbanken halten sich untereinander daran wie auch die katholischen. Apobank, BBBank oder GLS Bank betrachten das ganze Bundesgebiet als Geschäftsgebiet.

Eine Volks- und Raiffeisenbank konkurriert innergenossenschaftlich wenigstens mit PSD-Banken, Sparda-Banken, mit der SozialBank und ggf. mit der Apobank.

Öffentlich-rechtliche Bezüge

PSD-Banken, Sparda-Banken und die BBBank bedienen historisch bedingt Kundengruppen mit öffentlich-rechtlichem Bezug.

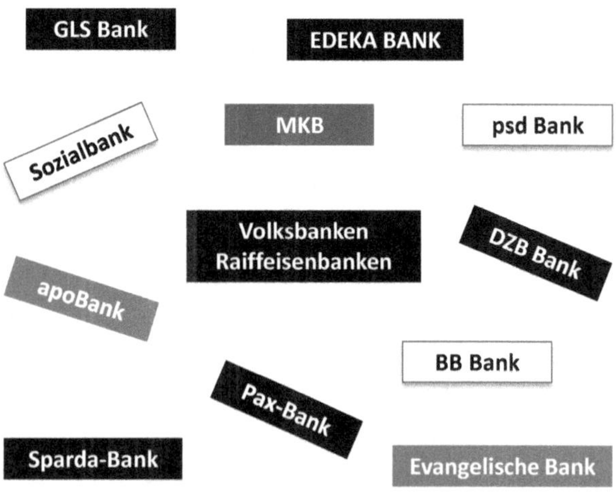

Abb. 5.6 Diversität deutscher Genossenschaftsbanken. Eigene Darstellung

Die Sparda-Banken gründeten sich im Umfeld der Entwicklung der deutschen Eisenbahn und deren Mitarbeitern als genossenschaftlich organisierte „Eisenbahner-Sparkassen". Zunächst von den öffentlichen Bahngesellschaften errichtet, entstand 1896 in Karlsruhe ein vom Verein der badischen Eisenbahnbeamten gegründeter, genossenschaftlicher „Spar- und Vorschussverein" – eine der Wurzeln der heutigen Sparda-Bank Baden-Württemberg (Brendel, 2015, S. 4). 1969 wurde der Kundenkreis um alle Bediensteten des öffentlichen Dienstes erweitert, 1978 dann um alle Arbeitnehmer, Rentner und Pensionäre (Verband der Sparda-Banken, 2018, S. 59–60). Die Sparda-Banken pflegen weiterhin ihre historische Verbindung zur Deutschen Bahn und zählen zu den fünf Sozialpartnern der Deutschen Bahn (Deutsche Bahn, 2024).

Die Post-Spar- und Darlehnsvereine (PSD-Banken) sind erst seit Ende des letzten Jahrtausends genossenschaftlich organisiert und offen für Privatkunden. Bis dahin erbrachten sie ausgewählte Finanzdienstleistungen ausschließlich für Postbedienstete und waren den Bezirken der früheren Oberpostdirektionen zugeordnet. Hier gibt es dann auch eine gemeinsame Historie mit der Postbank (PSD Bank München, 2021).

Die Badische Beamtenbank (BBBank) gründet sich 1921 an der Schnittstelle von Post- und Bahnbeamten, die damals oft als nicht kreditwürdig gelten und kein Konto besitzen (BBBank, 2024).

Aus der PSD Bank Westfalen-Lippe eG wird die VR Bank Westfalen-Lippe eG

In dieser genossenschaftlichen Vielfalt kommt es mitunter zu überraschenden „Mutationen". So hat die PSD Bank Westfalen-Lippe im Jahr 2023 umfirmiert zur VR Bank Westfalen-Lippe. Die Marke „PSD Bank" sei zu erklärungsbedürftig, die Marke „VR-Bank" würde dagegen mehr Erfolg in der Marktbearbeitung versprechen (o. V., 2023, S. 2). Mit Blick auf das Geschäftsgebiet dieser „neuen" VR-Bank (VR Bank Westfalen-Lippe, 2024) verwundert es, dass es keine – jedenfalls öffentlich wahrnehmbare – Diskussion in der PSD-Bankengruppe oder unter den Genossenschaftsbanken gab, die dasselbe Geschäftsgebiet beanspruchen (ohne Anspruch auf Vollständigkeit):

- Volksbank Halle/Westf. eG
- Volksbank eG, Harsewinkel
- Volksbank im Münsterland eG
- Volksbank eG, Warendorf
- Volksbank Bielefeld-Gütersloh eG
- Volksbank Ascheberg-Herbern eG
- Volksbank Bad Salzuflen eG
- Volksbank Beckum-Lippstadt eG
- Volksbank Gescher eG
- Volksbank Herford-Mindener Land eG
- Volksbank Nottuln eG
- Volksbank Ochtrup-Laer eG
- Volksbank Südmünsterland-Mitte eG

Die verbliebenen PSD-Banken planen jedenfalls bisher nicht, eine PSD-Filiale in diesem Geschäftsgebiet zu errichten (o. V., 2023, S. 3); auf der Karte der PSD Banken ist das Geschäftsgebiet der ehemaligen PSD-Bank nicht besetzt (Verband der PSD Banken, 2024).

Im Fall der ehemaligen PSD Bank Niederbayern-Oberpfalz, die bereits 2017 diesen Schritt ging und seitdem VR Bank Niederbayern-Oberpfalz heißt, scheint eine Entfremdung nicht nur von der PSD-Bankengruppe, sondern auch von der genossenschaftlichen Bankengruppe insgesamt eingesetzt zu haben. Die benachbarte PSD Bank Nürnberg hat zügig das Geschäftsgebiet mit einer Filiale in Regensburg besetzt (PSD Bank Nürnberg, 2018, S. 26). Für die Jahresabschlüsse 2021 und 2022 gibt die Bank nicht den Genossenschaftsverband Bayern als zuständigen Prüfungsverband an, sondern eine PDG Genossenschaftlicher Prüfungsverband. Auf der Homepage wird eine Mitgliedschaft in einem Freien Genossenschaftsverband aufgeführt. Durch die Fusion mit der kleinsten Genossenschaftsbank Bayerns, der Raiffeisenbank Bruck, ist die VR Bank 2022 endgültig im Kreis der Volksbanken Raiffeisenbanken angekommen (VR Bank Niederbayern-Oberpfalz, 2024). Der jüngst angekündigte Zusammenschluss von BBBank und PSD Bank Berlin-Brandenburg überrascht dagegen nur auf den ersten Blick, haben beide doch – wie oben skizziert – ähnliche historische Wurzeln (Lachmann, 2024). Spätestens jetzt kann der Eindruck entstehen, dass das PSD-Geschäftsmodell anscheinend nicht mehr trägt.

Mehrmarkenstrategien
Die VR-Banken haben ihrerseits mit zunehmender Größe Mehrmarkenstrategien entwickelt. Die Marke des jeweils übernommenen, meistens kleineren Fusionspartners bleibt als Zweigniederlassung bestehen, um eine regionale Erkennbarkeit und „Selbständigkeit" erlebbar zu machen (Bittihn & Keine, 2018, S. 3). Abb. 5.7 zeigt dies am Beispiel der VerbundVolksbank OWL eG..

5.2.3 Beyond Banking: Genossenschaftliches Unternehmertum

Die Volksbank Braunschweig-Wolfsburg hat ihr traditionelles Leistungsportfolio (Banking) seit der Finanzkrise 2008 um banknahe und bankfremde Leistungen (Beyond Banking) erweitert und inzwischen ein regelrechtes Ökosystem geschaffen (Sancar & Seiser, 2023). Was nach langfristigem Plan aussieht, erklärt der Vorstandsvorsitzende *Brinkmann* so: „Es heißt ja, durch den Erfolg wird der Zufall zur Strategie. Und ganz ehrlich: Wenn Sie mich vor fünf oder zehn Jahren gefragt hätten, was wir 2023 alles als Brawo machen, hätte ich Ihnen nur einen Bruchteil unseres heutigen Portfolios nennen können" (Joedicke et al., 2023).

Ausgangspunkt für neue Geschäftsideen sind laut *Brinkmann* regelmäßig Gespräche mit Kunden, Partnern und KollegInnen; das Wichtigste sei das Zuhören (Joedicke et al., 2023):

> „Ein Kunde aus Hildesheim rief an und sagte, Herr Brinkmann, es möchte Sie unbedingt jemand kennenlernen. Ich fragte warum, aber das wollte er nicht sagen. ‚Kommen Sie mal, mir zuliebe', antwortete er nur. Das mache ich immer besonders gerne, weil ich weiß, da kommt

Abb. 5.7 Geschäftsgebiet der VerbundVolksbank OWL eG mit ihren lokalen Marken. Entnommen aus VerbundVolksbank OWL, 2024

meist etwas Neues. Vor Ort saßen zwei Herren, die eine super Idee hatten, nur funktionierte sie nicht. Also haben wir Projektarbeit gemacht und mittlerweile eine Lizenz erworben, sodass wir landwirtschaftliche Flächen kaufen können und jetzt groß in Solar- und Windparks einsteigen werden … [Heute sind wir] einer der größten Landwirte in Sachsen-Anhalt und haben in Energie- und Klimaböden investiert.

Wir haben letztes Jahr eine Kapitalverwaltungsgesellschaft gekauft, mit der wir eigene Fonds auflegen können. Meine Idee ist, dass es so etwas wie einen Regional-Fonds gibt, zum Beispiel für die Verbesserung der Kindergärten oder Schulen. Dort können Eltern und Großeltern einzahlen, dabei vielleicht auf ein bis zwei Prozent Rendite verzichten, mit ihrem Geld aber die Situation aktiv vor Ort verbessern. Auf diese Weise könnten wir die Kommunen vor Ort unterstützen und wären nicht alle gemeinsam davon abhängig, dass sie das mit ihrem Haushaltsplan hinkriegen.

Wenn Sie genau hinschauen, haben wir keine Shoppingcenter gekauft. Wir nennen unseren Brawo Park so, weil es ein umgänglicher Begriff ist, aber eigentlich sind das alles Fachmarktzentren mit einem Lebensmittelhändler als Anker. Und wo Lebensmittler sind, sind auch die Menschen.

Fitnessland ist ein schönes Beispiel dafür, wie wir um die Ecke denken. Banken beklagen sich gegenwärtig gern darüber, dass sie zu geringe Frequenzen an ihren Standorten haben und in den jungen Zielgruppen nicht mehr genug Neukunden gewinnen. Wie begegnet man dieser Entwicklung? Man schließt Filialen, baut Mitarbeiter ab und befeuert die Abwärtsspirale weiter. […] Die Volksbank hat 160.000 Kunden und Fitnessland hat 65.000. Altersgruppe: die Zukunft. Es muss uns also nur gelingen, aus Fitnessland- Volksbankkunden zu machen. Zum

Beispiel in dem wir den jungen Leuten ein kostenloses Girokonto anbieten. Ich bin darauf gekommen, als ich mit Oliver Strauß, Geschäftsführer der Strauß und Lemke Gruppe, darüber gesprochen habe, dass die Kontaktbörse für junge Menschen früher der Club war – heute ist es das Fitnessstudio. Deshalb müssen wir dort präsent sein."

Das Ergebnis ist die Brawo Group mit den vier Geschäftsfeldern „Finance", „Real Estate", „Corporate Investments" sowie „Corporate Responsibility" und über 300 Gesellschaften (Brawo Group, 2023).

Die „Effenberg-Bank" auf Abwegen
2016 lässt sich die VR-Bank Bad Salzungen Schmalkalden mit ihrem Vorstandsvorsitzenden *Siebert* noch in der Zeitschrift für das gesamte Kreditwesen feiern (Siebert & Vomhoff, 2016, S. 422–423):

„Man darf rückblickend von einer hohen Innovationskraft, Interesse und Engagement bei Aufsichtsrat und Vorstand im Zusammenhang mit den Investitionen in die neuen Geschäftsfelder sprechen und die Entwicklung damit begründen. So tragen Investitionen in Solar- und Windenergieanlagen heute ebenso zum Erfolg der VR-Bank bei, wie Investments in Gebäude zur Vermietung und Verpachtung sowie Finanzierungen im Bereich des Sport- und Fußballgeschäftes.

All diesen neuen Geschäftsfeldern sind die Verantwortlichen in der Bank gewachsen und beherrschen die Risiken, weil das Know-how permanent steigt und sich die notwendigen Geschäftsbeziehungen fortwährend aufgebaut haben. Eine hohe Affinität für Fußball war schon beim Aufbau des Geschäftsfeldes „Sport- und Fußballfinanzierungen" vorhanden. Allein die Umsetzung guter Ideen aus den Stärken von Einzelnen und eine überschaubare Risikobereitschaft reichen als Erfolgsfaktoren zur Bewertung dieser Geschäfte nicht aus. Es ist die Konsequenz, mit der diese Geschäftsfelder entwickelt werden, die eine maßgebliche Rolle für den Erfolg spielt."

Acht Jahre später bedarf es zweier BaFin-Sonderbeauftragten – *Christian Gervais* als Vorstand sowie *Dirk Auerbach* in der Funktion des Aufsichtsrats – und einer dramatischen außerordentlichen Generalversammlung, damit die VR-Bank einem Sanierungsvertrag mit der Sicherungseinrichtung des BVR zustimmt. Dieser wurde notwendig, weil das Geschäftsmodell der alten Bankführung in sich zusammenfällt und hohe Wertberichtigungsbedarfe auf Immobilien, Kredite und Beteiligungen identifiziert werden. *Stefan Effenberg*, der 2018 für das Firmenkunden-Kompetenzteam Fußball angestellt und an der Akademie Deutscher Genossenschaften geschult wird, erhält seine Kündigung, die er anfechtet (Atzler et al., 2024, S. 34).

Bei den Aufräumarbeiten entdecken BaFin und BVR Beteiligungen an der örtlichen Nugatfabrik, einem Hotel, landwirtschaftlichen Betrieben, die von der Schwiegermutter des Vorstandsvorsitzenden geführt werden, Immobilien im Rotlichtmilieu des Ruhrgebiets, wertlose griechische Staatsanleihen, eine Expresswäscherei, antike Landmaschinen, Immobilien in Salzburg und auf Mallorca sowie Photovoltaik-Module im Wert von 15 Mill. €, die seit 2 Jahren auf ihre Installation warten (Iwersen et al., 2024). Insgesamt wird der Verlust auf fast 280 Mill. € taxiert (Atzler et al., 2024, S. 34).

Gefährdet wird die Aufarbeitung durch eine Politisierung der Situation. Die kleine ostdeutsche Bank, die pfiffig auf neue Ideen setzte und unkonventionelle Wege einschlug, gegen das (westdeutsche) Establishment aus Genossenschaftsverbänden und Aufsicht, denen das nicht passt. Dazu ein ehemaliger Landrat, der ehemalige thüringische Finanzminister sowie Landtags- und Bundestagsabgeordnete, die über die regionale Presse Ressentiments schüren: „Wir lassen uns vom BVR nicht treiben", die VR-Bank könne nicht das „vermeintliche schwarze Schaf" sein, sondern der „heimliche Held", das „Aufbegehren einer Provinzbank gegen ein übermächtiges, in Teilen vielleicht verkommenes System" (Iwersen et al., 2024, S. 24–25).

Systematischer Entrepreneurship-Ansatz: Amberra
Mit der Gründung einer Tochterfirma, Amberra, versucht die genossenschaftliche Finanzgruppe, das Beyond Banking-Geschäftsmodell systematisch auszubauen. Die eine Stoßrichtung sieht vor, über einen Fonds mit einem Volumen von 100 Mio. € in Start-ups zu investieren, die banknahe oder bankferne Dienstleistungen anbieten. Parallel sollen in einer zweiten Geschäftssparte selbst neue Services entwickelt werden. Der Fokus liegt auf Beteiligungen und Dienstleistungen in den Bereichen Wohnen, Gesundheit, Nachhaltigkeit und regionale Wirtschaft (Atzler, 2024, S. 28). Die Gründung stellt insofern den Versuch da, die vorhandenen regionalen Ansätze – sei es in Braunschweig, Schmalkaden und anderswo – zu systematisieren und zu skalieren.

5.3 Auf dem Weg zur Volks- und Raiffeisensparkasse

5.3.1 Sparkassen und Genossenschaftsbanken als kleine, dezentrale, filialbasierte Stakeholder-Banken

Das Bild vom Drei-Säulen- oder Sektoren-Modell der deutschen Kreditwirtschaft – bestehend aus privaten Geschäftsbanken, der genossenschaftlichen FinanzGruppe sowie der Sparkassen-Finanzgruppe – ist unterkomplex:

- Volks- und Raiffeisenbanken sind gleichsam private Geschäftsbanken.
- Es gibt freie und privatrechtlich organisierte Sparkassen (Abschn. 5.1.3).
- Es unterschlägt den direkten und intensiven Wettbewerb zwischen den „privaten" Geschäftsbanken

Es bieten sich besser geeignete Kriterien an, um die deutsche Bankenlandschaft trennschärfer zu kategorisieren: Die Bankgröße, der Grad an Zentralität, der Vertriebswege-Mix und die Eigentümerstruktur.

Kleine Banken versus große Banken
Die Europäische Zentralbank (EZB) unterscheidet bedeutende Banken (Significant Institutions – SIs) und weniger bedeutende Banken (Less Significant Institutions – LSIs). Bedeutende Institute werden durch die EZB selbst, weniger bedeutende durch die nationalen Aufsichtsbehörden beaufsichtigt (Unter diesen gibt es noch als Sonderfall sogenannte „High-Impact-LSIs", die indirekt auch durch die EZB beaufsichtigt werden). Zwei von vier Kriterien für die Bestimmung des Bedeutungsstatus sind die Größe der Bank und deren wirtschaftliche Relevanz. Banken, deren Aktiva 30 Mrd. € nicht übersteigen, sind damit „weniger bedeutend" (EZB, 2024). Bezogen auf das Größenkriterium liegt unter den genossenschaftlichen Primärbanken nur die apoBank mit 54,1 Mrd. € über dieser Schwelle; bei den Sparkassen sind es die (freie) Hamburger Sparkasse mit 57,5 Mrd. € sowie knapp die Kreissparkasse Köln mit 30,1 Mrd. € (BVR, 2023; DSGV, 2023).

Die Kapitaladäquanzverordnung (Capital Requirements Regulation – CRR) identifiziert kleine und nicht komplexe Institute („small and non complex institution" – SNCI): Das sind Banken, deren Vermögenswerte im Durchschnitt höchstens 5 Mrd. € betragen. Hierunter fallen 96 % aller Genossenschaftsbanken sowie 82 % aller Sparkassen (BaFin, 2020).

Die Verteilung beider Primärbankgruppen nach Bilanzsumme (Abb. 5.8) zeigt dann plastisch, dass es gerade unter den Genossenschaftsbanken viele sehr kleine Institute gibt.

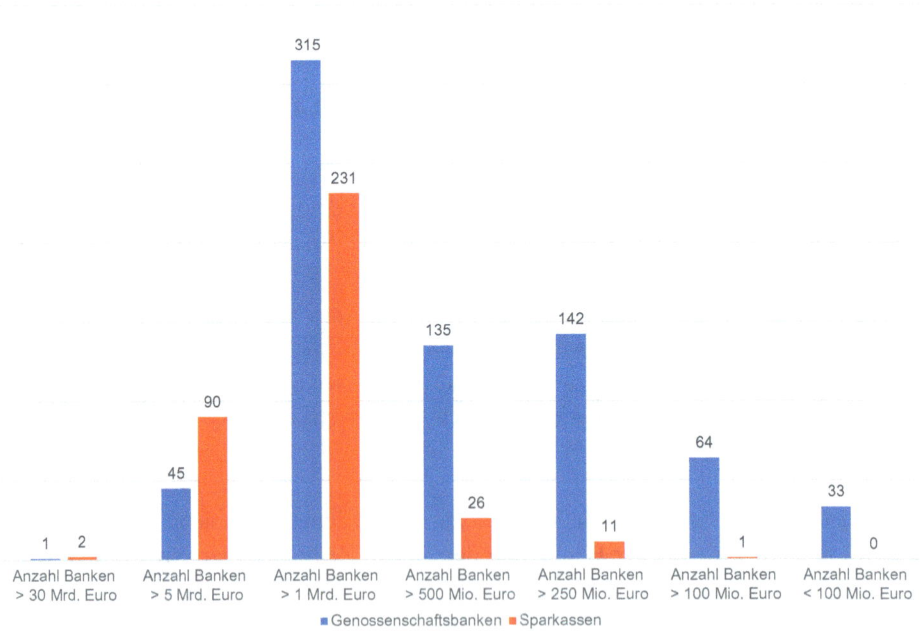

Abb. 5.8 Verteilung der Sparkassen und Genossenschaftsbanken nach Bilanzgröße per 31.12.2022. Eigene Darstellung. (BVR, 2023; DSGV, 2023)

Rund die Hälfte aller Genossenschaftsbanken hat eine Bilanzsumme von weniger als einer Mrd. Euro und darunter weisen knapp 100 Genossenschaftsbanken eine Bilanzsumme von weniger als 250 Mio. € auf (BVR, 2023; DSGV, 2023).

Dezentrale Banken versus zentrale Banken

Aus einer wirtschaftsgeografischen Perspektive unterscheiden *Gärtner* und *Flögel* zwischen dezentralen und zentralen Finanzintermediären. Kriterien sind hier die Art der geografischen Marktorientierung sowie die Örtlichkeit der Entscheidungsfindung (2017, S. 89), was Abb. 5.9 zeigt. Regionale Marktorientierung bedeutet, dass Kapitalherkunft und -vergabe vor allem regional bezogen sind und es einen regionalen Spar-Investitionskreislauf gibt. Bei einer supraregionalen Marktorientierung sind die Aktiv- und Passivseite der Bank nicht regional, sodass der lokale Investitionsgegenstand nicht durch regionales Kapital finanziert wird (Gärtner & Flögel, 2017, S. 84–85).

Wenn über einen Kredit aus der Ferne entschieden wird, bspw. in der Hauptverwaltung einer Bank, liegt keine Entscheidungskompetenz vor Ort vor. Diese setzt voraus, dass sich Entscheider und Entscheidungsobjekt räumlich nah sind (Gärtner & Flögel, 2017, S. 85–86).

Eher zentrale Banken bedienen (oft mit wenigen Standorten) supraregionale Marktgebiete und die Vor-Ort-Entscheidungskompetenz der einzelnen Einheiten ist eher gering. Großbanken mit internationaler Marktorientierung und niedriger Selbstständigkeit der einzelnen Filialen werden in dieser Kategorie verortet. Dezentrale Banken haben dagegen Vor-Ort-Entscheidungskompetenzen in die Peripherie gegeben und weisen eine regionale Marktorientierung auf (Gärtner & Flögel, 2017, S. 89–90).

Sparkassen und Genossenschaftsbanken werden als dezentrale Banken identifiziert.

Filialbanken versus Direktbanken

Banken, die Finanzdienstleistungen bereitstellen, indem sie lokal mit Filialen bzw. Zweigstellen präsent sind, werden als Filialbanken kategorisiert (Schöning, 2018). Direktbanken bieten Finanzdienstleistungen an, ohne ein Filialnetz vorzuhalten. Bankgeschäfte werden zumeist online oder alternativ telefonisch aufgegeben. Filialbanken, die elektronische Ver-

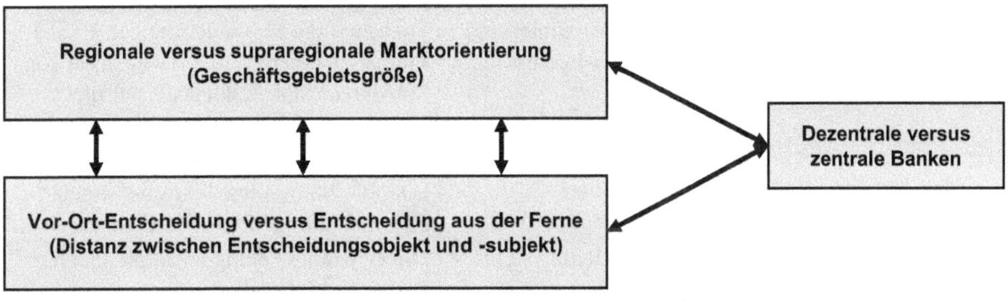

Abb. 5.9 Dezentrale versus zentrale Banken. (Gärtner & Flögel, 2017, S. 90)

triebswege im Rahmen von Omnikanalaktivitäten als Ergänzung zu ihren Filialen nutzen, gelten nicht als Direktbanken. In diesem Zusammenhang spricht man von Direct Banking oder Digitalem Banking als Vertriebsweg (Metzger & Schöning, 2018; BaFin, 2022).

Während Direktbanken bereits seit den 1990er-Jahren auf dem Markt und etabliert sind, sind mit Neo-Banken oder Challenger-Banken Direktbanken gemeint, die relativ neu am Markt sind und vor allem appbasiert agieren. Zum Teil gibt es hier auch Anbieter, die selbst keine Bank sind, aber mit einer Bank zusammenarbeiten, um Finanzdienstleistungen anbieten zu dürfen. Dies wird als White Labeling bezeichnet (BaFin, 2022).

Sparkassen und Genossenschaftsbanken werden nach wie vor als Filialbanken eingeordnet, die in einem Omnikanalansatz auch Digitales Banking anbieten.

Stakeholder-Banken versus Shareholder-Banken

Eine weitere Kategorisierung von Banken nimmt *Ferri* entlang der Eigentümerstrukturen vor. Er unterscheidet zwischen Stakeholder-Banken und Shareholder-Banken. Das Geschäft einer Shareholder-Bank ist auf die Maximierung der Interessen ihrer Shareholder/Anteilseigner ausgerichtet. Um den Unternehmenswert zu maximieren, stellt die Gewinnorientierung das Hauptziel des Managements dar (Ferri & Leogrande, 2022; Pedrotti, 2015).

Stakeholder-Banken verfolgen einen „Double“- oder „Dual-bottom line“-Ansatz. Ihre Stakeholder stellen eine Gruppe von Individuen dar, für die die Bank eine moralische Verpflichtung hat (Pedrotti, 2015). Die Interessen der Stakeholder müssen permanent mit dem Ziel der Gewinnerzielung in Einklang gebracht werden: „Stakeholder banks need to generate profit in order to to survive and expand, but that profit is not the sole or even primary bottom line objective“ (Ayadi et al., 2010).

Sparkassen und Genossenschaftsbanken werden als Stakeholder-Banken identifiziert (Ayadi et al., 2010).

Tab. 5.3 verdeutlicht die Unterschiede zwischen Stakeholder-Banken und Shareholder-Banken.

Tab. 5.3 Unterscheidungsmerkmale zwischen einer Shareholder- und einer Stakeholder-Bank. (Pedrotti, 2015, S. 107)

	Shareholder-Bank	Stakeholder-Bank
Geschäftsausrichtung	Fokus auf die Maximierung der Shareholder-Interessen	Fokus auf die Maximierung der Interessen einer breiteren Kategorie von Subjekten (Stakeholder) als nur die Eigentümer
Zielstellung	Das Management muss den Unternehmenswert maximieren.	Das Management verfolgt einen „Double-bottom line“-Ansatz, welcher eine mehrstufige Zielsystematik vorsieht.
Rolle der Gewinnerzielung	Die Gewinnerzielung stellt das Hauptziel der Geschäftstätigkeit dar.	Die Gewinnerzielung wird mit anderen Zielen abgewogen.

5.3.2 Daseinsvorsorge durch Infrastrukturgenossenschaften

Im Rahmen der staatlichen Daseinsvorsorge finanziert und unterhält der Staat die soziale und technische Infrastruktur (Kersten, 2022, S. 18–20). Abb. 5.10 gibt einen Überblick über die Bestandteile der öffentlichen Infrastruktur.

1938 führte der deutsche Rechtswissenschaftler Ernst Forsthoff den Ausdruck „Daseinsvorsorge“ in die wissenschaftliche Diskussion ein. Er wurde entwickelt, um den liberalen Klassikern der Weimarer Republik entgegenzutreten, die die Bedeutung der Bürgerfreiheit betonten. Im Rahmen dieser Daseinsvorsorge müsse der nationalsozialistische Staat der sozial bedürftigen Bevölkerung die lebensnotwendigen Leistungen bereitstellen. Das Institut der Daseinsvorsorge wurde mit der Gründung der Bundesrepublik Deutschland als Verfassungsstaat außer Kraft gesetzt; dennoch konnte der Begriff in der Rechtswissenschaft Fuß fassen. Außerdem drückt er den bundesrepublikanischen Grundkonsens aus, wonach es unterschiedliche Arten von Leistungen geben muss, die vom üblichen Leistungsverhältnis des Kapitalismus abweichen und deshalb dem staatlichen Einfluss unterliegen müssen (Miltstein, 2018, S. 362–363).

Der Begriff der kommunalen Daseinsvorsorge ist die Manifestation der verfassungsrechtlichen Selbstverwaltungsgarantie der Gemeinden aus Art. 28, Abs. 2, S. 1 des Grundgesetzes (GG). Kommunen haben das Recht, „alle Angelegenheiten der örtlichen Gemeinschaft im Rahmen der Gesetze in eigener Verantwortung zu regeln“. Diese Allzuständigkeit der Gemeinde umfasst „diejenigen Bedürfnisse und Interessen, die in der örtlichen Gemeinschaft wurzeln oder auf sie einen spezifischen Bezug haben, die also den Gemeindeeinwohnern gerade als solchen gemeinsam sind, indem sie das Zusammenleben und -wohnen der Menschen in der Gemeinde betreffen“ (Bundesverfassungsgericht, Beschluss vom 23.11.1988, 2 BvR 1619/83, BVerfGE 79, 127/151).

Demnach zählen klassische Leistungsbereiche wie die Versorgung mit Wasser und Energie einschließlich der Energieerzeugung, die Abfallwirtschaft, der Betrieb sonstiger gemeindlicher Einrichtungen wie Freibäder oder Theater aber auch die Finanzdienstleistungen der Sparkassen zur kommunalen Daseinsvorsorge (Miltstein, 2018, S. 364).

Unerheblich ist es dagegen, ob die konkrete Leistungserbringung in der Rechtsform des privaten oder des öffentlichen Rechts erfolgt (Miltstein, 2018, S. 364). So ist heute festzustellen, dass nahezu alle Leistungen der kommunalen Daseinsvorsorge auch in der Rechtsform einer eingetragenen Genossenschaft erbracht werden (DStGB & DGRV, 2018):

Daseinsvorsorge		
Soziale Sicherung	**Soziale Infrastruktur**	**Technische Infrastruktur**
Sozialversicherungsrecht Sozialversicherungswesen	Bildungswesen Gesundheitswesen Kultureinrichtungen Sozialeinrichtungen öffentliche Verwaltung und Sicherheit Freizeit- und Sporteinrichtungen	Verkehrssysteme Ver- und Entsorgungssysteme (Energie, Wasser, Abwasser, Abfall) Informations- und Kommunikationssysteme

Abb. 5.10 Daseinsvorsorge und Infrastruktur. Entnommen aus Schmidt und Monstadt (2018, S. 976)

- Hallenbad Nörten-Hardenberg eG
- Gaststätte dasrößle eG
- Willkommen in Sögel eG. Bürgergenossenschaft für Menschen in Not
- Senioren-Wohnen eG
- Familiengenossenschaft Monheim eG
- Jugendagentur Heidelberg – Bildung, Kultur und Qualifizierung für junge Menschen eG
- StattAuto eG
- Weiler Wärme eG
- Breitbandgenossenschaft Hagen eG
- Lippe Bildung eG
- Stadtmarketing Seesen eG
- Kommunale Einkaufsgenossenschaft KoPart eG
- Klinik-Kompetenz Bayern eG

Kluth hat hierfür den Begriff der Infrastrukturgenossenschaften eingeführt, die sich „im Schnittbereich zwischen unternehmerischer Tätigkeit und bürgerschaftlichem Engagement um die infrastrukturelle Regionalentwicklung und Erhaltung der Daseinsvorsorge bemühen. Dazu gehören vor allem solche Unternehmen, die sich gründen, um eine wirtschaftlich defizitäre öffentliche Einrichtung einer Kommune vor der Schließung zu retten oder spezifische Infrastruktur zu erhalten oder auszubauen. Die Gründungen der Infrastrukturgenossenschaften [beruhen] also weniger auf der Erzielung von Renditen; das ausschlaggebende Motiv ist vielmehr die Lösung spezifischer lokaler Probleme" (2017, S. 9). Zu diesem regelrechten Boom an Neugründungen hat zweifelsfrei auch die GenG-Novelle von 2006 beigetragen, die gesetzgeberisch klargestellt hat, dass sich Genossenschaften im Rahmen ihrer förderwirtschaftlichen Mitgliederselbsthilfe in allen Bereichen der Daseinsvorsorge betätigen können (Picker, 2019, S. 251–252).

Hier setzt auch die vorsichtige Kritik von *Beetz* an. Werden Genossenschaften nur auf Lückenbüßerfunktionen in eher defizitären Bereichen der Daseinsvorsorge reduziert, komme es schnell zu finanziellen und organisatorischen Überforderungen, da das Engagement nicht allein durch die jeweiligen Nutzer und Nutzerinnen geleistet werden könne (Beetz, 2022, S. 146–147).

Wenn also die Erbringung von Finanzdienstleistungen zur kommunalen Daseinsvorsorge gehört, können Genossenschaftsbanken insofern auch als Infrastrukturgenossenschaften eingestuft werden. Von der grundsätzlichen Frage losgelöst, ob es dann überhaupt Sparkassen bräuchte, können diese jedenfalls auch als eingetragene (Infrastruktur-)Genossenschaften betrieben werden.

Vor dem Hintergrund der Verwandtschaft von kommunaler Selbstverwaltung und Genossenschaftswesen – *Kluth* identifiziert die „gleichen historischen, konzeptionellen und ideengeschichtlichen Wurzeln" und eine „Orientierung an den Strukturmerkmalen Ehrenamt, Selbstorganschaft und Selbstverwaltung" (2017, S. 11) – stellt sich dann die Frage, ob Sparkassen und Genossenschaftsbanken sogar Zwillinge sind (Schulz-Nieswandt & Köstler, 2012).

5.3.3 Finanzpunkt-Konzept von Frankfurter Volksbank und Taunus Sparkasse

Bereits im Jahr 2000 vereinbaren Frankfurter Volksbank und Taunus Sparkasse eine Kooperation; gemeinsam sollen Selbstbedienungsfilialen aufgebaut werden (o. V., 2000b, S. 20). Knapp 20 Jahre später geben die beiden Banken bekannt, dass sie unter der Marke „Finanzpunkt" 26 gemeinsame Filialen schaffen wollen (o. V., 2019, S. 439). Ausgangspunkt war die Frage, ob es angesichts sinkender Kundenfrequenzen und steigender Kosten für Filialen in Dörfern und Gemeinden abseits der Hotspots eine Alternative zu deren Schließung gibt (Wunsch-Weber & Klink, 2020, S. 398). Die Sorge um die beiden Marken „Volksbank" und „Sparkasse" ist aus Sicht der beiden Partner unbegründet, die Marken seien „kompatibel".

In der Mehrheit der Fälle gehört die Immobilie der Sparkasse oder der Volksbank, der Rest ist angemietet. Organisatorisch wurde ein Betreibermodell gewählt. Ist die Immobilie im Eigenbesitz, wird dem Partner eine Pauschalmiete in Rechnung gestellt; wo der Standort angemietet ist, ist ein Partner Mieter, der andere Mitnutzer und die Miete wird geteilt (o. V., 2019, S. 440–441). Die eine Hälfte der Woche begrüßt das „Sparkassen-Rot" die Kunden in den neu geschaffenen „Finanzpunkten", an den anderen Tagen strahlen die Filialen im „Volksbanken-Blau". Die Infrastrukturen an Geräten und Leitungen sind voneinander getrennt. (Hippler, 2021). Abb. 5.11 zeigt die Finanzpunkt-Filiale Weilbach, Abb. 5.12 alle Finanzpunkt-Standorte per 2019.

Abb. 5.11 Finanzpunkt-Filiale Weilbach. Entnommen aus Frankfurt Volksbank und Taunus Sparkasse 2024

Abb. 5.12 Finanzpunkt-Standorte im Main-Taunus- sowie Hochtaunus-Kreis. Entnommen aus o. V., 2019, S. 441

Die gemeinsame Kostenrechnung sieht 250.000 € für eine Finanzpunkt-Filiale vor, für jeden Partner also 125.000 €. Finanzpunkte sparen rund 40 % der Kosten eines Standorts (Wunsch-Weber & Klink, 2020, S. 401), da u. a. die Fixkosten wie Miete oder Abschreibungen geteilt werden und der Personaleinsatz für jeden der beiden Partner reduziert wird (o. V., 2019, S. 442).

5.3.4 Groupe BPCE-Modell: Fusion der französischen Volksbanken und Sparkassen

Die Begründung, mit der die französischen Sparkassen per Gesetz vom 25. Juni 1999 von öffentlich-rechtlichen Kreditinstituten „ohne Gewinnstreben" schrittweise in Genossenschaften und nicht in Aktiengesellschaften umgewandelt werden, müsste den französischen Genossenschaftsbanken bitter aufstoßen. Der Druck auf die Sparkassen, kostengünstig wirtschaften und Gewinne erzielen zu müssen, solle nicht unnötig verstärkt werden. Zudem werde so der Eindruck vermieden, die Sparkassen privatisieren zu wollen (Moster, 1999, S. 550). Dennoch sehen die französischen Genossenschaftsbanken in dieser Rechtsformumwandlung eine späte Bestätigung ihrer selbst – tatsächlich weisen bzw. wiesen die Sparkassen in Belgien, den Niederlanden, Dänemark, Slowenien und anderen europäischen Ländern genossenschaftliche Züge auf (Wysocki, 1995, S. 16; Steuer, 2001, S. 48; Videčnik, 1998, S. 321–324) – und die Chance, die Stärke der Sparkassen im Privatkundengeschäft für sich nutzbar zu machen (o. V., 1999, S. 1031).

Von ihrer Bedeutung ist die französische Sparkassengruppe Ende 1999 nicht mit der deutschen Sparkassenorganisation vergleichbar. Die 34 Regionalbanken besaßen einen Marktanteil von 17,8 % bei den Kundeneinlagen bzw. 7,5 % bei den Krediten (o. V., 2000c, S. 23).

Darüber hinaus wird die Aufgabenverteilung zwischen der damals neu geschaffenen nationalen Zentralbank, der Caisse Nationale des Caisses d'Epargne (CNCE), sowie dem Nationalverband, der Federation nationale des Caisses d'Epargne, im Vergleich zum deutschen Modell anders ausgestaltet. Der Nationalkasse wird ein erheblicher Einfluss auf die Auswahl der Geschäftsleiter der regionalen Sparkassen eingeräumt und damit auf deren Geschäftspolitik, was konzernähnliche Strukturen impliziert (Moster, 1999, S. 552). Anteilseigner der Zentralkasse sind nach der damals neuen Regelung die Sparkassen mit 65 % sowie die staatliche Caisse des Depots et Consignations mit 35 % (Henningsen & Kundler, 2000, S. 9). Abb. 5.13 bildet die Struktur ab dem 1. Januar 2000 ab.

Die Strukturen der neuen Sparkassengenossenschaften unterscheiden sich von denen der deutschen Genossenschaftsbanken. Alleinige Träger der Genossenschaftsanteile der jeweiligen Sparkasse als genossenschaftliches Kreditinstitut sind örtliche, ebenfalls genossenschaftlich organisierte Sparvereinigungen. Deren Aufgabe ist es, die Anteilszertifikate an den Sparkassen möglichst breit zu streuen und die Kundenbeziehungen

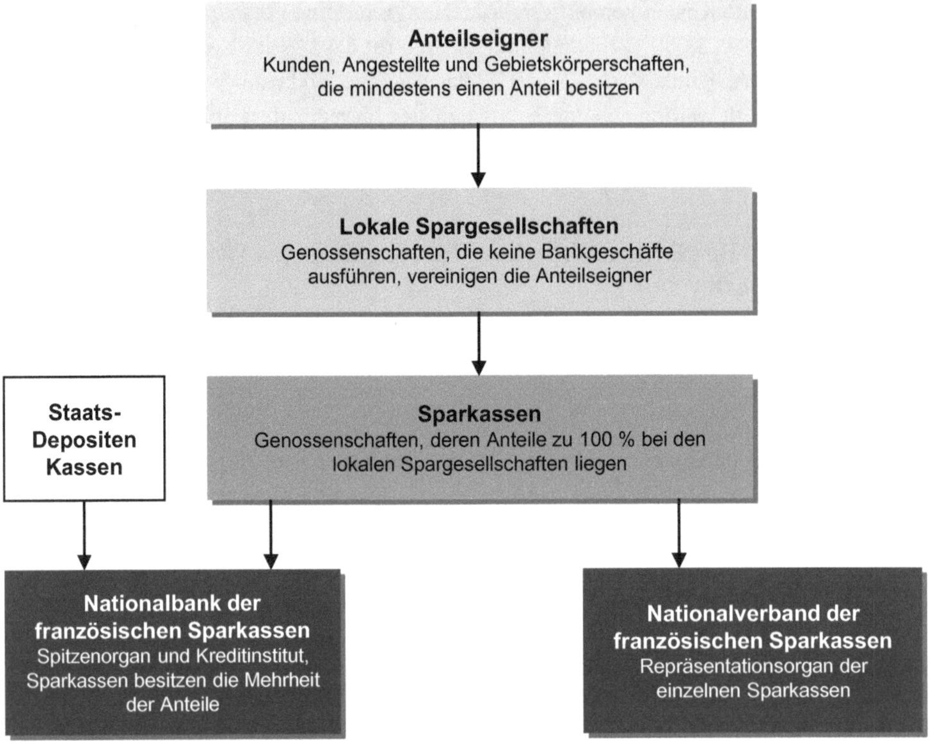

Abb. 5.13 Der Aufbau der französischen Sparkassengruppe ab 1. Januar 2000. (Hofinger & Riesenfelder, 2000, S. 32)

zu pflegen. Kommunen dürfen max. 10 % des Kapitals der Sparvereinigung auf sich vereinigen. Die Hauptversammlung der Sparkasse besteht aus den Vertretern der an ihr beteiligten Sparvereinigungen. Dies können je nach Größe der Sparkasse bis zu zehn sein (Moster, 1999, S. 551). Die Erlöse des Staates aus dem Verkauf der Sparkassenanteile in Höhe von ca. 2,4 Mrd. € werden zur Stützung der Rentenkasse verwendet (Gieseler, 2023d, S. 1).

Zusammenschluss mit Banques Populaires

Die Zusammenarbeit mit den französischen Volksbanken, den Banques Populaires, nimmt im November 2006 Fahrt auf. Durch die Fusion der Investmentbanken beider Gruppen entsteht Natixis (Krüger et al., 2008, S. 18). Vor dem Hintergrund der Finanzkrise schließen sich 2009 dann die beiden Verbünde in der Groupe BPCE zusammen (Abb. 5.14), die der französische Staat mit insgesamt mehr als 7 Mrd. € kapitalisiert (Poli, 2019, S. 2020). Dabei bleiben zum Kunden hin beide Marken und Geschäftsmodelle inkl. der Filialstrukturen bestehen Die entscheidende Rolle nimmt die BPCE als gemeinsames Spitzen-

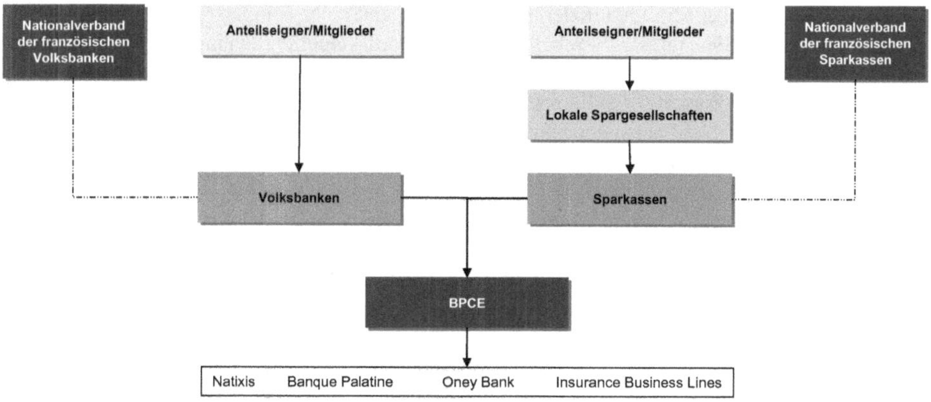

Abb. 5.14 Struktur der Groupe BPCE. (Gieseler, 2023d, S. 10)

institut der Sparkassen und Volksbanken (zu jeweils 50 % Eigentümer der BPCE) wahr mit folgenden Aufgaben (Gieseler, 2023d, S. 9):

- Interessensvertretung gegenüber nationalen Behörden, der Nationalbank und der Bankenaufsicht
- Abschluss nationaler und internationaler Vereinbarungen
- Ernennung der Vorstände
- Festlegung des Produkt- und Dienstleistungsangebots, des Vertriebs sowie Koordinierung der Geschäftspolitik
- Definition einheitlicher Managementstandards und Verfahren
- Girozentralfunktion und Verwaltung des Einlagensicherungsfonds sowie Haftungsverbunds
- Holding für die Allfinanzinstitute der Gruppe

Literatur

Atzler, E. (2023a, Juni 29). Sparkassentochter der NordLB wird eigenständiger – was dieses Signal bedeutet. *Handelsblatt*. https://www.handelsblatt.com/finanzen/banken-versicherungen/banken/braunschweigische-landessparkasse-sparkassentochter-der-nordlb-wird-eigenstaendiger-was-dieses-signal-bedeutet/29229962.html. Zugegriffen am 01.04.2024.

Atzler, E. (2023b, Juli 12). Woidke warnt vor Filialschließungen. *Handelsblatt*.

Atzler, E. (2024, März 5). 100 Millionen für Dienste jenseits des Bankings. *Handelsblatt*.

Atzler, E., Neumaier, V., Osman, Y., & Votsmeier, V. (2024, März 28). Schicksalsstunden der „Effenberg-Bank". *Handelsblatt*.

Ayadi, R., Llewellyn, D. T., Schmidt, R. H., Arbak, E., & De Groen, W. P. (2010). Investigating diversity in the banking sector in Europe: Key developments, performance and role of cooperative banks. *CEPS Paperbacks*. https://ssrn.com/abstract=1677335

BaFin. (2020, November 25). Qualifizierung als kleines und nicht komplexes Institut, Antrag zur Nutzung der sNSFR. https://www.bafin.de/SharedDocs/Veroeffentlichungen/DE/Pressemitteilung/2021/pm_210630_Erleichterungen_kleineInstitute.html. Zugegriffen am 04.03.2024.

BaFin. (2022). Digital Banking/Neo Banks. https://www.bafin.de/DE/Aufsicht/FinTech/Geschaeftsmodelle/NeoBanks/NeoBanks_node.html. Zugegriffen am 08.03.2024.

BBBank. (2024). 100 Jahre BBBank. https://www.bbbank100.de/timeline/. Zugegriffen am 26.03.2024.

Beetz, S. (2022). Genossenschaften. In von C. Neu (Hrsg.), *Handbuch Daseinsvorsorge* (S. 142–149). VKU Verlag.

Berni, M. (2001, Februar 28). Italiens Sparkassen haben ihr Gesicht verändert. *Handelsblatt.*

Bittihn, U., & Keine, F. (2018). VerbundVolksbank: Stärke und Effizienz einer regionalen Netzwerkbank. *Zeitschrift für das gesamte Kreditwesen, 71*(4), 1–5.

Blome-Drees, J., Degens, P., Flieger, B., Lapschieß, L., Lautermann, C., Moldenhauer, J., Pentzien, J., & Young, C. (2021). Kooperatives Wirtschaften für das Gemeinwohl in der Zivilgesellschaft. *Zeitschrift für Gemeinwirtschaft und Gemeinwohl, 44*, 455–485. https://ideas.repec.org/a/nms/nozgug/10.5771-2701-4193-2021-4-455.html

Boettcher, E. (1984). Die Genossenschaft im Verhältnis zu erwerbswirtschaftlichen und gemeinwirtschaftlichen Unternehmen sowie zur Gemeinnützigkeit. *Zeitschrift für das gesamte Genossenschaftswesen, 34*, 91–110.

Braunschweigische Landessparkasse. (2015). Festschrift anlässlich des 250. Geburtstags der Landessparkasse. https://www.blskblog.de/files/2019/01/BLSK_Festschrift_FINAL.pdf. Zugegriffen am 20.01.2024.

BRAWO GROUP. (2023). Jahresbericht 2022. https://www.brawogroup.de/fileadmin/docs/publikationen/GB_BRAWOGROUP_2022_ANSICHT_klein.pdf. Zugegriffen am 12.11.2024.

Brendel, M. (2015). Die (Vor-)Geschichte der Sparda-Bank Berlin. *Blätter für Genossenschaftsgeschichte, 5*, 3–7. https://genostory.de/blaetter-fuer-genossenschaftsgeschichte. Zugegriffen am 26.03.2024.

BVR. (2023). Alle Genossenschaftsbanken per Ende 2022. https://www.bvr.de/Presse/Zahlen_Daten_Fakten. Zugegriffen am 05.03.2024.

Conrad, A., & Rösch, F. (2019). Der Einfluss mobiler Filialen auf die Erreichbarkeit grundlegender Finanzdienstleistungen – eine Analyse unter Berücksichtigung quantitativer und qualitativer Aspekte. In *OIKOS – ökonomische und ökologische Schriftenreihe des Fachbereichs für Nachhaltige Wirtschaft, Hochschule für nachhaltige Entwicklung Eberswalde* 25, Heft 3. https://www.hnee.de/_obj/A1019846-DD04-4276-82E9-863F9409DBC5/outline/2019-08-27-OIKOS-Jg-25-H-3-Mobile-Filialen.pdf. Zugegriffen am 01.04.2024.

Conrad, A., Neuberger, D., & Rösch, F. (2018). Physische und digitale Erreichbarkeit von Finanzdienstleistungen in Deutschland. Ergebnisbericht zum Forschungsprojekt der Hochschule für nachhaltige Entwicklung Eberswalde und Universität Rostock. https://www.hnee.de/_obj/15F4158A-C8D3-46A5-AEF6-44E96FCAECA1/outline/Abschlussbericht_kurz.pdf. Zugegriffen am 01.04.2024.

Deutsche Bahn. (2024). Betriebliche Sozialpartner. https://nachhaltigkeit.deutschebahn.com/de/soziale-verantwortung/schwerpunkte/betriebliche-sozialpartner. Zugegriffen am 26.03.2024.

Deutsche Bundesbank. (o.J.). Bankstellenberichte und Bankstellenstatistiken. https://www.bundesbank.de/de/aufgaben/bankenaufsicht/dokumentation/bankstellen-597750. Zugegriffen am 10.02.2024.

DSGV. (2023). Rangliste der Sparkassen 2022. https://www.dsgv.de/sparkassen-finanzgruppe/organisation/sparkassen.html. Zugegriffen am 05.03.2024.

DStGB & DGRV. (2018). *Genossenschaften und Kommunen: Erfolgreiche Partnerschaften.* Winkler & Stenzel.

Düren, A. (2000). Die kreditwirtschaftliche Versorgung der Verbraucher und des Mittelstands in Großbritannien. *Sparkasse, 117*, 293–296.

Engelhardt, W. W. (2000). Der gemeinnützige Gedanke bei der Gründung von Genossen-schaften. *Zeitschrift für das gesamte Genossenschaftswesen, 50*, 72–76.

Europäische Zentralbank. (2024). Liste der beaufsichtigten Banken: Wann ist eine Bank bedeutend? https://www.bankingsupervision.europa.eu/banking/list/criteria/html/index.de.html. Zugegriffen am 04.03.2024.

Felber, C. (2021). *Gemeinwohl-Ökonomie* (6. Aufl.). Pieper.

Ferri, G., & Leogrande, A. (2022). The founding role of cooperative banking within the European variety of capitalism. In von M. Migliorelli & E. Lamarque (Hrsg.), *Contemporary trends in European cooperative banking* (29–54). Palgrave Macmillan.

Frankfurter Volksbank und Taunus Sparkasse. (2024). Pressebilder. https://www.finanzpunkt.de/pressebilder/. Zugegriffen am 08.02.2024.

Freistaat Sachsen. (2000). Sächsische Verbundlösung. http://www.sachsen.de/de/bf/staatsregierung/ministerien/smf/sfv. Zugegriffen am 05.12.2000.

Gärtner, S., & Flögel, F. (2017). *Raum und Banken: Zur Funktionsweise regionaler Banken*. Nomos.

Genoverband. (2022). Trendstudie Aufbruch in die Wir-Ökonomie. https://www.genoverband.de/ebooks/trendstudie-05-2022/9/. Zugegriffen am 26.03.2024.

Gieseler, J. (2023a). Die Sparkassenorganisation in Österreich. In vom DSGV (Hrsg.), *Sparkassen International*. https://www.dsgv.de/sparkassen-finanzgruppe/sparkassen-international.html. Zugegriffen am 03.02.2024.

Gieseler, J. (2023b). Die Sparkassenorganisation in Italien. In vom DSGV (Hrsg.), *Sparkassen International*. https://www.dsgv.de/sparkassen-finanzgruppe/sparkassen-international.html. Zugegriffen am 03.02.2024.

Gieseler, J. (2023c). Die Sparkassenorganisation in Spanien. In vom DSGV (Hrsg.), *Sparkassen International*. https://www.dsgv.de/sparkassen-finanzgruppe/sparkassen-international.html. Zugegriffen am 03.02.2024.

Gieseler, J. (2023d). Die Sparkassenorganisation in Frankreich. In vom DSGV (Hrsg.), *Sparkassen International*. http://www.dsgv.de/de/sparkassen-finanzgruppe/sparkassen-international/index.html. Zugegriffen am 06.02.2024.

GLS Bank. (2024). 50 Jahre GLS Bank. https://www.gls.de/privatkunden/gls-bank/zahlen-fakten/50-jahre-gls-geschichte/. Zugegriffen am 08.06.2024.

Göler von Ravensburg, N. (2023). Genossenschaften im Spannungsfeld von Wirtschaft und Gesellschaft. In von J. Blome-Drees et al. (Hrsg.), *Handbuch Genossenschaftswesen* (989–1024). Springer. https://doi.org/10.1007/978-3-658-18639-5_43-1

Göler von Ravensburg, N. (2024). Die Strategie für Soziale Innovationen und Gemeinwohlorientierte Unternehmen im Lichte der Genossenschaftsforschung. *Zeitschrift für das gesamte Genossenschaftswesen, 74*, 1–16. https://doi.org/10.1515/zfgg-2024-0001

Grüntker, H. H. (2006). Fraspa und Helaba: Integration im Zeitplan. *Bank und Markt, 35*(11), 26–29.

Hahn, A. (2023, Mai 2). Was mit der Sparkassen-Filiale alles wegfällt. *Tagesschau*. https://www.tagesschau.de/wirtschaft/verbraucher/sparkasse-filialschliessungen-100.html. Zugegriffen am 10.02.2024.

Haspa Finanzholding. (2024). Unternehmen. https://haspafinanzholding.de/unternehmen. Zugegriffen am 10.05.2024.

Henningsen, E., & Kundler, A. (2000). Liberalisierung des französischen Bankenmarktes. In DG Bank (Hrsg.), *Perspektiven für die genossenschaftlichen Banken, Genossenschaften im Wettbewerb, Heft 1*, 1–12.

Hippler, M. (2021). „Die Filiale muss man immer neu denken". Interview mit Eva Wunsch-Weber und Oliver Klink. *Fonds professionell* (o. J.): 2001–2004.

Hofinger, H., & Riesenfelder, S. (2000). Umwandlung der französischen Sparkassen in Genossenschaftsbanken. *Gewerbliche Genossenschaft, 128*(2), 22–37.

Institut für ökologische Wirtschaftsforschung. (2023). Bundesversammlung des kooperativen Wirtschaftens in Deutschland. https://www.teilgabe.net/deutsch/veranstaltungen/bundesversammlung-des-kooperativen-wirtschaftens-in-deutschland/. Zugegriffen am 25.03.2024.

Iwersen, S., Neumaier, V., & Votsmeier, V. (2024, März 25). Finale im Streit um die „Effenberg-Bank". *Handelsblatt.*

Jäger, W. (2000). Der gemeinnützige Gedanke bei der Gründung von Genossenschaften. *Zeitschrift für das gesamte Genossenschaftswesen, 50*, 77–83.

Jakoubek, A. (2007). Eingriff in die Eigentümerverantwortung durch das Fraspa-Umwandlungsgesetz. *Zeitschrift für das gesamte Kreditwesen, 60*, 156–157.

Jennen, B., & Höller, C. (2003, April 3). Monti beschneidet Staatshaftung für österreichische Sparkassen. *Financial Times Deutschland.*

Joedicke, S., Schmitz, H., Loehr, K., & Isermann, H. (2023, September 5). Jürgen Brinkmann: „Die Bank ist unser Wettbewerbsvorteil". *Braunschweiger Zeitung.* https://www.braunschweiger-zeitung.de/braunschweig/article239273993/Die-Bank-ist-unser-groesster-Wettbewerbsvorteil.html. Zugegriffen am 05.04.2024.

Kalkreuter, K. (2021, Juli 2). Kommunen wollen mit Stufenplan zur eigenständigen Landessparkasse. *Braunschweiger Zeitung.* https://www.braunschweiger-zeitung.de/wirtschaft/article232693711/Kommunen-wollen-mit-Stufenplan-zur-eigenstaendigen-Landessparkasse.html. Zugegriffen am 01.04.2024.

Kattinger, M. (2001, März 1). Gemeindesparkassen spielen eine Nebenrolle. *Handelsblatt.*

Keidel, S. (2001, März 30). In Großbritannien teilen sich vier Institute den Markt. *Handelsblatt.*

Kersten, J. (2022). Begriffsgeschichte und rechtlicher Rahmen. In von C. Neu (Hrsg.), *Handbuch Daseinsvorsorge* (S. 18–25). VKU Verlag.

Klingebiel, N. (1999). Steuerungserfordernisse in Non-Profit Organisationen. *Kostenrechnungspraxis, 43*, 372–379.

Kluth, W. (2017). Die Infrastrukturgenossenschaft: Begriff und Systematik sowie ihre Bedeutung als Aktivierungs- und Gestaltungsinstrument. In von W. Kluth (Hrsg.), *Infrastrukturgenossenschaften* (S. 9–25). Universitätsverlag.

Krüger, M., Kruska, S., & Zuchiatti, T. (2008). Drei in einem Land: Genossenschaftliche Bankengruppen in Frankreich. *Bankinformation, 35*(9), 16–18.

Lachmann, M. (2024, September 19). BBBank und PSD Bank Berlin-Brandenburg wollen fusionieren. FinanzBusiness. https://finanzbusiness.de/nachrichten/genossen/article17463219.ece. Zugegriffen am 15.11.2024.

Metzger, J., & Schöning, S. (2018). Direktbank. *Gabler Wirtschaftslexikon.* https://wirtschaftslexikon.gabler.de/definition/direktbank-29949/version-253544. Zugegriffen am 08.03.2024.

Milbradt, G. (2000). Das sächsische Konzept zur Zukunftssicherung des öffentlichen Bankensektors. *Der langfristige Kredit, 51*, 137–141.

Milstein, A. (2018). Daseinsvorsorge. In von Akademie für Raumforschung und Landesplanung (Hrsg), *Handwörterbuch der Stadt- und Raumentwicklung* (S. 361–373). Selbstverlag.

Moster, A. (1999). Sparkassenreform in Frankreich: Die Genossenschaft als Rechtsform. *Sparkasse, 116*, 549–553.

Noack, H. (2009). Back to the roots: Konsolidierung als kompetenter Partner der Sparkassen. In von Friederich Ebert Stiftung (Hrsg.), *Die Zukunft der Landesbanken – Zwischen Konsolidierung und neuem Geschäftsmodell*, WISO Diskurs (S. 5–19), Bonn. https://library.fes.de/pdf-files/wiso/06823.pdf. Zugegriffen am 06.04.2024.

o. V. (1999). Französische Sparkassen: Der Reiz der genossenschaftlichen Rechtsform. *Zeitschrift für das gesamte Kreditwesen, 52*, 1030–1031.

o. V. (2000a, November 24). Grünes Licht für sächsischen Finanzverband. *Handelsblatt.*

o. V. (2000b, Dezember 12). Kooperation von Volksbank und Sparkasse soll Marktposition stärken. *Handelsblatt.*

o. V. (2000c, April 28). Caisse d'Epargne mit Rückenwind. *Handelsblatt.*

o. V. (2001, März 19). Gerichtsurteil nährt Zweifel am Modell. *Handelsblatt.*

o. V. (2019). „Wir wollen bewusst einen Stein ins Wasser werfen". Interview mit Oliver Klink und Eva Wunsch-Weber. *Bank und Markt, 48*, 439–442.

o. V. (2023). „Bei keinem anderen Institut ist mit einem Markenwechsel zu rechnen." Interview mit Dieter Jurgeit. *Bank und Markt* 52: Digitaler Sonderdruck. https://www.kreditwesen.de/bank-markt/themenschwerpunkte/digitaler-sonderdruck/keinem-anderen-institut-markenwechsel-rechnen-id86980.html. Zugegriffen am 06.04.2024.

Pedrotti, M. (2015). *Das Stakeholder-Banking im europäischen Kontext: Ein theoretischer und empirischer Vergleich des deutschen und italienischen Bankenmarktes.* Verlag Wissenschaft & Praxis.

Picker, C. (2019). *Genossenschaftsidee und Governance.* Mohr Siebeck.

Pleister, C. (2002, Mai 14. bis 16). Genossenschaftsbanken und Politik – Unternehmen im gesellschaftspolitischen Umfeld, Vortrag anlässlich der 57. *Bankwirtschaftlichen Tagung des BVR.*

Poli, F. (2019). Co-operative banking in France. In von F. Poli (Hrsg.), *Co-operative banking networks in Europe: Models an performance* (S. 193–252). Palgrave Macmillian. https://doi.org/10.1007/978-3-030-21699-3_5

PSD Bank München. (2021). „Passt." – Was die PSD Bank München und die Postbank gemeinsam haben. https://blog-psd-muenchen.de/lifestyle/passt-psd-und-postbank/. Zugegriffen am 26.03.2024.

PSD Bank Nürnberg. (2018). Kundenfokus 4.0: Geschäftsbericht 2017. https://www.psd-nuernberg.de/content/dam/f0711-0/cloud-transfer/PDF/gesch%C3%A4ftsberichte/Gesch%C3%A4ftsbericht%202017%20der%20PSD%20Bank%20N%C3%BCrnberg%20eG.pdf. Zugegriffen am 26.03.2024.

Reichel, R. (2022). Gemeinwohlorientierung als Erweiterung des genossenschaftlichen Geschäftsmodells? Einige theoretische Überlegungen. *Zeitschrift für das gesamte Genossenschaftswesen, 72*, 177–193. https://doi.org/10.1515/zfgg-2022-0013

Rössing, S. (2001, Oktober 23). Sachsen Finanzverband droht Auflösung. *Financial Times Deutschland.*

Sachsen-Finanzgruppe. (2004). Träger der Sachsen-Finanzgruppe. http://www.sachsenfinanzgruppe.de. Zugegriffen am 30.03.2004.

Sancar, B., & Seiser, C. (2023, August 18). Quo Vadis Beyond Banking: Zinswende & Relevanz regionaler Beyond Banking Ökosysteme. *Der Bank Blog.* https://www.der-bank-blog.de/quo-vadis-beyond-banking/retail-banking/37700804/. Zugegriffen am 05.04.2024.

Schackmann-Fallis, K.-P. (2022). Sparkassen. In von C. Neu (Hrsg.), *Handbuch Daseinsvorsorge* (S. 330–337). VKU Verlag.

Schmidt, M., & Monstadt, J.. (2018). Infrastruktur. In von Akademie für Raumforschung und Landesplanung (Hrsg.), *Handwörterbuch der Stadt- und Raumentwicklung* (S. 975–988). Selbstverlag.

Schmitz, H. (2023, September 22). Neues Gutachten soll Herauslösung der BLSK aus Nord-LB prüfen. *Braunschweiger Zeitung.* https://www.braunschweiger-zeitung.de/wirtschaft/article239640527/Neues-Gutachten-soll-eine-Herausloesung-der-Landessparkasse-aus-der-Nord-LB-pruefen.html. Zugegriffen am 01.04.2024.

Schneider, T. (2015). *Analyse europäischer Finanzverbünde und Perspektiven der deutschen Sparkassen-Finanzgruppe – Zentralisation: Notwendigkeit oder Fiktion?* Verlag Wissenschaft & Praxis.

Schöning, S. (2018). Filialbank. In Gabler Wirtschaftslexikon. https://wirtschaftslexikon.gabler.de/definition/filialbank-33293/version-256820. Zugegriffen am 08.05.2024.

Schulz-Nieswandt, F. (2020). Gemeinwirtschaft und Gemeinwohl: Eine Diskurseröffnung. *Zeitschrift für öffentliche und gemeinwirtschaftliche Unternehmen* (Beiheft 55). Nomos.

Schulz-Nieswandt, F., & Köstler, U. (2012). Sparkassen und Kreditgenossenschaften – zwei ungleiche Zwillinge?! Ein morphologischer Beitrag zur widmungswirtschaftlichen Problematik öffentlicher oder gemeinwirtschaftlicher Unternehmen. *Zeitschrift für öffentliche und gemeinwirtschaftliche Unternehmen, 35*(3), 345–356.

Siebert, S., & Vomhoff, S. (2016). Sonstige betriebliche Erträge und das Warengeschäft als Erfolgsquellen. *Zeitschrift für das gesamte Kreditwesen, 69*, 422–426.

Sparda-Bank München. (2021). „Weil es uns nicht egal ist": Broschüre zur fünften Gemeinwohl-Bilanz 2018 bis 2020. https://www.sparda-m.de/internetauftritt/downloads/pdf/fuenfte-gwo%2D%2Dbilanz-2018-bis-2020.pdf. Zugegriffen am 26.03.2024.

Sparkasse in Bremen. (2024). Lieferkettensorgfaltspflichtengesetz (LkSG). https://www.sparkasse-bremen.de/de/home/ihre-sparkasse/finanzholding-sparkasse-bremen.html?n=true&stref=hnav. Zugegriffen am 12.05.2024.

Sparkasse Mittelholstein. (2024). Sparkasse Mittelholstein AG. https://www.spk-mittelholstein.de/de/home/ihre-sparkasse/organe.html?n=true&stref=hnav. Zugegriffen am 12.05.2024.

Sparkasse zu Lübeck. (2024). Gut für die Region – Sparkasse zu Lübeck. https://www.spk-luebeck.de/de/home/ihre-sparkasse/ihre-sparkasse-vor-ort.html?n=true&stref=hnav. Zugegriffen am 12.05.2024.

Stelzl, D. (1999, November 20). Erfolgreich ohne Staatsgarantie. *Hannoversche Allgemeine Zeitung*.

Steuer, H. (2001, März 20). Dänemarks Sparkassen haben sich behauptet. *Handelsblatt*.

Verband der PSD Banken. (2024). PSD Banken im Überblick. https://verband-psd-bank.de/wp-content/uploads/2024/01/VPSD%20240131%20Website%20PSD%20Banken%20im%20%C3%9Cberblick.pdf. Zugegriffen am 26.03.2024.

Verband der Sparda-Banken. (2018). Chronik zum 110. Jubiläum. https://sparda-verband.de/wp-content/uploads/2019/03/chronik-verband-der-sparda-banken_2006-2016.pdf. Zugegriffen am 26.03.2024.

Verband freier Sparkassen. (2020). 100 Jahre Verband der freien Sparkassen: Festschrift. https://www.verband-freier-sparkassen.de/media/docs/vfs_festschrift_2020.pdf. Zugegriffen am 12.05.2024.

VerbundVolksbank OWL. (2024). Dezentralisieren gegen den Trend. https://www.verbundvolksbank-owl.de/ihre-verbundvolksbank-owl/unsere-regionen.html. Zugegriffen am 26.03.2024.

Videčnik, A. (1998). Slowenien. In von Wissenschaftsförderung der Sparkassenorganisation e.V (Hrsg.), *Europäische Sparkassengeschichte II* (S. 321–343). Deutscher Sparkassenverlag.

VR Bank Niederbayern-Oberpfalz. (2024). Fusion der Raiffeisenbank Bruck eG mit der VR Bank Niederbayern-Oberpfalz eG. https://www.meine-bank-no.de/meinebank/wir-ueber-uns/fusion.html. Zugegriffen am 26.03.2024.

VR Bank Westfalen-Lippe. (2024). Westfälisch. Digital. https://www.vrbank-wl.de/ihre-vr-bank/ueber-uns/das-sind-wir/dafuer-stehen-wir.html. Zugegriffen am 26.03.224.

Wilkens, I. (1999). Private Nonprofit-Organisationen. *Wirtschaftswissenschaftliches Studium, 28*, 586–590.

Wunsch-Weber, E., & Klink, O. (2020). Das Share-a-Bank-Prinzip – Erfahrungen mit dem Finanzpunkt. *Bank und Markt, 49*, 398–401.

Wysocki, J. (1995). Einführung. In von Wissenschaftsförderung der Sparkassenorganisation e.V (Hrsg.), *Europäische Sparkassengeschichte I* (S. 9–26). Deutscher Sparkassenverlag.

Zimmer, A., & Priller, E. (2023). Genossenschaften als Teil des Dritten Sektors. In von J. Blome-Drees et al (Hrsg.), *Handbuch Genossenschaftswesen* (S. 1015–1048). Springer.

6 Volks- und Raiffeisensparkassen und ihre Finanzgruppe

6.1 Auf regionaler Ebene vertieft sich die Nähe

6.1.1 Viele gemeinsame Aufgaben und Ziele

Sparkassen und Genossenschaftsbanken sind kleine, dezentrale und filialbasierte Stakeholder-Banken (Abschn. 5.3.1). Für beide werden auf denselben Feldern Kernkompetenzen vermutet, was den Verdacht nahelegt, es handele sich gar nicht um distinktive, nicht imitierbare Kernkompetenzen im eigentlichen Sinne. Sowohl Sparkassen als auch Genossenschaftsbanken reklamieren „Dezentralität und Kundennähe", die „Nähe zum Mittelstand" sowie die Verbundorganisation für sich (Hellinger, 1999, S. 259–269; Zmuda & Börner, 2001, S. 47–54).

Alle drei Kompetenzfelder erfüllen zwar die ersten zwei Kriterien von Kernkompetenzen; durch sie können neue Märkte erschlossen und ein signifikanter Zusatznutzen erbracht werden. Das dritte Kriterium, Exklusivität und fehlende Substitutionsmöglichkeiten, bleibt freilich unerfüllt, sodass die eigentlichen Kernkompetenzen beider Institute an anderer Stelle gesucht werden. *Hellinger* identifiziert ein mitgliederorientiertes Beziehungsmanagement als originäre Kern-kompetenz der Genossenschaftsbank (Hellinger, 1999, S. 274–276), während *Zmuda und Bömer* fast wortgleich ein regionalorientiertes Beziehungsmanagement als mögliche Kernkompetenz der Sparkasse ausmachen (Zmuda & Börner, 2001, S. 47, 60). Unterfüttert wird der vermeintliche distinktive Vorteil der Sparkassen durch die via kommunale Bindung gegebene Nähe zu den Kommunen. Abb. 6.1 gibt einen Überblick über (vermeintliche) Kernkompetenzen und Kompetenzfelder beider Primärbankgruppen.

Ziel der Volks- und Raiffeisensparkasse muss es vielmehr sein, aus den Kompetenzfeldern der Beteiligten echte Kernkompetenzen zu formen. Dezentralität und Kundennähe,

M.-P. Dagott, *Die Volks- und Raiffeisensparkasse eG*,
https://doi.org/10.1007/978-3-658-45751-8_6

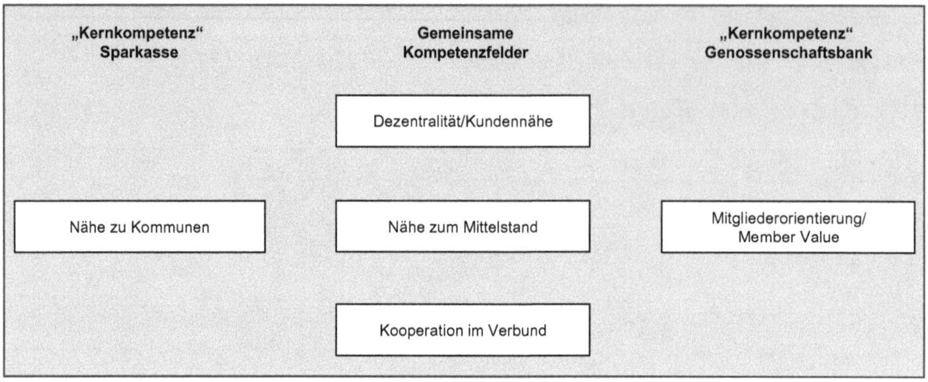

Abb. 6.1 (Vermeintliche) Kernkompetenzen und gemeinsame Kompetenzfelder. Eigene Darstellung in Anlehnung an Hellinger (1999, S. 276) sowie Zmuda und Börner (2001, S. 60).

Nähe zum Mittelstand sowie Verbundorganisation müssen jetzt zu exklusiven Eigenschaften werden, die von Konkurrenten dann nicht mehr nachvollzogen, abgeworben oder imitiert werden können.

Aus dieser strategischen Vision lassen sich notwendige Auflagen für den Zusammenschluss von Sparkasse und Genossenschaftsbank zu einer Volks- und Raiffeisensparkasse ableiten. Für das Unternehmen beizubehalten sind:

1. dezentrale Strukturen und (räumliche) Kundennähe, d. h. insbesondere
   a) eine überschaubare Betriebsgröße und
   b) ein dichtes Filialnetz;
2. die Konzentration auf das lokale bzw. regionale Retail Banking sowie
3. die Einbettung in einen horizontalen Primärbankenverbund (Regionalprinzip) und eine vertikale Verbundorganisation (Subsidiaritätsprinzip).

6.1.2 Local embeddedness als Kern der Genossenschaftsbank

Kosinowski arbeitet in Interviews mit Mitarbeitenden in Genossenschaftsbanken heraus, wie dort Wertschöpfung entsteht: Durch soziale Interaktionen zwischen Menschen in einem dynamischen Ökosystem; die Erzielung von Gewinnen spielt dabei eine untergeordnete Rolle (2022, S. 144).

Anhand konkreter Gesprächsergebnisse wird dies im Folgenden belegt (aus dem Englischen übersetzt). Beispiel I (Kosinowski, 2022, S. 95):

> „Ich lebe in der gleichen Wirtschaftsregion wie meine Kunden. Einmal traf ich einen alten Freund in der Bäckerei auf der gegenüberliegenden Straßenseite. Ich hatte ihn lange nicht mehr gesehen. Aber ich wusste, dass er irgendwann einmal mit seiner Bank unzufrieden war. Daran erinnerte ich mich, als ich ihn sah. … Lange Rede, kurzer Sinn, wir endeten und tranken einen Kaffee in dieser Bäckerei. Er ist jetzt einer meiner besten Kunden."

Beispiel II (Kosinowski, 2022, S. 97):

„Ich muss keine Kaltakquise betreiben, um neue Kunden zu gewinnen. Ich erhalte sie vielmehr durch Mund-zu-Mund-Propaganda. Die Kunden sprechen positiv über die Bank und über mich in positiver Weise. Sie erzählen ihren Freunden, dass sie gute Erfahrungen mit uns gemacht haben. Außerdem erhalte ich E-Mails, in denen Kunden mich direkt an potenzielle Kunden verweisen, die Bankdienstleistungen benötigen."

Beispiel III (Kosinowski, 2022, S. 98):

„Mein stärkstes Argument, um jemanden von der Tiefe einer Beziehung zu überzeugen, ist es, meine Handynummer weiterzugeben. Ich gebe meine Visitenkarten an meine Kunden und schreibe meine private Handynummer darauf. Ich sage ihnen, dass sie mich jederzeit anrufen können und dass sie mich erreichen werden. Sie glauben nicht, wie wertvoll das ist. Ich sage den Kunden, dass ihr Kundenbetreuer für sie da ist."

Beispiel IV (Kosinowski, 2022, S. 98–99):

„Mein Kunde rief mich in der Silvesternacht an. Er war in großer Panik und sehr verzweifelt, weil er während der Feiertage in Tokio festsaß, ohne Zugang zu Geld. Er wollte am Geldautomaten Geld abheben, aber der funktionierte nicht. Dieser Geldautomat sperrte aus irgendeinem Grund seine Kreditkarte. Folglich landete er im Urlaub ohne Geld und ohne die Möglichkeit, seine Kreditkarte zu reaktivieren. Als er mich anrief, war ich zu Hause und bereitete mich gerade auf das Silvester-Abendessen vor. Da ich zu diesem Zeitpunkt keinen Zugang zum System hatte, hatte ich auch keine schnelle Lösung parat. Dennoch tat er mir leid und ich wollte ihm helfen. Also rief ich einen Kollegen aus unserer Kreditkartenabteilung an und bat ihn, mit mir zur Bank zu kommen. Nachdem wir auf das System zugegriffen hatten, fanden wir den Fehler schnell. Das Problem hing mit der monatlichen Limitregelung zusammen. Ohne eine Anpassung im System hätte er eine weitere Woche warten müssen, um seine Kreditkarte wieder nutzen können. Er wäre während mehrerer Tage seines Urlaubs ohne Geld geblieben. Wir haben diese Anpassung im System sofort vorgenommen und mein Kunde konnte das dringend benötigte Bargeld am Geldautomaten abheben. … Inzwischen hat der Kunde eine Premium-Kreditkarte, bei der er die Limits selbst verwalten und solche Situationen vermeiden kann."

Beispiel V (Kosinowski, 2022, S. 100):

„Die zwischenmenschliche Beziehung ist sehr, sehr wichtig. Es geht um Fürsorge und Nähe zu meinen Kunden. Dazu gehört auch, über persönliche Dinge zu sprechen oder nicht als geschäftliche Veranstaltung, sondern als private Interaktion, zu der der Kunde und ich der Kunde und ich sogar unsere Ehefrauen mitbringen."

Beispiel VI (Kosinowski, 2022, S. 101):

„Ich werde heute Abend einen Kunden zu seinem Geburtstag besuchen. Solche Aktivitäten prägen mein tägliches Leben. Der Kunde wohnt nur ein paar Kilometer von hier entfernt. Ursprünglich wollte er nicht, dass ich ihn besuche. Natürlich hätten wir auch telefonieren können. Ich habe seine Handynummer. Ich hätte ihn jederzeit anrufen können. Aber trotzdem weiß ich, dass er sich freuen wird, wenn ich ihn besuche und seiner Frau ein paar Blumen und ihm eine Flasche Wein mitbringe."

Beispiel VII (Kosinowski, 2022, S. 102–103):

„Ich war an einem Samstag mit Gartenarbeit beschäftigt, als mein Freund plötzlich auf mich zukam. Er kam zu mir in den Garten und bat mich, mir Dokumente anzuschauen. Er sagte, er hoffe auf meine Hilfe, da ich Bankkaufmann sei. In der Tat bot ich meine Unterstützung an. Er erzählte mir, dass seine Tochter eine Wohnung besichtigt hatte, die verkauft werden sollte. Sie wollte unbedingt dort einziehen. Zu diesem Zweck brauchte der Makler dringend ein Führungszeugnis, um ihr die Wohnung verkaufen zu können. Doch weder mein Freund noch seine Tochter hatten eine Ahnung, wie sie ein solches Führungszeugnis bekommen konnten. Sie war besonders verzweifelt, da sie befürchtete, die Wohnung an einen anderen Bewerber zu verlieren, weil sie es noch nicht geschafft hatte, das Anerkennungsschreiben zu erhalten. Das Problem war, dass ich am darauffolgenden Montag meinen freien Tag hatte, und zu diesem Zeitpunkt hatte ich keine Lösung, um dieses Schreiben zu erhalten. Trotzdem, da ich ihren Vater kannte und von ihrer Geschichte gehört hatte, versprach ich ihr, das zu erledigen. Ich hatte einfach das Gefühl, dass dies das Richtige war und dass wir eine Lösung finden würden. Und in der Tat, mit der Hilfe meiner Kollegen konnten wir ein solches Schreiben erstellen und am folgenden Montag ein entsprechendes Führungszeugnis vorlegen. Alles lief gut und sie konnte ihre Traumwohnung kaufen. Anschließend wurde sie Kundin bei unserer Bank. ... Inzwischen haben wir eine umfangreiche Beziehung aufgebaut und sind ihr Finanzdienstleister geworden."

Beispiel VIII (Kosinowski, 2022, S. 104):

„Mein Kunde brauchte dringend ein Darlehen. Seine finanziellen Mittel waren zu diesem Zeitpunkt eher begrenzt. Folglich empfahl Systemprüfung unserer Bank, den Kredit abzulehnen. Ich hatte jedoch seit vielen Jahren eine persönliche Beziehung zu diesem Kunden. Ich wusste, dass er eine sehr alte Großmutter hatte, die eine hohe Lebensversicherung besaß. Ich wusste, dass mein Kunde der Begünstigte dieser Lebensversicherungspolice war. Dies sind Informationen, die nicht in der Standard-Kundendatenbank gespeichert sind. Sie wurde bei der automatisierten Analyse nicht berücksichtigt. Ich wusste einfach, dass es mehr Wertpapiere gab, als in unserer Datenbank gespeichert waren. Infolgedessen habe ich ihm den Kredit gewährt. Das war die richtige Entscheidung. Inzwischen hat sich seine finanzielle Situation verbessert. Er zahlt seinen Kredit ohne Probleme zurück."

Beispiel IX (Kosinowski, 2022, S. 105):

„Es geht also nicht um kurzfristige Gewinne und schnelle Einnahmen, denn ich würde ein Geschäft heute eher ablehnen, wenn ich das Gefühl habe, dass es für den Kunden nicht passt. ... Ich habe kürzlich den Geschäftsvorschlag eines Kunden abgelehnt, weil ich merkte, dass der Kunde in finanzielle Schwierigkeiten geraten würde, obwohl es technisch machbar gewesen wäre. Ich habe dieses Geschäft nicht genehmigt und dem Kunden meine Gründe klar dargelegt. Der Kunde war zwar enttäuscht, als er von der Entscheidung gehört hat, aber er hat sie verstanden. Das ist sicherlich ein atypischer Fall, aber wenn ich das Gefühl habe, dass der Kunde geschädigt wird, dann muss ich eingreifen. Es würde einfach auf Dauer nicht funktionieren."

Auf der Grundlage dieser empirischen Erkenntnisse entwirft *Kosinowski* ein dynamisches Modell der gemeinnützigen („non-profit settings") Wertschöpfung, das aus organisationalen und personalen Praktiken besteht, die prozessual miteinander verbunden sind (Kosinowski, 2022, S. 107–110). Abb. 6.2 zeigt dies im Überblick.

Der Wertschöpfungsprozess wird durch organisationale Praktiken außerhalb des Kerngeschäfts eingeleitet. Ihren traditionellen Werten der lokalen Verantwortung und der allgemeinen Ausrichtung auf die Gemeinde verhaftet (die der bloßen Gewinnerzielung vorgehen), unterhalten Genossenschaftsbanken lokale Filialnetze, gestalten lokale Filialen als soziale Treffpunkte, arbeiten mit lokalen Vereinen zusammen und bauen lokale Infrastrukturen auf (Kosinowski, 2022, S. 107–108).

Diese lokale Einbettung erlaubt den Mitarbeitern, ihre persönlichen Werte auch außerhalb des Unternehmenskontextes zu leben. Viele Mitarbeiter von Genossenschaftsbanken sind seit ihrer Kindheit aktive Mitglieder ihrer Gemeinden und haben im Rahmen ihrer täglichen Arbeit häufig mit den Menschen vor Ort zu tun. Solche privaten sozialen Interaktionen unterstützen den Aufbau persönlicher Beziehungen zwischen Mitarbeitern und Mitgliedern der lokalen Gemeinschaft, lange bevor es zu geschäftlichen Interaktionen kommt (Kosinowski, 2022, S. 108).

Diese bereits bestehenden Beziehungen übertragen die Mitarbeitenden auf den geschäftlichen Kontext, indem sie eine Mischform aus privater und geschäftlicher Interaktion eingehen. Sie akquirieren Kunden durch lokale Interaktion und pflegen laufende Kundenbeziehungen durch Praktiken, die typischerweise in Freundschaften zu beobachten sind. Die hybride Interaktion fördert den Aufbau von Vertrauen und Wissen und vertieft ihre bereits bestehenden Beziehungen. Sie sehen sich als langjährige, vertrauensvolle Partner und verfügen daher über gegenseitiges Wissen, das über den geschäftlichen Bereich hinausgeht (Kosinowski, 2022, S. 108)

Als Folge dieser freundschaftsähnlichen Partnerschaft, engagieren sich die Mitarbeiter in produkt- und dienstleistungsbezogenen Interaktionen, die die Grenzen des traditionellen Geschäftsgebarens überschreiten. Diese freundschaftsähnlichen Handlungen schaffen Reziprozität innerhalb der Vertrauensbeziehung (Kosinowski, 2022, S. 109).

Der tatsächliche Kauf von Produkten oder die Inanspruchnahme von Dienstleistungen stellt dann eine Form des reziproken Verhaltens innerhalb der freundschaftsähnlichen Beziehung dar. Die außergewöhnlichen Bemühungen der Mitarbeiter, die die Interessen der Kunden über die Prinzipien der Gewinnmaximierung stellen, führen zu positiven finanziellen Ergebnissen für die Genossenschaftsbanken (Kosinowski, 2022, S. 109).

6.1.3 Kommunale Verankerung der Sparkasse durch rechtliche Gebundenheit oder emotionale Verbundenheit?

Aus Sicht von *Josten* sind die sparkassenrechtlichen Strukturprinzipien untrennbar miteinander verwoben und bedingen einander (Josten, 2022, S. 629): „Gerade die anstaltsrechtliche Rechtsform bietet eine Gewähr für den Vollzug des öffentlichen Auftrags im Rahmen

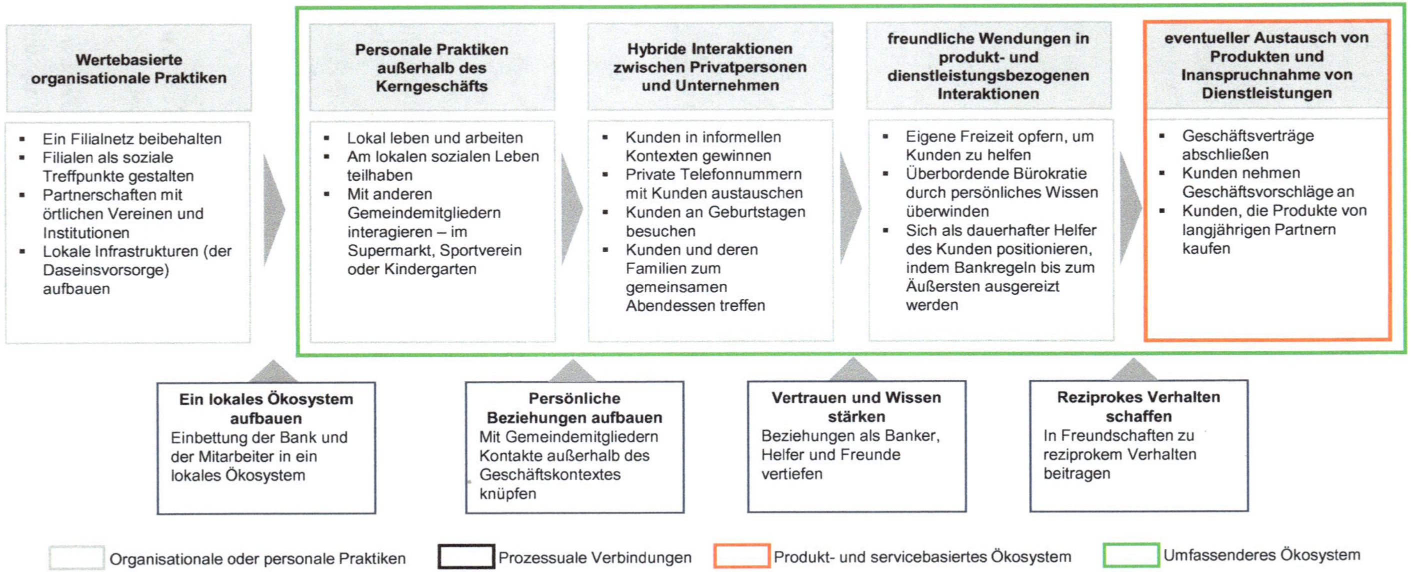

Abb. 6.2 Relationales Modell der praxis- und prozessbasierten Wertschöpfung. Entnommen aus Kosinowski (2022, S. 110)

der kommunale Daseinsvorsorge und grenzt das Sparkassenwirken von einer rein erwerbswirtschaftlichen Betätigung ab … Die Beziehung der Sparkassen zu ihren Trägerkommunen wird durch das Regionalprinzip geprägt, …"

Die von *Henneke* bestimmten Kernkompetenzen der Sparkassen kommen dann aber denen von *Kosinowski* – für Genossenschaftsbanken – abgeleiteten organisationalen und personalen Praktiken sehr nahe (Henneke, 2019, S. 413): „sichern Kundennähe", „gewährleisten Kapitalbildung … in einem überschaubaren Wirtschafts- und Lebensraum", „erhöhen Problemlösungskapazitäten durch Kenntnis der lokalen Gegebenheiten …"

Braun hat Manager österreichischer Sparkassen nach der Bedeutung des Sparkassenauftrags gefragt. Die Antworten stimmen größtenteils mit den Interviewpassagen bei *Kosinowski* überein:

> „Regionale Wertschöpfung, … Unterstützung der Vereine und Institutionen in der Region – all das … ist in Wahrheit aber ein essenzieller Bestandteil unseres Gründungsgedankens" (Braun, 2011, S. 112).
>
> „Es menschelt! … Bei vielen Entscheidungen … steht aber letztlich doch der Mensch, mit allen seinen Sorgen und Nöten, im Mittelpunkt, und nicht nur nackte Zahlen …"
>
> „Freundliches Auftreten in und außerhalb der Sparkasse" (Braun, 2011, S. 114).
>
> „Auf diesem Wege wollen wir Vertrauen schaffen und demonstrieren unseren Kunden, dass sie auch in Krisensituationen auf uns zählen können" (Braun, 2011, S. 114–115).
>
> „Kundennähe, Zuverlässigkeit und regionale Verankerung sind die größten Vorteile" (Braun, 2011, S. 115).
>
> „Es braucht daher einen verlässlichen Partner in der Region, der ihm hilft, Orientierung zu finden" (Braun, 2011, S. 117).
>
> „Im Gegensatz zu Konzernbanken kann man mit uns noch reden, sprich, es zählen auch die soft facts bei Entscheidungen und nicht nur die Fakten" (Braun, 2011, S. 117).
>
> „[Wir] haben einen wesentlichen finanziellen Beitrag zur Schaffung eines Einsatzzentrums für Rotes Kreuz und Feuerwehr geleistet" (Braun, 2011, S. 118).
>
> „Wir pflegen lang und gut aufgebaute Beziehungen zu Organisationen wie dem Hilfswerk, der Caritas oder dem Hospiz" (Braun, 2011, S. 119).

Während also Sparkassenfunktionäre die kommunale Verankerung der Sparkasse vor allem in ihrer rechtlichen Gebundenheit an die Kommune verwirklicht sehen, betonen Sparkassen-Mitarbeitende vornehmlich emotionale Aspekte einer Verbundenheit mit den Menschen in der Kommune. Das trifft sich dann mit den Ergebnissen von *Kosinowski* (Abschn. 6.1.2) und *Windhaus.* Letzterer untersucht, welche Faktoren die Bindung von Einwohnern an ihre Kommune beeinflussen. Er kommt zu dem Schluss, dass Aspekte der (emotionalen) Verbundenheit (bspw. Mentalität) deutlich stärker auf die kommunale Einwohnerbindung wirken als Facetten der Gebundenheit – bspw. der Besitz von Wohneigentum (Windhaus, 2014, S. 258–261).

Der Kreis schließt sich, wenn *Schwarzer* in Bezug auf die Beteiligung einer Kommune an einer Infrastrukturgenossenschaft argumentiert, dass bereits die Wahl der Rechtsform der eingetragenen Genossenschaft eine Berücksichtigung von Einwohnerinteressen gewährleistet. Die Verfolgung eines öffentlichen Zwecks ist demzufolge bereits „umfänglich" durch das Genossenschaftsrecht selbst abgesichert (Schwarzer, 2021, S. 158).

Historische und soziologische Einordnung

Historisch betrachtet lässt sich mit *Wehber* und *Hardtwig* konstatieren, dass die Genossenschaftsbank in gewisser Weise eine Weiterentwicklung der Sparkasse ist:

> „Aus allem wird deutlich, dass die Gründer und Förderer von Sparkassen sich primär als paternalistische Erzieher sahen, die ihren Schützlingen die Grundlagen des Lebens eines selbständigen, mündigen und tugendhaften Menschen und Bürgers vermittelten. Die frühen Sparkassen waren deshalb zwar Instrumente der Hilfe zur Selbsthilfe, aber sie waren Gründungen ‚von oben' und keine originären Selbsthilferichtungen wie die mehrere Jahrzehnte nach ihnen entstandenen Kreditgenossenschaften" (Wehber, 2015, S. 71).
>
> „Herrschaft hieß Unterwerfung und Anstaltlichkeit, Genossenschaft hingegen Kooperation und grundsätzliche Gleichheit" (Hardtwig, 2009, S. 27).

Schulz-Nieswandt und *Köstler* untersuchen aus einer soziologisch-philosophischen Sicht beide Banktypen auf Ähnlichkeiten (Schulz-Nieswandt & Köstler, 2012, S. 353–354); Tab. 6.1 fasst ihre Erkenntnisse zusammen.

Tab. 6.1 Gegenüberstellung von Sparkasse und Genossenschaftsbank aus soziologischer Sicht. Eigene Darstellung nach Schulz-Nieswandt & Köstler, 2012

<table>
<tr><th>Kriterium</th><th>Sparkasse</th><th>Genossenschaftsbank</th></tr>
<tr><td>Entstehung</td><td>Aus einem hoheitlichen Akt</td><td>Aus einem assoziativen Ursprungsprozess</td></tr>
<tr><td>Funktionalität</td><td>Als Anstalt des öffentlichen Rechts explizit eine öffentliche Aufgabe</td><td>Ein „offener Club" mit gemeinwirtschaftlichen Externalitäten: Es werden öffentlich relevante Aufgaben erfüllt, die, wenn nicht so, dann genuin öffentlich erfüllt werden müssten („Als ob"-Instrumentalfunktion)</td></tr>
<tr><td>„Konvergenztrieb"</td><td colspan="2">Beiden Formen gemeinsam ist ein permanentes Transformationspotenzial</td></tr>
<tr><td>Haltungspädagogische Basis</td><td>Haltung der „Dienstgesinnung"; Verpflichtung auf das Dienen und den Träger</td><td>Haltung des „homo kooperativus"; Modus des gegenseitigen Helfens</td></tr>
<tr><td rowspan="2">Stiftung sozialen Nutzens durch soziales Engagement</td><td colspan="2">Beide Formen neigen aus formgebundener Kultur der Gemeinwohl-Wertschätzung heraus zum sozialen Engagement</td></tr>
<tr><td>Soziales Engagement ist als Modus der Gewinnverwendung ein gewollter Stakeholder-orientierter Organisations-Habitus</td><td>In der Form der Genossenschaft ist das gelebte Reziprozitätsprinzip selbst bereits ein Praxisort des sozialen Lernens</td></tr>
<tr><td>Formprinzip</td><td>Die Anstalt als Form ist Instrument des Gewollten und insofern „dienender" Art, keine eigenständige Formwertigkeit</td><td>Die Genossenschaft ist eine eigenwertige Form, die die Formwerdung eines Inhalts überhaupt erst ermöglicht und über diesen Instrumentalcharakter sittlich zugleich in sich selbst ruht</td></tr>
</table>

Mit einer Umfirmierung in eine eingetragene Genossenschaft verliert die Sparkasse also nichts – im Gegenteil: Sie gewinnt Entwicklungs- und Beteiligungsmöglichkeiten hinzu.

6.1.4 Synergiepotenziale auf Primärbankebene

Die Gegenüberstellung der zentralen Struktur-Kennzahlen beider Primärbanktypen in Tab. 6.2 zeigt eindrücklich die immensen Synergiepotenziale der Volks- und Raiffeisensparkasse.

Geldautomatenstandorte und SB-Filialen

Bei den Geldautomaten-Standorten kooperieren beide Gruppen bereits. Recherchen des Handelsblatts ergeben, dass sich Sparkassen bundesweit rund 430 Geldautomaten-Standorte mit Genossenschaftsbanken teilen. Das entspricht rund zehn Prozent aller sogenannten SB-Standorte der Sparkassen bzw. Genossenschaftsbanken. Diese Filialen verfügen über Geldautomaten und andere SB-Geräte, aber kein Personal. In der Regel stellen sowohl die Sparkasse als auch die Genossenschaftsbank jeweils einen Geldautomaten an dem Standort auf. Neu ist eine technische Kooperation von Atruvia und Finanz Informatik, die sogenannte „Dual Mode“-Geräte ermöglicht. Die Geldautomaten sind dabei an eines der beiden IT-Systeme angebunden. Heben Kunden einer Sparkasse am

Tab. 6.2 Kennzahlenvergleich Sparkassen und Genossenschaftsbanken per 31.12.2022. Eigene Darstellung. (BVR, 2023a, S. 47–48, 2023b, 2023c; DSGV, 2023a, b, S. 5–6)

Position	Sparkasse(n)	Genossenschaftsbank(en)	VR-Sparkasse(n)
Bilanzsumme aggregiert (Mrd. Euro)	1523	1175	2698
Anzahl Banken (vereinfacht: Anzahl Zentralen)	361	737	–
Durchschnittliche Bilanzsumme (Mio. Euro)	4219	1594	–
Anzahl Mitarbeiter gesamt	191.000	134.550	325.550
Durchschnittliche Anzahl Mitarbeiter/Bank	529	183	–
Filialen insgesamt	11.195	10.877	22.072
davon Anzahl Zweigstellen (mitarbeiterbedient)	7238	6775	14.013
*... davon 1–3 Mitarbeiter**	*2895*	*2710*	*5605*
*... davon mehr als 3 Mitarbeiter**	*4343*	*4065*	*8408*
davon Anzahl SB-Filialen	3957	4102	8059
Anzahl Geldautomaten	22.000	15.520	37.520

*Annahme: Die belegte Quote bei den Genossenschaftsbanken (40 % der Zweigstellen 1–3 Mitarbeiter, 60 % mehr als 3 Mitarbeiter) wird hier auch für die Sparkassen angenommen

Gerät einer Volksbank Geld ab, werden keine Gebühren fällig und umgekehrt. Mittlerweile sind mehr als 400 solcher „Dual Mode"-Geldautomaten in Betrieb (Heyme & Atzler, 2024, S. 38).

Bei der Annahme, dass Sparkassen und Genossenschaftsbanken bei allen SB-Filialen kooperieren und es nur eine Ausstattung an SB-Geräten braucht, fielen also rund 4000 Standorte weg. Jede SB-Filiale soll in diesem Szenario mit jeweils einem Geldausgabeautomaten, einem DB-Terminal und einem Kontoauszugsdrucker ausgestattet sein. Dafür fallen jährliche Betriebskosten in Höhe von 30.000 € an (Leichsenring, 2016). Es fielen so Kosten in Höhe von 120 Mio. € weg. Dabei sind die Kosten für die (kalkulatorische) Miete noch gar nicht berücksichtigt. Auch erübrigen sich die künftigen Kosten einer notwendigen Modernisierung der SB-Geräte sowie der Gebäude.

Filialen

Fusionen innerhalb der beiden Gruppen finden zwischen benachbarten Primärbanken statt; Überschneidungen in den Geschäftsgebieten und bei den Filialstandorten sind aufgrund des Regionalprinzips höchstens an den jeweiligen Gebietsgrenzen festzustellen. Die Erhöhung des Geschäftsvolumens je Zweigstelle mittels der gruppeninternen Zusammenlegung von Filialen führt angesichts der immer noch hohen Anzahl von Kleinstfilialen mit bis zu drei Mitarbeitern – die Verteilung in der genossenschaftlichen FinanzGruppe von 40 % Kleinstfilialen und 60 % größeren Filialen mit mehr als drei Mitarbeitern soll auch für die Sparkassen-Finanzgruppe angenommen werden – zwangsläufig zu einem Rückzug aus der Fläche (BVR, 2023a).

Personalsynergien beschränken sich bei verbundinternen Fusionen zudem auf die Stabs- und Abwicklungsbereiche. Die Vertriebsfunktionen können ohne Aufgabe von Filialen nicht ohne weiteres abgebaut werden.

Sparkassen und Genossenschaftsbanken bearbeiten dagegen dasselbe Geschäftsgebiet. Die Sparkassenfiliale findet sich oft in unmittelbarer räumlicher Nähe der Genossenschaftsbankzweigstelle. Ihre Fusion verspricht angesichts der oben aufgeführten Anzahl der bestehenden Zweigstellen beachtliche Kosteneinsparungspotenziale.

Die (vereinfachende) Annahme: In jedem Ort des gemeinsamen Geschäftsgebiets, indem sich Zweigstellen beider Kreditinstitute befinden, kann eine geschlossen werden. Die Aufgabe jeweils einer Filiale führt überdies für das Gros der Kunden zu keiner nennenswerten zusätzlichen Wegezeit.

Dass die Kunden- und Marktnähe auch in einer fusionierten Bank erhalten bliebe, vermag die Gegenüberstellung in Abb. 6.3 ansatzweise zu veranschaulichen. Bei einem (im Radius) annährend gleichen Geschäftsgebiet weisen die Volksbank Halle/Westfalen eG und die Kreissparkasse Halle/Westfalen nahezu überall Überschneidungen auf. Die Mehrzahl der Filialen liegt nicht weiter als einen km, in mehreren Orten sogar nur wenige Hausnummern auseinander. Ferner müssen sich die beiden potenziellen Kooperations- bzw. Fusionspartner bereits im Vorfeld darüber einig sein, welcher Filialtyp für welchen Standort geeignet ist.

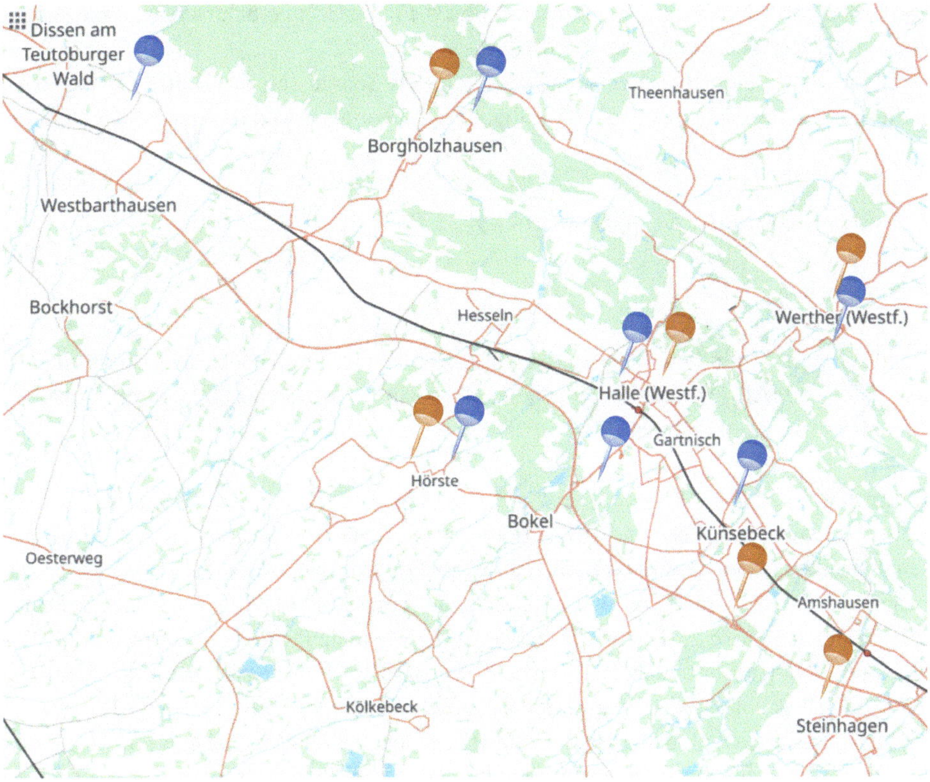

Filialen der Volksbank Halle/Westfalen (blau) und der Kreissparkasse Halle/Westfalen (rot). Eigene Darstellung unter Nutzung von OpenStreetMap (https://www.openstreetmap.org/#map=12/52.0637/8.2670&layers=T).

Abb. 6.3 Filialen der Volksbank Halle/Westfalen und der Kreissparkasse Halle/Westfalen. Eigene Darstellung unter Nutzung von OpenStreetMap

Und an den Standorten, die scheinbar nur durch die Volksbank Halle/Westfalen oder die Kreissparkasse Halle/Westfalen besetzt sind, finden sich andere Sparkassen bzw. Genossenschaftsbanken:

- in Dissen hat die Sparkasse Osnabrück einen Standort
- in Steinhagen befindet sich ein Standort der Volksbank Bielefeld-Gütersloh eG

Rechenspiele

Deloitte Consulting zufolge ist das Finanzpunkt-Konzept von Frankfurter Volksbank und Taunus Sparkasse für rund ein Drittel der Geschäftsstellen, die Sparkassen und Genossenschaftsbanken betreiben, nicht nur denkbar, sondern auch wirtschaftlich. Bundesweit könnte das Konzept dann entsprechend für 6000 von rund 18.000 Standorten in Frage kommen, was eine Kostenersparnis bundesweit in einer Größenordnung von zwei Mrd. Euro pro Jahr bedeuten würde (Hippler, 2021). Wenn man berücksichtigt, dass Deloitte die rund 4000 SB-Filialen der genossenschaftlichen FinanzGruppe unterschlagen hat, ginge es in dieser Rechnung sogar um 2,5 Mrd. €.

Unter der vereinfachten Annahme, dass die VR-Sparkassen die Hälfte ihrer Zweigstellen schließen können – also 4200 Filialen mit mehr als 4 Mitarbeitern sowie 2800 Filialen mit 1 bis 3 Mitarbeitern –, errechnen sich folgende Synergiepotenziale:

- Kosten Kleinstfiliale ca. 400.000 €/Jahr × 2800 Filialen = 1,12 Mrd. €
- Kosten einer Filiale mit mehr als 4 Mitarbeitern ca. 800.000 €/Jahr × 4200 Filialen = 3,36 Mrd. €

Als Grundlage für diese Schätzung dient *Leichsenring*, der davon ausgeht, dass eine Filiale mit vier MAK (Mitarbeiterkapazitäten in Vollzeit) 700.000 bis 800.000 €/Jahr kostet, teilweise sogar deutlich mehr (2019).

Zentralen
Geht man davon aus, dass rund ein Drittel der Mitarbeiter von Sparkassen und Genossenschaftsbanken in der jeweiligen Bankzentrale und dort in Backoffice-Funktionen arbeiten, spricht man von rund 64.000 Sparkassen- sowie 45.000 Genossenschaftsbank-Mitarbeitende (Tab. 6.2). Davon gehen bis 2030 35 % in den Ruhestand (Abschn. 4.2.2) – das sind 38.000 Mitarbeitende. In einer Volks- und Raiffeisensparkasse mit einem gemeinsamen Backoffice müsste angesichts deutlicher Skaleneffekte (Abschn. 4.1.3) nur ein Teil davon ersetzt werden. Müsste nur die Hälfte der Stellen (Annahme: 60.000 € Jahresbrutto) nicht wieder besetzt werden, ergeben sich 1,14 Mrd. € Sparpotenzial/Jahr.

6.2 Auf Verbundebene entscheidet die Größe

6.2.1 Zentralbank der Volks- und Raiffeisensparkassen

Die BaFin mahnt seit Jahren eine zweite große Bank neben der Deutschen Bank an. „Wir brauchen eine [weitere] große, globale Bank, die Unternehmen ins Ausland begleitet", sagte der für die Aufsicht über die Kreditinstitute zuständige Direktor *Röseler* im August 2018 (o. V., 2018).

Tab. 6.3 zeigt, dass die Bilanzsumme eines konsolidierten Konzerns aus DZ Bank sowie den fünf Landesbanken 1548 Mrd. € (Stand 31.12.2022) betrüge und vor der Deutschen Bank mit 1337 Mrd. € (Stand 31.12.2022) läge. Die Eigentümer- bzw. Trägerstrukturen der Landesbanken stellen eine Herausforderung dar (Tab. 6.4), die es zu lösen gilt.

Auf europäischer Ebene nähme die Zentralbank der Volk- und Raiffeisensparkassen (VRS-Zentralbank) den 6. Platz ein – hinter HSBC (2597), BNP Paribas (2554), Credit Agricole Group (2351), Barclays (1648) und Banco Santander (1595; S&P Global Market Intelligence, 2022); weltweit den 20. Platz (S&P Global Market Intelligence, 2023).

Tab. 6.3 Rangliste der Zentralbanken beider Verbundsysteme hinsichtlich der Konzern-Bilanzsumme 2022 in Mrd. EUR. Eigene Darstellung. DZ Bank, 2023; LBBW, 2023; Bayern LB, 2023; Helaba, 2023; Nord LB, 2023; Saar LB, 2023)

Institut	Bilanzsumme Konzern 2022 (Mrd. Euro)	Anzahl Mitarbeiter Konzern	Personalaufwand in Mio. Euro	Personalaufwand/MA in Tausend Euro
DZ Bank	627,0	32.985	2072	63
LBBW	324,2	10.384	1108	107
Bayern LB	259,3	8491	837	99
Helaba	211,5	6336	733	116
Nord LB	109,3	4426	483	109
Saar LB	17,4	493	48	97
Summe	**1548,7**	**63.115**	**5281**	**84**

Tab. 6.4 Eigentümerstruktur der Landesbanken. Eigene Darstellung. (LBBW, 2023; Bayern LB, 2023; Helaba, 2023; Nord LB, 2023; Saar LB, 2023)

Landesbank	Eigentümer
LBBW	Baden-Württemberg (40,534 %) Sparkassenverband Baden-Württemberg (40,534 %) Stuttgart (18,932 %)
Bayern LB	Bayern (rd. 75 %) Sparkassenverband Bayern (rd. 25 %)
Helaba	Sparkassen- und Giroverband Hessen-Thüringen (68,85 %) Hessen (8,1 %) FIDES Alpha GmbH (4,75 %), Treuhändergesellschaft des DSGV/Sparkassen FIDES Beta GmbH (4,75 %), Treuhändergesellschaft des DSGV/Landesbanken Rheinischer Sparkassen- und Giroverband (4,75 %) Sparkassenverband Westfalen-Lippe (4,75 %) Thüringen (4,05 %)
Nord LB	Niedersachsen (57,5 %) Sachsen-Anhalt (6,31 %) Niedersächsischer Sparkassen- und Giroverband (9,01 %) Sparkassenbeteiligungsverband Sachsen-Anhalt (1,8 %) Sparkassenbeteiligungszweckverband Mecklenburg-Vorpommern (1,25 %) FIDES Gamma GmbH (12,06 %), Treuhändergesellschaft des DSGV/Sparkassen FIDES Delta GmbH (12,06 %), Treuhändergesellschaft des DSGV/Landesbanken
Saar LB	Saarland (74,9 %) Sparkassenverband Saar (25,1 %)

6.2.2 Asset Manager der Volks- und Raiffeisensparkassen

Die Asset-Management-Branche befindet sich in einem tiefgreifenden Umbruch. Sinkende Gebühren, der schärfere Kostendruck und Wettbewerb durch neue Anbieter, die zunehmende Marktöffnung für Privatanleger und die verstärkte Nachfrage nach alternativen Anlageprodukten werden einer aktuellen PricewaterhouseCoopers (PwC)-Studie auch die Konsolidierung der Branche vorantreiben. Fast drei Viertel (73 %) der Asset Manager weltweit denken aktuell aktiv über strategische Konsolidierung nach, um neue Kunden- und Produktsegmente zu erschließen, Marktanteile zu gewinnen und Risiken zu mindern. Der Studie zufolge dürften bis 2027 die zehn führenden Vermögensverwalter die Hälfte des globalen verwalteten Vermögens kontrollieren – Tab. 6.5 zeigt die 30 größten Asset Manager weltweit. Zusätzlich beschleunigt werden die Veränderungen in der Branche durch disruptive Technologien wie die Künstliche Intelligenz (KI), Big Data und die Blockchain. Diese können aus Sicht des Großteils der Häuser (95 %) genutzt werden, um die Anlageleistung zu verbessern, Produkte und Services bedarfsgerechter zu gestalten sowie Prozesse zu optimieren (PwC, 2023).

Dem Willen der Branche zu einer umfassenden Konsolidierung stehen zumindest in Deutschland die Eigentumsstrukturen der Asset Manager im Wege. Diese sind zumeist als Töchter von Banken und Versicherungen organisiert (Mauerer & Schaefer, 2009, S. 18).

Dabei brächte ein Zusammenschluss aller Asset Manager aus Sparkassen-Finanzgruppe und genossenschaftlicher FinanzGruppe zu einer „VRS-Asset Management" mit einem verwalteten Vermögen in Höhe von 1400 Mrd. US-Dollar (Tab. 6.6) eine neue Nr. 14 auf der oben aufgeführten Liste (Tab. 6.5) der weltweit größten Asset Manager hervor – hinter Invesco, vor Franklin Templeton.

Tab. 6.5 Die 30 größten Asset Manager weltweit (verwaltetes Vermögen in Mrd. US-Dollar). Eigene Darstellung. (Thinking Ahead Institute, 2023)

Nr.	Manager	Total assets	Nr.	Manager	Total assets	Nr.	Manager	Total assets
1.	BlackRock	8594	**11.**	BNY Mellon	1836	**21.**	Wellington	1149
2.	Vanguard	7252	**12.**	Legal & General	1444	**22.**	Nuveen	1090
3.	Fidelity	3655	**13.**	Invesco	1409	**23.**	HSBC	1087
4.	State Street	3481	**14.**	Franklin Templ.	1387	**24.**	AXA	995
5.	J. P. Morgan	2766	**15.**	Prudential	1377	**25.**	Sun Life	978
6.	Goldman Sachs	2547	**16.**	T. Rowe Price	1274	**26.**	Ameriprise	956
7.	Allianz	2285	**17.**	BNP Paribas	1269	**27.**	Power Fin.	917
8.	Capital Group	2175	**18.**	Northern Trust	1249	**28.**	Schroders	887
9.	Amundi	2031	**19.**	Morgan Stanley	1234	**29.**	Deutsche Bank	876
10.	UBS	1845	**20.**	Natixis	1151	**30.**	Geode Capital	866

Tab. 6.6 Die Asset Manager in der Sparkassen-Finanzgruppe und in der genossenschaftlichen FinanzGruppe (verwaltetes Vermögen in Mrd. US-Dollar). Eigene Darstellung. (Thinking Ahead Institute, 2023)

Nr.	Manager	Total assets	Nr.	Manager	Total assets	Nr.	Manager	Total assets
59.	Union Investment	440	**64.**	LBBW	404	**83.**	DekaBank	270
123.	Helaba	169	**163.**	Bayern LB	117			

Auf dem deutschen Markt käme die „VRS-AM“ nach der Allianz auf den 2. Rang.

Forschungsergebnisse zeigen, dass selbst die größten deutschen Asset Manager weder eine optimale Größe noch effiziente operative Prozesse erreicht haben. So dürfte die hier vorgeschlagene Fusion positiv auf die Profitabilität des neuen Unternehmens durchschlagen; schon allein durch Skaleneffekte in einem konsolidierten Backoffice (Mauerer & Schaefer 2009, S. 18).

6.2.3 Versicherer der Volks- und Raiffeisensparkassen

Während die genossenschaftliche FinanzGruppe mit der R+V eine Versicherung hat, gibt es in der Sparkassen-Finanzgruppe acht Erstversicherungsgruppen (Tab. 6.7). Konsolidiert ergäbe sich der zweitgrößte deutsche Erstversicherer, nur knapp hinter der Allianz (Tab. 6.8).

Tab. 6.7 Kennzahlen der Erstversicherer(-Gruppen) in der Sparkassen-Finanzgruppe und der genossenschaftlichen FinanzGruppe 2023. Eigene Darstellung. (Homepages der Unternehmen)

Name	Beitrags-Einnahmen (Mio. Euro)	Anzahl Mitarbeiter	Name	Beitrags-Einnahmen (Mio. Euro)	Anzahl Mitarbeiter
R+V	15.575	14.779	Sparkassen-Versicherung Sachsen	874	833
Versicherungskammer	8918	7186	Öffentliche Versicherung Braunschweig	433	1176
Provinzial	6466	11.430	Badischer Gemeinde-Versicherungs-Verband	396	810
SV Sparkassenversicherungen	3438	5066	Ostfriesische Landschaftliche Brandkasse	49	159
Versicherungsgruppe Hannover	2896	5451	**Gesamt**	**39.045**	**46.890**

Tab. 6.8 Die zehn größten Erstversicherer in Deutschland 2022. (Eigene Darstellung nach Assekurata Assekuranz Rating-Agentur, 2023)

Rang	Name	Beitrags-Einnahmen (Mio. Euro)	Rang	Name	Beitrags-Einnahmen (Mio. Euro)
1.	Allianz	40.113	6.	AXA	11.380
2.	R+V	15.233	7.	Talanx	9614
3.	Generali	14.371	8.	Versicherungskammer	8918
4.	ERGO	13.562	9.	HUK Coburg	8517
5.	Debeka	12.881	10.	Provinzial	6466

Der Blick auf die Mitarbeiterkapazitäten deutet zwar auf Synergiepotenziale hin – sowohl im Innen- als auch im Außendienst (Tab. 6.9). Aus den diverse Submarken bzw. -gesellschaften der öffentlichen Versicherer (Abschn. 3.3.3) ergeben sich allerdings komplizierte Eigentumsverhältnisse (Tab. 6.10), die einer schnellen Konsolidierung im Weg stehen würden.

Tab. 6.9 Verteilung der Mitarbeiter auf Innen- und Außendienst (ohne Auszubildende) im Geschäftsjahr 2022. Eigene Darstellung. (R+V Versicherung, 2023; Versicherungskammer, 2023; Provinzial, 2023; SV SparkassenVersicherung Holding, 2023; Landschaftliche Brandkasse, 2023; Sparkassen-Versicherung Sachsen, 2023; Öffentliche Versicherung Braunschweig, 2023; Badischer Gemeinde-Versicherungs-Verband, 2023; Ostfriesische Landschaftliche Brandkasse, 2023)

Name	Mitarbeiter Innendienst	Mitarbeiter Außendienst	Name	Mitarbeiter Innendienst	Mitarbeiter Außendienst
R+V	8919	5085	Sparkassen-Versicherung Sachsen	473	320
Versicherungskammer	5932	953	Öffentliche Versicherung Braunschweig	688	459
Provinzial	5730	4706	Badischer Gemeinde-Versicherungs-Verband	691	85
SV Sparkassenversicherungen	2920	1825	Ostfriesische Landschaftliche Brandkasse	101	46
Versicherungsgruppe Hannover	2790	2356	**Gesamt**	**28.244**	**15.835**

Tab. 6.10 Eigentums- und Beteiligungsstrukturen der öffentlichen Versicherer und ihrer Töchter, die nicht zu 100 % Teil des jeweiligen Konzerns sind. Eigene Darstellung. (Verband öffentlicher Versicherer, 2024)

Unternehmen	Rechtsform	Beteiligung/Trägerschaft
Konzern Versicherungskammer		
Versicherungskammer Bayern	Versicherungsanstalt des öffentlichen Rechts	Versicherungsbeteiligungsgesellschaft bayerischer und rheinland-pfälzischer Sparkassen mbH & Co. KG (83,92 %) Sparkassenverband Bayern (14,22 %) Sparkassenverband Rheinland-Pfalz (1,58 %) Sparkassenverband Saar (0,28 %)
Bayern-Versicherung	Aktiengesellschaft	Versicherungskammer Bayern (75 %) Genossenschaftsverband Bayern e. V. (25 %)
Provinzial Konzern		
Provinzial Rheinland Holding	Anstalt des öffentlichen Rechts	Rheinischer Sparkassen- und Giroverband (34 %) Sparkassenverband Rheinland-Pfalz (33,33 %) Landschaftsverband Rheinland (32,67 %)

(Fortsetzung)

Tab. 6.10 (Fortsetzung)

Unternehmen	Rechtsform	Beteiligung/Trägerschaft
Provinzial Holding	Aktiengesellschaft	Provinzial Rheinland Holding AöR (44,5 %) Landschaftsverband Westfalen-Lippe (23,02 %) Sparkassenverband Westfalen-Lippe (22,2 %) Sparkassen- und Giroverband für Schleswig-Holstein (10,28 %)
SV SparkassenVersicherung		
SV SparkassenVersicherung Holding, Stuttgart	Aktiengesellschaft	Sparkassen-Beteiligungen Baden-Württemberg (63,3 %) Sparkassen- und Giroverband Hessen-Thüringen (33 %) Sparkassenverband Rheinland-Pfalz (3,7 %)
Konzern Versicherungsgruppe Hannover		
Landschaftliche Brandkasse Hannover	Anstalt des öffentlichen Rechts	Landschaften (100 %)
Provinzial Lebensversicherung Hannover	Anstalt des öffentlichen Rechts	Landschaftliche Brandkasse (90 %) Sparkassenverband Niedersachsen (10 %)
Alte Oldenburger Beteiligungsgesellschaft	Aktiengesellschaft	Landschaftliche Brandkasse (60 %) Alte Oldenburger Krankenversicherung (40 %)
Oldenburgische Landesbrandkasse	Anstalt des öffentlichen Rechts	Landschaftliche Brandkasse (80 %) Land Niedersachsen (10 %) Sparkassenverband Niedersachsen (10 %)
Öffentliche Lebensversicherung Oldenburg	Anstalt des öffentlichen Rechts	Oldenburgische Brandkasse (90 %) Land Niedersachsen (10 %)
Sparkassen-Versicherung Sachsen		
Beteiligungsgesellschaft der Sparkassen des Freistaates Sachsen	GmbH	Sächsische Sparkassen (100 %)
BSÖ Beteiligungsgesellschaft	GmbH	Bayern-Versicherung Lebensversicherung AG (45 %) SV Holding AG (55 %)
S.V. Holding	Aktiengesellschaft	Beteiligungsgesellschaft der Sparkassen des Freistaates Sachsen mbH (51 %) BSÖ Beteiligungsgesellschaft mbH (49 %)

(Fortsetzung)

Tab. 6.10 (Fortsetzung)

Unternehmen	Rechtsform	Beteiligung/Trägerschaft
Öffentliche Versicherung Braunschweig	Anstalt des öffentlichen Rechts	Nord LB (75 %) Sparkassenverband Niedersachsen (12,5 %) Land Niedersachsen (6,25 %) Stiftung Braunschweigischer Kulturbesitz (6,25 %)
Öffentliche Lebensversicherung Braunschweig	Anstalt des öffentlichen Rechts	Nord LB (75 %) Sparkassenverband Niedersachsen (12,5 %) Land Niedersachsen (6,25 %) Stiftung Braunschweigischer Kulturbesitz (6,25 %)

Die Analyse dieser Strukturen fördert bspw. zu Tage, dass der Genossenschaftsverband Bayern mit 25 % an der Bayern-Versicherung und über diese indirekt mit 5,5 % an der Sparkassen-Versicherung Sachsen beteiligt ist. Hieran wäre für eine Konsolidierung zu einer VRS-Versicherung anzuknüpfen.

6.2.4 Bausparkasse der Volks- und Raiffeisensparkassen

Ist die Bausparkasse Schwäbisch Hall bereits heute Marktführer, würde eine VRS-Bausparkasse mehr als 60 Prozentes des Marktes (Bilanzsumme) auf sich vereinigen (Tab. 6.11). LBS Hessen-Thüringen und LBS Saar sind allerdings Einheiten der jeweiligen Landesbankkonzerne (Tab. 6.12).

6.2.5 Rechenzentrale der Volks- und Raiffeisensparkassen

Mit einem Zusammenschluss von Finanz Informatik und Atruvia entstünde mit 4,1 Mrd. € Gesamtumsatz sowie mehr als 15.000 Mitarbeitern der größte „captive", also interne IT-Dienstleister Deutschlands (Tab. 6.13, 6.14). Darunter fallen Unternehmen, die mehr als 90 % ihrer Einnahmen mit IT-Services wie dem Betrieb von Applikationen, Infrastruktur und der Cloud, IT-Beratung, Softwareentwicklung und Systemintegration sowie der IT-Provider-Steuerung innerhalb einer Organisation erwirtschaften. Die aktuelle Nr. 1, Allianz Technology SE, fiele mit 2,3 Mrd. Umsatz auf den 2. Platz zurück (Lünendonk & Hossenfelder, 2023b, S. 61).

Auch T-Systems international als führendes IT-Service-Unternehmen in Deutschland sowie Accenture als führendes IT-Beratungs- und Systemintegrations-Unternehmen in Deutschland mit 2,9 Mrd. € würden in Umsatz und Anzahl Mitarbeiter deutlich übertroffen werden (Lünendonk & Hossenfelder, 2023b, S. 19, 26).

Tab. 6.11 Kennzahlen der deutschen Bausparkassen 2022. Eigene Darstellung. (Bausparkasse Schwäbisch Hall, 2023; BHW Bausparkasse, 2023; LBS Süd, 2024; Wüstenrot Bausparkasse, 2023; LBS NordWest, 2024; LBS NordOst, 2024; Debeka Bausparkasse, 2023; Deutsche Bausparkasse Badenia, 2023; LBS Hessen-Thüringen, 2024; Bausparkasse Mainz, 2023; Alte Leipziger Bauspar, 2023; LBS Saar, 2023; SIGNAL IDUNA Bauspar, 2023)

Name	Bilanzsumme (Mio. Euro)	Bausparverträge	Mitarbeiter (ohne Auszubildende)	Rechtsform
Bausparkasse Schwäbisch Hall	82.726	6.434.896	1614	AG
BHW Bausparkasse	47.797	2.764.000	670	AG
LBS Süd	37.790	3.430.000	1201	AöR
Wüstenrot Bausparkasse	30.711	2.611.518	1396	AG
LBS NordWest	22.000	3.100.000	960	AöR
LBS NordOst	8900	1.141.000	517	AG
Debeka Bausparkasse	8742	757.236	406	AG
Deutsche Bausparkasse Badenia	5931	887.191	435	AG
LBS Hessen-Thüringen	6193	657.000	360	Geschäftsbereich der Helaba
Bausparkasse Mainz	2765	162.005	209	AG
Alte Leipziger Bauspar	1649	169.951	112	AG
LBS Saar	1280	93.000	87	rechtlich unselbstständige Einrichtung der SaarLB
SIGNAL IDUNA Bauspar	1129	158.300	140	AG
Gesamt	**257.613**	**22.366.097**	**8107**	

Tab. 6.12 Eigentums- bzw. Trägerstrukturen der Landesbausparkassen. Eigene Darstellung. (LBS Süd, 2024; LBS NordWest, 2024; LBS NordOst, 2024; LBS Hessen-Thüringen, 2024; LBS Saar, 2023)

Name	Träger
LBS Süd AöR	Sparkassenverband Baden-Württemberg (51,2 %) Sparkassenverband Bayern (41,5 %) Sparkassenverband Rheinland-Pfalz (7,3 %)
LBS NordWest AöR	Rheinischer Sparkassen- und Giroverband, Sparkassenverband Westfalen-Lippe (66 %) Sparkassenverband Niedersachsen, Nord LB, Landesbank Berlin (34 %)
LBS NordOst AG	Ostdeutscher Sparkassenverband (66,5 %) Sparkassen- und Giroverband für Schleswig-Holstein (19,3 %) HASPA Finanzholding (14,2 %)
LBS Hessen-Thüringen	Geschäftsbereich der Helaba
LBS Saar	rechtlich unselbstständige Einrichtung der SaarLB

Tab. 6.13 Kennzahlenvergleich Atruvia und Finanz Informatik. Eigene Darstellung. (Atruvia, 2023; Deutsche Bundesbank, 2022; Finanz Informatik, 2023)

Position (per 31.12.2022)	Finanz Informatik	Atruvia	VRS-Rechenzentrale
Betriebswirtschaftliche Daten			
Bilanzsumme in Mio. Euro (Konzern)	1236	1153	2389
Umsatz in Mio. Euro (Konzern)	2262	1859	4121
Personalaufwand in Mio. Euro (Konzern)	712	757	1469
Leistungsdaten			
Buchungsposten in Mrd.	16,8	8,2	25,0
Konten in Mio.	111	85	196
SB-Geräte	45.000	32.000	77.000
Online-Banking-Kunden in Mio.	28	19	47
Mitarbeitende			
ohne Töchter	4359	4774	9133
Konzern	6215	9150	15.365

Tab. 6.14 Eigentümerstruktur Finanz Informatik und Atruvia. Eigene Darstellung. (Atruvia, 2023; Bayerische Beteiligungsgesellschaft an der Atruvia, 2024; Finanz Informatik, 2023)

Finanz Informatik		Atruvia	
ZB Soft (Bayern)	16,5 %	Primärbanken über Bayerische Beteiligungsgesellschaft an der Atruvia	14,2 %
SI BW	16,5 %	Primärbanken über „Münster"-Holding	36,3 %
Rheinischer Sparkassen- und Giroverband	12,2 %	Primärbanken über Holding „Baden-Württemberg"	32,1 %
Sparkassenverband Westfalen-Lippe	10,9 %	Primärbanken über Holding „Frankfurt"	15,9 %
Sparkassenverband Niedersachsen	8,6 %	Sonstige	1,5 %
Ostdeutscher Sparkassenverband	8,6 %		
Landesbank Berlin	7,9 %		
Sparkassen- und Giroverband Hessen-Thüringen	7,2 %		
Sparkassenverband Rheinland-Pfalz	4,3 %		
Hanseatischer Sparkassen- und Giroverband	3,1 %		
Sparkassen- und Giroverband für Schleswig-Holstein	2,6 %		
Sparkassenverband Saar	1,6 %		

Schon 2006 lässt sich der damalige Chef der genossenschaftlichen Rechenzentrale GAD, *Lederer*, in Bezug auf eine mögliche Zusammenarbeit mit Rechenzentralen der Sparkassen mit folgenden Sätzen zitieren (Oebbecke et al., 2006, S. 113):

> „Wir können nur sagen, dass die Möglichkeiten vorhanden sind, bankfachliche Konzepte gemeinsam zu entwickeln und EDV-technische Lösungen gemeinsam voranzutreiben. Wir sind in der Ausrichtung der Standards sehr nah beieinander. Ich gehe davon aus, dass es Menschen, die heute noch relativ jung sind, erleben werden, dass diese Dinge zusammengeführt werden."

Und in derselben Diskussionsveranstaltung erwidert der damalige Chef des westfälisch-lippischen Sparkassenverbandes, *Wienberg*:

> „Parallel ist nun zu schauen, ob auf manchen Gebieten Dinge gemeinsam getan werden können … Das fängt beispielsweise dabei an, wenn es darum geht, regulatorische Anforderungen aus Brüssel umzusetzen, die auf unsere IT-Systeme übergreifen, sofern die Kooperation von den Technologien her möglich ist … Alle Dinge, die nicht wettbewerbsdifferenzierend sind, kommen grundsätzlich in Frage."

Erhöhung der IT-Umlagen

Die zwingende Logik eines Zusammenschlusses beider Unternehmen zeigt sich auch angesichts der aktuellen Investitionsentscheidungen der jeweiligen Eigentümer. So hat die Sparkassen-Finanzgruppe das aktuelle Investitionsbudget für die Weiterentwicklung ihres Kernbanken-Systems OS Plus in Höhe von 280 Mio. €/Jahr von 2024 an um jährlich 50 Mio. € aufgestockt (o. V. 2024a).

Die Genossenschaftliche FinanzGruppe hat sich Ende 2023 auf die Verdopplung der im Jahr 2018 beschlossenen Sonderzahlung an die Atruvia verständigt. Mit 60 Mio. € gestartet beträgt sie 2024 90 und ab 2025 dann 120 Mio. €. Bislang wurde mit der IT-Umlage vor allem die Modernisierung von Banking-App und Online-Banking finanziert, ab 2024 soll es an die Standardisierung und Digitalisierung der Betriebsprozesse im Kernbanken-Systems agree gehen (Neubacher et al., 2024).

6.2.6 Zahlungsverkehrsfabrik der Volks- und Raiffeisensparkassen

Unter den etablierten Zahlungsverkehrsanbietern (Issuer, Kartennetzwerke, Acquirer, ZV-Dienstleister und Banken) hat sich in den letzten 20 Jahren eine deutliche Konsolidierung vollzogen. Zugleich sind weltweit mehr als 6000 FinTechs mit Zahlungsverkehrsschwerpunkt entstanden. Der Trend zum bargeldlosen Bezahlen, Veränderungen im Kundenverhalten, neue Zahlungslösungen (Echtzeitüberweisungen, kontaktlose Kartenzahlungen, Mobile Payments, digitale Wallets wie Paypal sowie Buy-now-pay-later-Bezahlverfahren) und eine sich weiterentwickelnde Infrastruktur lassen die Grenzen zwischen Zahlungsverkehrsunternehmen und -plattformen entlang der Wertschöpfungskette verschwimmen (Ampenberger, 2022).

Den ursprünglichen Startschuss für die Konsolidierung im deutschen und europäischen Zahlungsverkehrsmarkt gibt die DZ Bank 2003 mit der Ausgründung ihres Zahlungsverkehrsbereichs in das Transaktionsinstitut für Zahlungsverkehrsdienstleistungen (TAI; Lebert, 2003, S. 17). 2004 wird die WestLB der zweite Großaktionär des TAI (Lebert & Wanner, 2003, S. 21) und 2006 fusioniert das TAI mit der niederländischen Interpay zu Equens (o. V., 2006, S. 20). 10 Jahre später entsteht aus dem Zusammenschluss von Equens und Worldline equensWorldline (o. V., 2016). Bevor Worldline dann 2020 Ingenico übernimmt, verkauft die DZ Bank ihre letzten 10 % und denkt laut darüber nach, den Zahlungsverkehr wieder selbst zu erledigen (Atzler, 2020a). Worldline gibt dann sein deutsches (zum guten Teil genossenschaftliches) Händlergeschäft in das bestehende Joint Venture von Ingenico und Deutschem Sparkassenverlag, Payone (Atzler, 2020b). Auch auf der Plattform von Worldline laufen bis 2025 noch eine Milliarde SEPA-Transaktionen der LBBW, die einen Vertrag bis 2025 hat (Worldline, 2019).

In einem parallelen Entwicklungsstrang verkaufen die deutschen Banken ihren gemeinsamen Karten-Acquirer Concardis und setzen damit die nächste Konsolidierung in Gang. Concardis wird vom dänischen Anbieter Nets übernommen, der dann einen Teil seines Geschäfts an Mastercard verkauft (Atzler, 2019) und 2021 wiederum durch die italienische Nexi geschluckt wird (Atzler, 2022a). Im Jahr 2023 beteiligt sich Nexi am größten deutschen Zahlungsdienstleister für den Onlinehandel, Computop (Atzler, 2023). Dessen Kooperation mit der genossenschaftlichen VR Payment soll zwar weiterlaufen (Atzler, 2021), nimmt der DZ Bank aber die letzte Wachstumsperspektive für VR Payment auf dem deutschen Markt (o. V., 2023a). Abb. 6.4 gibt einen Überblick über diese Konsolidierungswellen im europäischen Zahlungsverkehrsmarkt.

Die Bündelung der Transaktionsvolumina von Sparkassen und Genossenschaftsbanken könnte insofern einen Neustart initiieren, nachdem die deutschen Banken das Wachstumspotenzial des Payment-Marktes verschlafen, Giropay und Paydirekt nicht zum Fliegen gebracht und damit die neue Konkurrenz überhaupt erst groß gemacht haben (Atzler, 2022b; Atzler et al., 2020).

Oliver Hommel, heute Geschäftsführer Euro Kartensysteme, sieht dabei in der oft veralteten Bank-IT eine große Hürde. Die Voraussetzung sei, dass „Banken ihre IT und ihre Systeme für den Zahlungsverkehr modernisieren und diese mit anderen Systemen verknüpfen. Es funktioniert immer weniger, innovative Zahlungsangebote in die alte IT einzufügen. Für Zahlungsdienstleister ist entscheidend, dass ihre Systeme in hohem Tempo weiterentwickelt werden können“ (Atzler et al., 2020).

Eine erste zarte, neue Verbindung zwischen Sparkassen und Genossenschaftsbanken ist vielleicht in der strategischen Partnerschaft zwischen Payone – dem Joint Venture von Worldline und dem Deutschen Sparkassenverlag – und der Vereinigten Volksbank Raiffeisenbank (VVRB) zu entdecken, die gemeinsam ein BNPL-Produkt anbieten (o. V., 2023b). Der Geschäftsführer der VVRB-Tochter Vobapay kommt von der GiroSolution, einer Tochter des Deutschen Sparkassenverlags (o. V., 2024b, 2020).

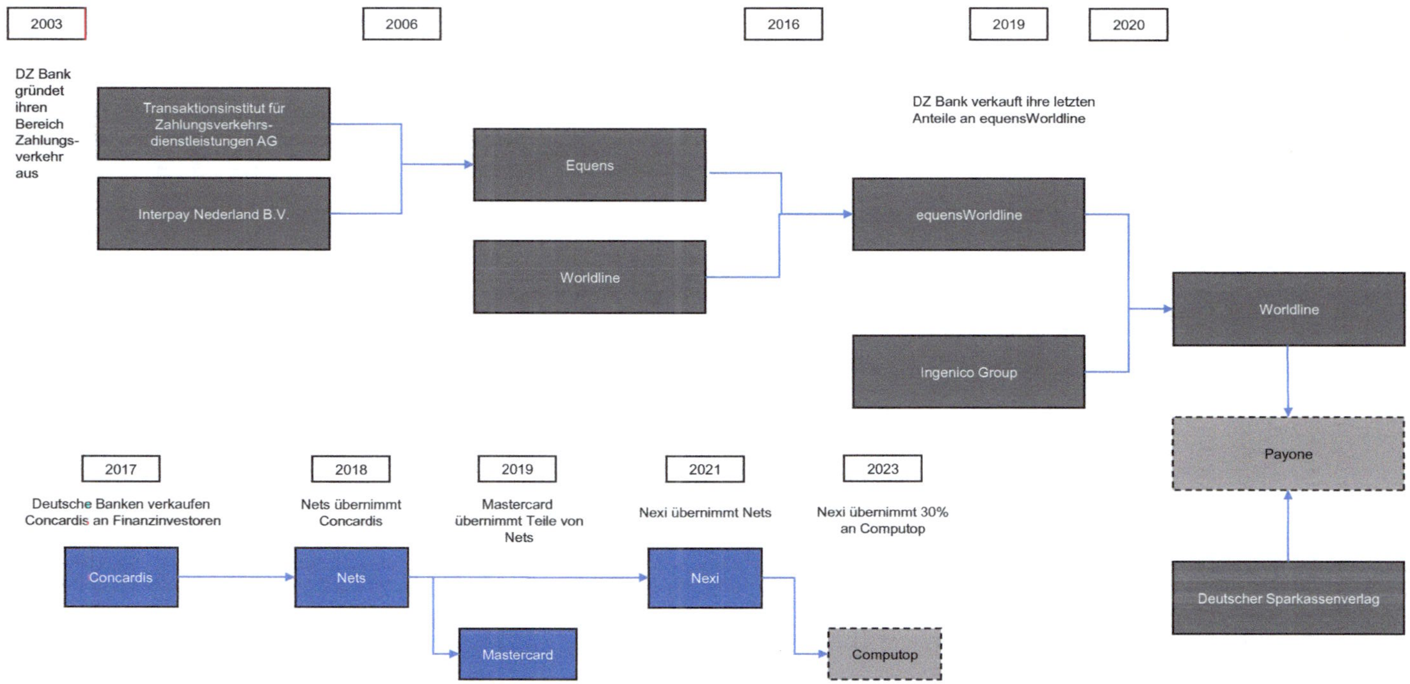

Abb. 6.4 Konsolidierungswellen im europäischen Zahlungsverkehrsmarkt. Eigene Darstellung

6.2.7 Wertpapierabwickler der Volks- und Raiffeisensparkassen

Den gemeinsamen Wertpapierabwickler von Sparkassen und Genossenschaftsbanken gibt es bereits seit 20 Jahren. Die „Deutsche Wertpapier-Service Bank AG", kurz DWP-Bank, entsteht 2003 als Zusammenschluss der genossenschaftlichen bws Bank mit der sparkasseneigenen WPS Bank (Gerlach & Voigtländer, 2004). Beide Seiten sind paritätisch an der DWP-Bank beteiligt (2024), wobei die Bündelung der Sparkassenanteile bei der DekaBank im Jahr 2015 scheitert (Dohms & Schreiber, 2015):

- DZ Bank (50,0 %)
- Sparkassenverband Westfalen-Lippe (20,0 %)
- Rheinischer Sparkassen- und Giroverband (20,0 %)
- Bayern LB (3,74501 %)
- Landesbank Hessen-Thüringen (3,74499 %)
- DekaBank (2,51 %).

Aufgrund ihres Geschäftsmodells agiert die DWP-Bank weitgehend im Hintergrund. So dringen in der Regel nur negative Nachrichten an die Öffentlichkeit; beispielsweise missglückt 2012 die Expansion ins europäische Ausland (Dohms & Schreiber, 2015). Ende 2022 nimmt die BaFin aufgrund einer Buchungspanne in Höhe von 61 Mio. € bei der DWP-Bank eine Sonderprüfung vor. Später ordnet sie die Sicherstellung der ordnungsgemäßen Geschäftsorganisation und zusätzliche Eigenmittel an (BaFin, 2023). In der Folge verlassen zwei der drei Vorstände die Bank (Kröner, 2024).

Im Jahr 2023 verkündet die DZ Bank eine Kooperation mit der Börse Stuttgart, damit Privatkunden in Kryptowährungen investieren können. Das geschieht an der DWP-Bank vorbei, die eine eigene BaFin-Lizenz für ihr Kryptoangebot besitzt (Atzler & Schwarz, 2023).

Der langjährige DWP-Bank-Vorstand Christensen ist jedenfalls schon im Jahr 2006 überzeugt, dass „man am Ende des Tages alle Back-Office-Tätigkeiten zusammenfassen kann" (Oebbecke et al., 2006, S. 114).

6.2.8 Verlag der Volks- und Raiffeisensparkassen

Den Deutschen Sparkassen Verlag und DG Nexolution (ehemals DG Verlag) verbindet eine vergleichbare Gründungsgeschichte. Die DG Nexolution wird 1920 durch Vertreter des „Allgemeinen Verbands deutscher Erwerbs- und Wirtschaftsgenossenschaften" und des „Hauptverbands deutscher gewerblicher Genossenschaften" gegründet, um das Formular-Angebot, die Geschäftsreklame und später erste Zahlungsverkehrsformate (Postkartenscheck) zu vereinheitlichen (DG Nexolution, 2024). Der Deutsche Sparkassen Verlag entsteht 1935 aus der „zentralen Vordruckstelle", die 1923 durch die Deutsche Girozentrale errichtet wird und 1932 durch den Deutschen Sparkassen- und Giroverband

(DSGV) übernommen wird. Als erstes neues Format entsteht die erste Zeitschrift für Sparkassenmitarbeiter, der „Sparkassen-Werbedienst" (Deutscher Sparkassen Verlag, 2024). Der Deutsche Sparkassen Verlag gehört heute den Sparkassenverbänden sowie den Landesbanken; während DG Nexolution als eingetragene Genossenschaft organisiert ist und mehr als 800 Mitglieder aus der deutschen Genossenschaftsorganisation hat, was Tab. 6.15 zeigt.

Die Geschäftsfelder beider Verlage stimmen weitgehend überein (Tab. 6.16). DG Nexolution versteht sich als Karten-Kompetenz-Center der genossenschaftlichen FinanzGruppe, der Deutsche Sparkassen Verlag definiert sich als Kompetenzcenter Payment der Sparkassen-Finanzgruppe. Die Schwerpunkte sind allerdings unterschiedlich gesetzt. DG Nexolution produziert mit seiner Tochter Raiffeisendruckerei nach wie vor die Bezahlkarten für die genossenschaftliche FinanzGruppe und ist mit 5 % an der genossenschaftlichen VR Payment beteiligt. Der Deutsche Sparkassen Verlag hat die eigene Kartenproduktion aufgegeben (Wenig, 2017), hält aber 40 % an Payone, einer gemeinsamen Tochter mit Worldline, in der das deutsche (und österreichische) Händlergeschäft gebündelt ist. Die DZ Bank hat dagegen die letzten 10 % ihrer Beteiligung an Worldline inzwischen verkauft (Abschn. 6.2.6).

Da die Kartenhauptausstattungen zeitversetzt und über vier Jahre gestreckt sind, könnten hier erste Synergieeffekte gehoben werden (Tab. 6.17).

Tab. 6.15 Eigentümerstrukturen Deutscher Sparkassenverlag und DG Nexolution. Eigene Darstellung. (DSV 2023, S. 31; DG Nexolution, 2023)

Deutscher Sparkassenverlag GmbH		DG Nexolution eG
Regionalverbände	***74,2 %***	828 Mitglieder aus der genossenschaftlichen Organisation
Sparkassenverband Baden-Württemberg	10,8 %	
Hanseatischer Sparkassen- und Giroverband	9,3 %	
Sparkassenverband Westfalen--Lippe	8,1 %	
Rheinischer Sparkassen- und Gioverband	8,1 %	
Sparkassenverband Niedersachsen	5,4 %	
Sparkassen- und Giroverband Schleswig-Holstein	5,4 %	
Sparkassenverband Saar	5,4 %	
Sparkassenverband Rheinland-Pfalz	5,4 %	
Ostdeutscher Sparkassenverband	5,4 %	
Sparkassen- und Giroverband Hessen-Thüringen	5,4 %	
Sparkassenverband Bayern	5,4 %	
Landesbanken	***25,8 %***	
Landesbank Baden-Württemberg	8,1 %	
Nord LB	6,4 %	
Helaba	5,4 %	
Saar LB	3,2 %	
Landesbank Berlin	2,7 %	

Tab. 6.16 Übereinstimmende Geschäftsfelder Deutscher Sparkassen Verlag und DG Nexolution. Eigene Darstellung. (Homepages der Unternehmen)

Geschäftsfeld	DSV-Gruppe	DG Nexolution-Gruppe
Einkauf & Logistik	• S-Management Services GmbH • Sparkassen-Einkaufsgesellschaft mbH, • cit GmbH	• DG Nexolution Procurement & Logistics • DRWZ Mobile GmbH
Marketing & Vertriebsunterstützung	• S-Communication Services GmbH • S-Markt & Mehrwert GmbH & Co. KG	• Medien & Formulare • MeinPlus GmbH • geno kom • SDT • VR-NetWorld
Kartengeschäft	• S-Payment GmbH • PAYONE GmbH • PLUSCARD Service-Gesellschaft für Kreditkarten-Processing mbH • GIZS GmbH & Co. KG	• Cards & Security • Raiffeisendruckerei • VR Payment

Tab. 6.17 Freie Kapazitäten in der Raiffeisendruckerei. Eigene Darstellung. (Raiffeisendruckerei, Jahresberichte 2020 und 2022)

Anzahl Karten (Mio. Stück) und Jahr im vierjährigen Kartenhauptausstattungszyklus	2019	2020	2021	2022
Genossenschaftsbanken	11,1 (1. Jahr)	11,7 (2. Jahr)	13,0 (3. Jahr)	8,0 (4. Jahr)
Wie viele Karten könnten zusätzlich produziert werden?	1,9	1,3	–	5,0

Darüber hinaus sind Deutscher Sparkassen Verlag und DG Nexolution gemeinsam Gesellschafter der SRC Security Research & Consulting (DSV 22,5 %; DG Nexolution 22,5 %); einer Beratungsgesellschaft für IT-Sicherheit, die als Gemeinschaftsunternehmen der deutschen Kreditwirtschaft gegründet wurde (Deutscher Sparkassen Verlag, 2023; DG Nexolution, 2023).

6.2.9 Bundesverband der Volks- und Raiffeisensparkassen

BVR und DSGV haben nahezu dieselben satzungsmäßigen Aufgaben (Tab. 6.18). Um diese zu erfüllen, unterhalten beide eine vergleichbare Organisation (Tab. 6.19). Aus der Höhe des Personalaufwands lässt sich schließen, dass der DSGV (60 Mio. € im Jahr 2022) deutlich mehr Beschäftigte als der BVR (18,5 Mio. €) haben muss (BVR, 2023d; DSGV, 2023c).

Tab. 6.18 Aufgaben von BVR und DSGV. Eigene Darstellung, Texte entnommen aus BVR (2022) und DSGV (2022)

Aufgabe	BVR	DSGV
System fördern	Förderung und Entwicklung des genossenschaftlichen Kreditwesens	Förderung und Vervollkommnung des Sparkassenwesens
Interessen vertreten	Wir vertreten bundesweit und international die Interessen der genossenschaftlichen FinanzGruppe	Der DSGV vertritt die Interessen der 351 Sparkassen, der Landesbanken-Konzerne und der DekaBank sowie von acht Landesbausparkassen, neun Erstversierergruppen der Sparkassen und zahlreichen weiteren Finanzdienstleistungsunternehmen
Strategie entwickeln	Wir koordinieren und entwickeln innerhalb der Gruppe die gemeinsame Strategie	Insbesondere obliegt ihm […] die Festlegung der strategischen Ausrichtung der Sparkassenorganisation …
Beraten	Wir beraten und unterstützen unsere Mitglieder in rechtlichen, steuerlichen und betriebswirtschaftlichen Fragen	Der Verband bezweckt […] die Förderung der gemeinsamen Interessen seiner Mitglieder und der angeschlossenen Sparkassen durch Beratung, Erfahrungsaustausch und Unterstützung …
Informieren	Wir informieren unsere Mitglieder über aktuelle wirtschaftliche, politische und bankfachliche Entwicklungen	
Präventiv schützen	Beim BVR sind die Sicherungseinrichtung der genossenschaftlichen FinanzGruppe sowie die BVR Institutssicherung GmbH angesiedelt	Außerdem verwaltet der DSGV die Teilfonds der Landesbanken und Girozentralen sowie den Teilfonds der Landesbausparkassen, die Teil des nach dem Einlagensicherungsgesetz anerkannten institutsbezogenen Sicherungssystems sind
Bilden	die Gründung, Unterhaltung und Unterstützung von Schulungseinrichtungen	Förderung der Aus- und Fortbildung der Beamten und Angestellten der Sparkassen, Mitgliedsverbände und Girozentralen

Tab. 6.19 Vergleichbare Organisationseinheiten im BVR und im DSGV. Eigene Darstellung. (BVR, 2024; DSGV, 2024)

BVR	DSGV
Recht	Recht, Steuern und Verbraucherpolitik
Steuerrecht/Rechnungslegung	
Sicherungseinrichtung	Sicherungssystem, Bankaufsicht & Grundsatzfragen
Betriebswirtschaft und Banksteuerung	Strategische Banksteuerung
Strategische Portfoliokoordination	Geschäftsmodell und Portfoliosteuerung
Zahlungsverkehr	Payment
Banktechnologie und Innovation	Digitalisierung
Marketing	Vertrieb
Volkswirtschaft/Mittelstandspolitik	Financial Markets and Economics
Vorstandsstab	Gremien und Strukturen

Lobbyarbeit
Im Lobbyregister des Deutschen Bundestags sind 37 DSGV-Mitarbeiter genannt, die „Interessenvertretung unmittelbar ausüben“, für den BVR werden sogar 49 aufgeführt. Der DSGV hat im Jahr 2022 4,1 Mio. € im Bereich der Interessenvertretung aufgewendet, der BVR rund 2,4. (Deutscher Bundestag, 2024). Damit würde ein Bundesverband der Volks- und Raiffeisensparkassen nach dem Gesamtverband der deutschen Versicherungswirtschaft und dem Bundesverband deutscher Banken in die TOP 3 der deutschen Finanzlobby-Gruppen aufsteigen (Eberhardt, 2022, S. 10).

6.2.10 Prüfungs- und Beratungsverband der Volks- und Raiffeisensparkassen

Ein konsolidierter Prüfungsverband der Volks- und Raiffeisensparkassen würde mit Umsatzerlösen in Höhe von 317 Mio. € (Tab. 6.20) in der Lünendonk-Liste Platz 8 der größten deutschen Prüfungsgesellschaften einnehmen (Tab. 6.21). Da die Sparkassenverbände in ihren Transparenzberichten lediglich die Umsätze ihrer Prüfungsstellen angeben, liegt die Vermutung nahe, dass die fehlenden Einnahmen aus der Rechts-, Steuer- und Unternehmensberatung den konsolidierten Prüfungsverband in der Rangliste weiter nach oben befördern würden.

Tab. 6.20 Erlöse der Prüfungsverbände 2022. Eigene Darstellung. (Baden-Württembergischer Genossenschaftsverband, 2023a; Baden-Württembergischer Genossenschaftsverband, 2023b; Genossenschaftsverband Weser-Ems 2023; Genossenschaftsverband Bayern, 2023b; Genoverband, 2023; Hanseatischer Sparkassen- und Giroverband, 2023; Ostdeutscher Sparkassenverband, 2023; Rheinischer Sparkassen- und Giroverband, 2023; Sparkassen- und Giroverband Hessen-Thüringen, 2023; Sparkassen- und Giroverband Schleswig-Holstein, 2023; Sparkassenverband Baden-Württemberg, 2023; Sparkassenverband Bayern, 2023; Sparkassenverband Niedersachsen, 2023; Sparkassenverband Rheinland-Pfalz, 2023; Sparkassenverband Saar, 2023; Sparkassenverband Westfalen-Lippe, 2023)

Unternehmen	Einnahmen aus Abschlussprüfungen (Tausend Euro)	Einnahmen aus Nichtprüfungsleistungen (Tausend Euro, ohne Akademiegeschäft)	Summe
Baden-Württembergischer Genossenschaftsverband	22.550	25.320	47.870
Genossenschaftsverband Weser-Ems**	7416	5490	12.906
Genossenschaftsverband Bayern	23.157	10.168	33.325
Genoverband	64.609	51.750	116.359
Hanseatischer Sparkassen- und Giroverband*	1477	880	2357
Ostdeutscher Sparkassenverband*	10.614	1661	12.275
Rheinischer Sparkassen- und Giroverband*	11.451	1794	13.245

(Fortsetzung)

Tab. 6.20 (Fortsetzung)

Unternehmen	Einnahmen aus Abschlussprüfungen (Tausend Euro)	Einnahmen aus Nichtprüfungsleistungen (Tausend Euro, ohne Akademiegeschäft)	Summe
Sparkassen- und Giroverband Hessen-Thüringen*	8176	1101	9277
Sparkassen- und Giroverband Schleswig-Holstein*	3412	740	4152
Sparkassenverband Baden-Württemberg*	13.055	2743	15.798
Sparkassenverband Bayern*	12.588	2772	15.360
Sparkassenverband Niedersachsen*	8521	1230	9751
Sparkassenverband Rheinland-Pfalz*	4951	771	5722
Sparkassenverband Saar*	2191	298	2489
Sparkassenverband Westfalen-Lippe*	14.499	1872	16.371
Gesamt	**208.667**	**108.590**	**317.257**

*nur Erlöse der jeweiligen Prüfungsstelle, **Erlöse aus dem Akademiegeschäft mit 20% der Gesamterlöse angenommen und herausgerechnet

Tab. 6.21 Top Ten der Wirtschaftsprüfungs- und Steuerberatungs-Gesellschaften in Deutschland nach Umsatz 2022 in Mio. Euro. (Lünendonk & Hossenfelder, 2023a)

Rang	Name	Umsatz (Mio. Euro)	Mitarbeitende
1.	PwC	2441	13.095
2.	Ernst & Young	2219	11.021
3.	KPMG	2167	12.703
4.	Deloitte	1920	9777
5.	BDO	346	2390
6.	Ebner Stolz	343	1885
7.	Rödl & Partner	335	2127
8.	Mazars	233	1728
9.	Baker Tilly	192	1330
10.	Grant Thornton	186	1347

6.2.11 Akademie der Volks- und Raiffeisensparkassen

Eine konsolidierte Akademie der Volks- und Raiffeisensparkassen wäre mit Umsatzerlösen von 162 Mio. € (Tab. 6.22) deutlich größer als Wettbewerber wie Haufe, TÜV Nord oder TÜV Süd – bezogen auf deren Akademiebereiche (Tab. 6.23).

Den Akademien – insbesondere der Akademie Deutscher Genossenschaften sowie der Hochschule für Finanzwirtschaft & Management – könnte eine besondere Rolle bei der

Integration beider Verbünde zuwachsen. Hier werden die künftigen Führungskräfte und Bankvorstände ausgebildet.

Tab. 6.22 Umsatzerlöse von Sparkassen- und Genossenschafts-Akademien. Eigene Darstellung. (Genoverband, 2023; ABG, 2022; Baden-Württembergischer Genossenschaftsverband, 2023a; Hochschule für Finanzwirtschaft & Management, 2022; Sparkassenakademie Nordrhein-Westfalen, 2022; Sparkassenverband Bayern, 2022; Ostdeutscher Sparkassenverband, 2022)

Akademie	Umsatzerlöse (Tausend Euro)	Akademie	Umsatzerlöse (Tausend Euro)
auf Bundesebene …			
Akademie Deutscher Genossenschaften**	20.000	Hochschule für Finanzwirtschaft & Management	6678
auf Regionalebene …			
GenoAkademie	42.157	Sparkassenakademie Baden-Württemberg*	9478
Akademie bayrischer Genossenschaften (ABG)	13.223	Sparkassenakademie Niedersachsen*	5850
BWGV-Akademie	11.965	Sparkassenakademie Hessen-Thüringen*	5566
Genossenschaftsakademie Weser-Ems***	3227	Sparkassenakademie Rheinland-Pfalz*	3433
		Sparkassenakademie NRW	15.900
		Nord-Ostdeutsche Sparkassenakademie	9011
		Sparkassenakademie Bayern	12.479
		Hanseatische Sparkassenakademie*	1414
		Akademie der Sparkassen-Finanzgruppe Saar*	1493
Gesamt (getrennt nach Gruppe)	*90.572*		*71.302*
Gesamt	**161.874**		

*aufgrund fehlender Quellen mit 60 % der Erträge laut Transparenzberichte 2022 (siehe Tab. 6.20) angenommen
**frei geschätzt
***aufgrund fehlender Quellen mit 20% der Erträge des GVWE-Transparenzberichts 2022 (siehe Tab. 6.20) angenommen

Tab. 6.23 Ausgewählte Akademien in Deutschland nach Umsatzerlösen (Rudolf Haufe Verlag, 2022; TÜV Nord, 2023; TÜV Süd Akademie, 2019)

Name	Umsatzerlöse (Tausend Euro)
Haufe	89.000
TÜV Nord	90.011
TÜV Süd	89.544

Literatur

ABG. (2022). *Jahresabschluss zum Geschäftsjahr vom 01.01.2021 bis zum 31.12.2021*. Bundesanzeiger.

Alte Leipziger Bauspar. (2023). Geschäftsbericht 2022. https://www.alh.de/geschaeftsbericht_al_bauspar_2022.pdf. Zugegriffen am 04.05.2024.

Ampenberger, M. (2022, Mai 5). Gewaltiges Potenzial im Zahlungsverkehr: Aktuelle Entwicklungen und Zukunftstrends im Payments-Markt. *Der Bank Blog*. https://www.der-bank-blog.de/gewaltiges-potenzial-zahlungsverkehr/mobile-payment/37686204/. Zugegriffen am 06.04.2024.

Assekurata Assekuranz Rating-Agentur. (2023). KIVI-Analyse zur Marktanteilsentwicklung im deutschen Erstversicherungsmarkt 2022. https://www.assekurata-rating.de/wp-content/uploads/2021/09/Assekurata_PM_27_09_2023_KIVI_Marktanteilsstudie.pdf. Zugegriffen am 20.03.2024.

Atruvia. (2023). Geschäftsbericht 2022. Frankfurt am Main. https://atruvia.de/uploads/files/geschaeftsbericht/2022/230503_AtruviaAG_GB2022-final.pdf. Zugegriffen am 03.05.2024.

Atzler, E. (2019, August 6). Mastercard investiert drei Milliarden Euro in den Zahlungsanbieter Nets. *Handelsblatt*. https://www.handelsblatt.com/finanzen/banken-versicherungen/banken/zahlungsverkehr-mastercard-investiert-drei-milliarden-euro-in-den-zahlungsanbieter-nets/24875996.html. Zugegriffen am 06.04.2024.

Atzler, E. (2020a, Februar 18). DZ Bank will den Zahlungsverkehr wieder ins eigene Haus holen. *Handelsblatt*. https://www.handelsblatt.com/finanzen/banken-versicherungen/banken/genossenschaftsbank-dz-bank-will-den-zahlungsverkehr-wieder-ins-eigene-haus-holen/25555868.html. Zugegriffen am 06.04.2024.

Atzler, E. (2020b, Februar 3). Übernahme für 7,8 Milliarden Euro: Megadeal der Wirecard-Konkurrenten. *Handelsblatt*. https://www.handelsblatt.com/finanzen/banken-versicherungen/banken/worldline-und-ingenico-uebernahme-fuer-7-8-milliarden-euro-megadeal-der-wirecard-konkurrenten/25501696.html. Zugegriffen am 06.04.2024.

Atzler, E. (2021, April 13). Kooperation im umkämpften Markt: Computop und VR Payment starten gemeinsames Angebot für Händler. *Handelsblatt*. https://www.handelsblatt.com/finanzen/banken-versicherungen/banken/zahlungsdienstleister-kooperation-in-umkaempftem-markt-computop-und-vr-payment-starten-gemeinsames-angebot-fuer-haendler/27090110.html. Zugegriffen am 06.04.2024.

Atzler, E. (2022a, November 29). Carola Wahl wird Deutschlandchefin der Nexi Group. *Handelsblatt*. https://www.handelsblatt.com/finanzen/immobilien/zahlungsdienstleister-carola-wahl-wird-deutschlandchefin-der-nexi-group/28838100.html. Zugegriffen am 06.04.2024.

Atzler, E. (2022b, September 28). Wechsel an der Paydirekt-Spitze – Onlinebezahldienst bekommt neuen Chef. *Handelsblatt*. https://www.handelsblatt.com/finanzen/banken-versicherungen/banken/zahlungsdienstleister-wechsel-an-der-paydirekt-spitze-onlinebezahldienst-bekommt-neuen-chef/28710394.html. Zugegriffen am 06.04.2024.

Atzler, E. (2023, August 1). Italienische Nexi Group kauft 30 Prozent am Bamberger Unternehmen Computop. *Handelsblatt*. https://www.handelsblatt.com/finanzen/banken-versicherungen/banken/zahlungsdienstleister-italienische-nexi-group-kauft-30-prozent-am-bamberger-unternehmen-computop/29288916.html. Zugegriffen am 06.04.2024.

Atzler, E., & Schwarz, D. (2023, November 4). Deutsche Banken forcieren Engagement bei Digitalwährungen. *Handelsblatt*. https://www.handelsblatt.com/finanzen/banken-versicherungen/banken/bitcoin-ether-und-co-deutsche-banken-forcieren-engagement-bei-digitalwaehrungen/29476498.html. Zugegriffen am 07.04.2024.

Atzler, E., Louven, S., & Dörner, A. (2020, Dezember 14). Von wegen langweilig: Der verschmähte Zahlungsverkehr wird für Banken wieder interessant. *Handelsblatt*. https://www.handelsblatt.

com/finanzen/banken-versicherungen/banken/santander-jp-morgan-deutsche-bank-von-wegen-langweilig-der-verschmaehte-zahlungsverkehr-wird-fuer-banken-wieder-interessant/26712066.html. Zugegriffen am 06.04.2024.

Baden-Württembergischer Genossenschaftsverband. (2023a). Geschäftsbericht 2022. Stuttgart. https://www.lobbyregister.bundestag.de/media/6a/24/255843/Geschaeftsbericht-2022.pdf. Zugegriffen am 22.03.2024.

Baden-Württembergischer Genossenschaftsverband. (2023b). Transparenzbericht für das Geschäftsjahr 2022. Stuttgart. https://www.wir-leben-genossenschaft.de/files/2022%20-%20BWGV-Transparenzbericht.pdf. Zugegriffen am 03.05.2024.

Badischer Gemeinde-Versicherungs-Verband. (2023). Konzern-Geschäftsbericht 2022. https://media.bgv.de/cmsmedia/cmsmedia-www21/ueber-den-bgv/unternehmen/geschaeftsberichte/2022/konzern-geschaeftsbericht-2022.pdf. Zugegriffen am 05.05.2024.

BaFin. (2023). Deutsche WertpapierService Bank AG: BaFin ordnet Sicherstellung der ordnungsgemäßen Geschäftsorganisation und zusätzliche Eigenmittel an. https://www.bafin.de/SharedDocs/Veroeffentlichungen/DE/Massnahmen/60b_KWG_84_WpIG_und_57_GwG/meldung_2023_12_13_Deutsche_Wertpapierservicebank.html. Zugegriffen am 07.04.2024.

Bausparkasse Mainz. (2023). Bericht über das Geschäftsjahr 2022. https://www.bkm.de/download_file/b759b929-d964-4a89-990b-f0ea0a5cbd55/246. Zugegriffen am 05.05.2024.

Bausparkasse Schwäbisch Hall. (2023). Jahresabschluss 2022. https://www.schwaebisch-hall.de/content/dam/dambsh/unternehmen/dokumente/geschaeftsbericht/BSH_Jahresabschluss_nach_HGB_2022.pdf. Zugegriffen am 05.05.2024.

Bayerische Beteiligungsgesellschaft an der Atruvia. (2024). https://www.bbakg.de/startseite. Zugegriffen am 02.03.2024.

Bayern LB. (2023). Konzernabschluss 2022. https://www.bayernlb.de/internet/media/de/ir/downloads_1/investor_relations_3/finanzberichte/2022_24/konzernabschluss_2022.pdf. Zugegriffen am 04.05.2024.

BHW Bausparkasse. (2023). Geschäftsbericht 2022. https://www.bhw.de/dam/bhwde/pdf/GB2022.pdf. Zugegriffen am 05.05.2024.

Braun, M. (2011). *Die Validierung der Sparkassenidee: Eine sozialgeschichtliche Betrachtung*. Tectum.

BVR. (2022). Satzung. Fassung ab 1. Januar 2022. https://www.bvr.de/p.nsf/0/E9CB768B7DE38656C1257CE1004F68F6/$file/BVR-Satzung_2022.pdf. Zugegriffen am 03.05.2024.

BVR. (2023a). Jahresbericht 2022. https://www.bvr.de/p.nsf/0/772B26EA11B19A06C12589BA002765E6/%24FILE/230515_BVR_JB_DS.pdf. Zugegriffen am 02.03.2024.

BVR. (2023b). Entwicklung der Genossenschaftsbanken Ende 2022. https://www.bvr.de/Presse/Zahlen_Daten_Fakten. Zugegriffen am 02.01.2024.

BVR. (2023c). Anzahl Geldautomaten 2022. https://www.bvr.de/Presse/Zahlen_Daten_Fakten. Zugegriffen am 02.01.2024

BVR. (2023d). Bilanz und GuV zum 31. Dezember 2022. https://www.lobbyregister.bundestag.de/media/d6/17/248221/BVR-Jahresabschluss-2022.pdf. Zugegriffen am 03.05.2024.

BVR. (2024). Organisationsstruktur des BVR. Stand 1. Mai 2024. https://www.bvr.de/p.nsf/0/682E1C0D7248BBC5C1258910005999AE/$file/BVR-Organigramm_Stand_01.05.2024-web.pdf. Zugegriffen am 03.05.2024.

Debeka Bausparkasse. (2023). Geschäftsbericht 2022. https://www.debeka.de/content/dam/de/webauftritt/sonstige/unternehmen/gesch%C3%A4ftsberichte/bausparkasse/Gesch%C3%A4ftsbericht%20Bausparkasse%202022.pdf. Zugegriffen am 13.11.2024.

Deutsche Bausparkasse Badenia. (2023). Geschäftsbericht 2022. https://www.badenia.de/fileadmin/user_upload/Geschaeftsbericht_2022_Deutsche_Bausparkasse_Badenia_AG.pdf. Zugegriffen am 05.05.2024.

Deutsche Bundesbank. (2022, Juli 22). Zahlungsverkehrs- und Wertpapierabwicklungsstatistiken. https://www.bundesbank.de/resource/blob/804036/aa4eacc36d6e0d64d005b7840a33537b/mL/i-zahlungsverkehrsstatistik-data.pdf. Zugegriffen am 05.05.2024.

Deutscher Bundestag. (2024). Lobbyregister. Datenbank. https://www.lobbyregister.bundestag.de/startseite?lang=de. Zugegriffen am 03.05.2024.

Deutscher Sparkassen Verlag. (2023). Geschäftsbericht 2022. Stuttgart. https://www.dsv-gruppe.de/content/dam/mandant-dsv-gruppe/unternehmenskommunikation/presse/jahresberichte/2022_DSV-Gruppe%20Geschaeftsbericht.pdf. Zugegriffen am 13.04.2024.

Deutscher Sparkassen Verlag. (2024). Gegenwart und Geschichte. https://www.dsv-gruppe.de/dsv-gruppe/profil/gegenwart-geschichte.html. Zugegriffen am 13.04.2024.

DG Nexolution. (2023). Konzern-Jahresreport 2022. https://www.dg-nexolution.de/dam/jcr:2d4ca43b-1e5e-4cc5-942e-40a252ca4a96/DG%20Nexolution%20Jahresreport%202022.pdf. Zugegriffen am 13.04.2024.

DG Nexolution. (2024). Aufbruch 1920–1949. https://www.dg-nexolution.de/unternehmen/geschichte/aufbruch.html. Zugegriffen am 13.04.2024.

Dohms, H.-R., & Schreiber, M. (2015, Februar 2). Riese mit Wachstumsschmerzen. *Handelsblatt.* https://www.handelsblatt.com/finanzen/banken-versicherungen/banken/wertpapier-abwickler-dwp-bank-riese-mit-wachstumsschmerzen/11314442.html. Zugegriffen am 07.04.2024.

DSGV. (2022). Satzung. Fassung vom 7. Dezember 2022. https://www.dsgv.de/content/dam/dsgv-de/der-verband/downloads/Satzung_DSGV_e.V.pdf. Zugegriffen am 03.05.2024.

DSGV. (2023a). Sparkassen-Finanzgruppe in Zahlen 2022. https://www.dsgv.de/content/dam/dsgv-de/sparkassen-finanzgruppe/downloads/finanzbericht/fb-2022/SFG_in_Zahlen_2022.pdf. Zugegriffen am 03.01.2024.

DSGV. (2023b). Ergänzende Statistiken zur Sparkassen-Finanzgruppe, zu Sparkassen, Landesbanken und LBS 2022. https://www.dsgv.de/content/dam/dsgv-de/sparkassen-finanzgruppe/downloads/finanzbericht/fb-2022/Statistisches%20Beiheft%202022.pdf. Zugegriffen am 02.05.2024.

DSGV. (2023c). Bilanz und GuV zum 31. Dezember 2022. https://www.lobbyregister.bundestag.de/media/b5/bb/262891/DSGV_Bilanz_2022.pdf. Zugegriffen am 03.05.2024.

DSGV. (2024). Organigramm. Stand. 1. Mai 2024. https://www.dsgv.de/content/dam/dsgv-de/der-verband/downloads/Organigramm%20_%20Homepage_Mai%202024.pdf. Zugegriffen am 03.05.2024.

DWP-Bank. (2024). Unternehmen. https://www.dwpbank.de/unternehmen/. Zugegriffen am 07.04.2024.

DZ Bank. (2023). Geschäftsbericht 2022. https://www.dzbank.de/content/dam/dzbank/dokumente/de/dzbank/investor_relations/berichte/archiv/2022/DZ_BANK_GB_Konzern_2022.pdf. Zugegriffen am 04.05.2024.

Eberhardt, P. (2022). Finanzlobby: Im Auftrag des Geldes. https://www.finanzwende-recherche.de/wp-content/uploads/Finanzlobby_Im-Auftrag-des-Geldes.pdf. Zugegriffen am 20.04.2024.

Finanz Informatik. (2023). Jahresbericht 2022. Karlsruhe. https://www.f-i.de/content/download/143203/1188516/file/pdf+JB+2022_FINAL.pdf. Zugegriffen am 03.05.2024.

Genossenschaftsverband Bayern. (2023a). Bilanz und GuV zum 31.12.2022. https://www.lobbyregister.bundestag.de/media/48/c9/246990/Bilanz-GuV-GVB-2022-digitale-Kopie.pdf. Zugegrif fen am 04.05.2024.

Genossenschaftsverband Bayern. (2023b). Transparenzbericht 2022. München. https://www.gv-bayern.de/transparenzbericht.html. Zugegriffen am 03.05.2024.

Genossenschaftsverband Weser-Ems. (2023). Transparenzbericht 2022. Oldenburg. https://www.gvweser-ems.de/DE/Ueber_uns/GVWE-Transparenzbericht-2022_2.pdf. Zugegriffen am 03.05.2024.

Genoverband. (2023). Transparenzbericht für das Geschäftsjahr 2022. Düsseldorf. https://www.genoverband.de/site/assets/files/69023/transparenzbericht_geschaftsjahr_2022.pdf. Zugegriffen am 04.05.2024.

Gerlach, R., & Voigtländer, D. (2004). Wertpapierprocessing – Die dwpbank im Jahre 2004. *Zeitschrift für das gesamte Kreditwesen, Beilage Technik – IT für Finanzdienstleister, 57*(4), 6–7.

Hanseatischer Sparkassen- und Giroverband. (2023). Transparenzbericht 2022 gemäß Art. 13 der Verordnung (EU) Nr. 537/2014 vom 16. April 2014 über spezifische Anforderungen an die Abschlussprüfung bei Unternehmen von öffentlichem Interesse der Prüfungsstelle des Hanseatischen Sparkassen- und Giroverbandes. Hamburg. https://www.hsgv.de/fileadmin/download/pdf/HSGV-transparenzbericht-2022.pdf. Zugegriffen am 04.05.2024.

Hardtwig, W. (2009). „Genossenschaft" in der deutschen Geschichte: Wirtschafts- und Lebensformen. In H. J. von Rösner & F. Schulz-Nieswandt (Hrsg.), *Beiträge der genossenschaftlichen Selbsthilfe zur wirtschaftlichen und sozialen Entwicklung. Bericht der XVI. Internationalen Genossenschaftswissenschaftlichen Tagung 2008 in Köln* (S. 27–48). LIT Verlag.

Helaba. (2023). Geschäftsbericht 2022. https://www.helaba.com/media/docs/de/investor-relations/veroeffentlichungen/geschaeftsberichte/geschaeftsberichte-2022/geschaeftsbericht-2022.pdf. Zugegriffen am 04.05.2024.

Hellinger, C. (1999). *Kernkompetenzbasiertes Outsourcing in Kreditgenossenschaften: Eine transaktionskostenökonomische Analyse unter besonderer Berücksichtigung von Netzstrukturen*. Regensberg.

Henneke, H.-G. (2019). *Kommunale Sparkassen*. Kommunal- und Schul-Verlag.

Heyme, T., & Atzler, E. (2024, März 11). Kooperation bei der Bargeldversorgung. *Handelsblatt*.

Hippler, M. (2021). „Die Filiale muss man immer neu denken". Interview mit Eva Wunsch-Weber und Oliver Klink. *Fonds professional* (ohne Jahrgang): 2001–2004.

Hochschule für Finanzwirtschaft & Management. (2022). *Jahresabschluss zum Geschäftsjahr vom 01.01.2021 bis zum 31.12.2021*. Bundesanzeiger.

Josten, R. (2022). *Strukturprinzipien der Strukturverfassung*. Duncker & Humblot.

Kosinowski, G. (2022). *A relational model of value creation: How values-based practices in non-business spaces create value in the cooperative banking industry*. WHU – Otto Beisheim School of Management. https://nbn-resolving.org/urn:nbn:de:hbz:992-opus4-9379

Kröner, A. (2024, März 6). Vorstandschef Heiko Beck muss nach Buchungspanne gehen. *Handelsblatt*. https://www.handelsblatt.com/finanzen/banken-versicherungen/dwp-bank-vorstandschef-heiko-beck-muss-nach-buchungspanne-gehen-01/100020624.html. Zugegriffen am 07.04.2024.

Landschaftliche Brandkasse Hannover. (2023). Konzernbericht 2022. https://www.vgh.de/export/sites/vgh/_resources/downloads/pdf/unternehmen/konzernberichte/VGH-Konzernbericht-2022-final-mitSchutz.pdf. Zugegriffen am 05.05.2024.

LBBW. (2023). Geschäftsbericht 2022. https://www.lbbw.de/konzern/investor-relations/finanzberichte/geschaeftsberichte/2022/lbbw-geschaeftsbericht-2022_agbemb55f8_m.pdf. Zugegriffen am 04.05.2024.

LBS Hessen-Thüringen. (2024). Zahlen zur Geschäftsentwicklung. https://www.lbs.de/unternehmen/bausparkassen/lbs-ht/unternehmensberichte.html. Zugegriffen am 04.05.2024.

LBS NordOst. (2024). Deine LBS Landesbausparkasse NordOst AG. https://www.lbs.de/unternehmen/bausparkassen/lbs-nordost/portraet.html. Zugegriffen am 04.05.2024.

LBS NordWest. (2024). Ihre LBS für Nordrhein-Westfalen, Niedersachsen, Berlin und Bremen. https://www.lbs.de/unternehmen/bausparkassen/lbs-nordwest/portraet.html. Zugegriffen am 04.05.2024.

LBS Saar. (2023). Finanzbericht 2022. https://saarlb.de/wp-content/uploads/2023/04/LBS_Finanzbericht-2022_web.pdf. Zugegriffen am 04.05.2024.

LBS Süd. (2024). Zahlenspiegel der LBS Landesbausparkasse Süd Januar – Dezember. https://www.lbs.de/api/download/3796/Zahlenspiegel_202312_PK_mit%20Logo.pdf?hash=Zahlenspiegel_202312_PK_mit_Logo_d230c2cbf7. Zugegriffen am 04.05.2024.

Lebert, R., & Wanner, C. (2003, Dezember 18). DZ Bank und WestLB legen Zahlungsverkehr zusammen. *Financial Times Deutschland.*

Lebert, R. (2003, August 28). DZ Bank prescht beim Zahlungsverkehr vor. *Financial Times Deutschland.*

Leichsenring, H. (2016, März 7). Über 115.000 SB-Geräte in deutschen Kreditinstituten. *Der Bank Blog.* https://www.der-bank-blog.de/analyse-sb-geraete-deutsche-banken/retail-banking/21454/. Zugegriffen am 08.06.2024.

Leichsenring, H. (2019, März 12). Wann rechnet sich eine Bankfiliale: Die Zukunft der Bankfiliale ist (vor allem) eine betriebswirtschaftliche Frage. https://www.der-bank-blog.de/wann-rechnet-sich-eine-bankfiliale/retail-banking/37652622/. Zugegriffen am 02.03.2024.

Lünendonk & Hossenfelder. (2023a). Lünendonk-Liste 2023: Führende Wirtschaftsprüfungs- und Steuerberatungs-Gesellschaften in Deutschland.

Lünendonk & Hossenfelder. (2023b). Lünendonk-Studie 2023: Der Markt für IT-Dienstleistungen in Deutschland. https://www.luenendonk.de/produkte/studien-publikationen/luenendonk-studie-2023-der-markt-fuer-it-dienstleistungen-in-deutschland/. Zugegriffen am 02.03.2024.

Mauerer, R., & Schaefer, A. (2009). Does size matter? Economies of scale in the German mutual fund industry, Working Paper Series, Finance & Accounting, Nr. 201, Johann Wolfgang Goethe-Universität. Frankfurt am Main. https://www.econstor.eu/bitstream/10419/39045/1/600483150.pdf. Zugegriffen am 07.03.2024.

Neubacher, B., Kirchner, C, Dohms, H.-R., & Hädicke, G. (2024, Januar 30). Sämtliche Genosektor-News von Dezember 2023 bis Januar 2024: Atruvia sichert sich Verdopplung der IT-Umlage auf 120 Mio. Euro. https://finanz-szene.de/banking/ticker-genosektor-dezember-23-januar-2024/. Zugegriffen am 04.05.2024.

Nord LB. (2023). Konzerngeschäftsbericht 2022. https://www.nordlb.de/fileadmin/redaktion/Investor_Relations/pdf/2022/NORDLB_Konzerngeschaeftsbericht_2022.pdf. Zugegriffen am 04.05.2024.

o. V. (2006). Aus Interpay und TAI wird Equens. *Cards Karten Cartes, 17*(4), 20.

o. V. (2016). Fusion von Worldline und Equens abgeschlossen. *Cards Karten Cartes, 27*(4), 38–39.

o. V. (2018, August 24). Finanzaufsicht warnt: Deutschland braucht eine große Bank. *Frankfurter Allgemeine Zeitung.* https://www.faz.net/aktuell/wirtschaft/unternehmen/finanzaufsicht-warnt-deutschland-braucht-eine-grosse-bank-15753415.html. Zugegriffen am 03.03.2024.

o. V. (2020). Ralf Linden (51): Seit 1.11. Mitglied der GiroSolution-Geschäftsführung. https://www.it-finanzmagazin.de/ralf-linden-girosolution-geschaeftsfuehrung-114116/. Zugegriffen am 06.04.2024.

o. V. (2023a, Mai 26). Das bedeutet der Computop/Nexi-Deal für die Branche. *Payment and Banking.* https://paymentandbanking.com/analyse-das-bedeutet-der-computop-nexi-deal-fuer-die-branche/. Zugegriffen am 06.04.2024.

o. V. (2023b). Payone geht strategische Buy Now, pay later-Partnerschaft mit Payla und VVRB ein. https://www.payone.com/DE-de/ueber-uns/presse/strategische-partnerschaft. Zugegriffen am 06.04.2024.

o. V. (2024a). Sparkassen fahren IT-Budget hoch. Finanz-Szene Newsletter, 05.01.2024.

o. V. (2024b). Neuer Payment Service Provider: Volksbanken gehen mit Vobapay in die Payment-Offensive. https://www.it-finanzmagazin.de/neuer-payment-service-provider-volksbanken-gehen-mit-vobapay-in-die-payment-offensive-207913/. Zugegriffen am 06.04.2024.

Oebbecke, J., Ehlers, D., Klein, M., Theurl, T., & Diemert, D. (Hrsg.). (2006). *Perspektiven für Sparkassen und Genossenschaftsbanken.* Deutscher Gemeindeverlag.

Öffentliche Versicherung Braunschweig. (2023). Geschäftsbericht 2022. https://www.oeffentliche.de/export/sites/oevbs/_resources/downloads/pdf/oeffentliche/Geschaeftsbericht_2022.pdf. Zugegriffen am 05.05.2024.

Ostdeutscher Sparkassenverband. (2022). *Jahresabschluss zum Geschäftsjahr vom 01.01.2021 bis zum 31.12.2021*. Bundesanzeiger.
Ostdeutscher Sparkassenverband. (2023). Transparenzbericht der Prüfungsstelle des OSV 2022. Berlin. https://osv-online.de/wp-content/uploads/230427-Transparenzbericht_2022_Pruefungsstelle-web.pdf. Zugegriffen am 04.05.2024.
Ostfriesische Landschaftliche Brandkasse. (2023). Geschäftsbericht 2022. https://www.ostfriesische-brandkasse.de/fileadmin/user_upload/downloads/Geschaeftsberichte/Geschaeftsbericht-2022.pdf. Zugegriffen am 04.05.2024.
Provinzial. (2023). Konzern-Geschäftsbericht 2022. https://www.provinzial-konzern.de/dam/jcr:e8955271-bce7-44c3-bb27-c5da92e5b2cb/GB-Konzern-2022-finale-Fassung_s.pdf. Zugegriffen am 04.05.2024.
PwC. (2023). Asset and wealth management revolution 2023: The new context. https://www.pwc.com/gx/en/industries/financial-services/asset-management/publications/asset-and-wealth-management-revolution-2023.html. Zugegriffen am 07.03.2024.
R+V Versicherung. (2023). Konzerngeschäftsbericht 2022. https://www.ruv.de/dam/jcr:e2ca521f-48d9-4c2c-b679-2f6a6a1452dd/2022-konzern.pdf. Zugegriffen am 20.03.2024.
Raiffeisendruckerei. (2021). Jahresreport 2020. Neuwied. https://www.raiffeisendruckerei.de/dam/jcr:68127bf6-6c06-4d41-a6e9-056e36e7a14f/RD_GB20_web.pdf. Zugegriffen am 13.04.2024.
Raiffeisendruckerei. (2023). Jahresreport 2022. Neuwied. https://www.raiffeisendruckerei.de/dam/jcr:6f060c3c-e739-40c9-b765-25c59cad3935/RD_Jahresreport_2022.pdf. Zugegriffen am 13.04.2024.
Rheinischer Sparkassen- und Giroverband. (2023). Transparenzbericht 2022. Düsseldorf. https://www.rsgv.de/fileadmin/rsgv/dateien/ueber_uns/Pruefungsstelle/Transparenzbericht_2022.pdf. Zugegriffen am 04.05.2024.
Rudolf Haufe Verlag. (2022). *Konzernabschluss zum Geschäftsjahr vom 01.07.2021 bis zum 30.06.2022*. Bundesanzeiger.
S&P Global Market Intelligence. (2022, April 13). Europe's 50 largest banks by assets, 2022. https://www.spglobal.com/marketintelligence/en/news-insights/latest-news-headlines/europe-s-50-largest-banks-by-assets-2022-69689461. Zugegriffen am 03.03.2024.
S&P Global Market Intelligence. (2023, April 26). The world's 100 largest banks, 2023. https://www.spglobal.com/marketintelligence/en/news-insights/research/the-world-s-100-largest-banks-2023. Zugegriffen am 03.03.2024.
Saar LB. (2023). Finanzbericht 2022. https://saarlb.de/wp-content/uploads/2023/04/SaarLB_Finanzbericht-2022_web-1.pdf. Zugegriffen am 04.05.2024.
Schulz-Nieswandt, F., & Köstler, U. (2012). Sparkassen und Kreditgenossenschaften – zwei ungleiche Zwillinge?! Ein morphologischer Beitrag zur widmungswirtschaftlichen Problematik öffentlicher oder gemeinwirtschaftlicher Unternehmen. *Zeitschrift für öffentliche und gemeinwirtschaftliche Unternehmen, 35*(3), 345–356.
Schwarzer, P. (2021). Die Beteiligung einer Kommune an einer Infrastrukturgenossenschaft: zugleich Anmerkung zu OVG Lüneburg, Beschluss vom 8. April 2020 – 10 ME 61/20 und vorgehend VG Hannover, Beschluss vom 17. Februar 2020 – 1 B 5514/19. *Zeitschrift für das gesamte Genossenschaftswesen, 71*, 146–158.
SIGNAL IDUNA Bauspar. (2023). Geschäftsbericht 2022. https://www.si-bausparen.de/content/dam/si-bausparen/pdf/Bauspar_AG_GB2022_final.pdf.coredownload.pdf. Zugegriffen am 05.05.2024.
Sparkassen- und Giroverband für Schleswig-Holstein. (2023). Transparenzbericht 2022. Kiel. https://www.sgvsh.de/fileadmin/dokumente-verband/Verband/Pruefungsstelle/Transparenzbericht_2022.pdf. Zugegriffen am 04.05.2024.

Sparkassen- und Giroverband Hessen-Thüringen. (2023). Transparenzbericht 2022. https://www.sfg-ht.de/application/files/8816/7998/3682/Transparenzbericht_SGVHT_2022.pdf. Zugegriffen am 04.05.2024.

Sparkassenakademie Nordrhein-Westfalen. (2022). *Jahresabschluss zum Geschäftsjahr vom 01.01.2021 bis zum 31.12.2021*. Bundesanzeiger.

Sparkassenverband Baden-Württemberg. (2023). Transparenzbericht 2022. Stuttgart. https://www.sv-bw.de/fileadmin/verband/dateien/pruefungsstelle/transparenzbericht_2022.pdf. Zugegriffen am 04.05.2024.

Sparkassenverband Bayern. (2022). Jahresabschluss 2021. München. https://www.lobbyregister.bundestag.de/media/90/c2/203523/Jahresabschluss_2021_SVB.pdf. Zugegriffen am 22.03.2024.

Sparkassenverband Bayern. (2023). Transparenzbericht 2022. München. https://sparkassenverband-bayern.de/Ueber-uns/Sparkassenverband-Bayern/Pruefungsstelle/Transparenzbericht-2022. Zugegriffen am 04.05.2024.

Sparkassenverband Niedersachsen. (2023). Transparenzbericht 2022. Hannover. https://svn.sparkasse.de/content/dam/svn/verband/pr%C3%BCfungsstelle/SVN-Transparenzbericht-2022.pdf. Zugegriffen am 04.05.2024.

Sparkassenverband Rheinland-Pfalz. (2023). Transparenzbericht 2022. https://www.sv-rlp.de/verband/pruefungsstelle. Zugegriffen am 04.05.2024.

Sparkassenverband Saar. (2023). Transparenzbericht 2022. https://www.svsaar.de/fileadmin/IF6/dateien/Transparenzbericht_2022.pdf. Zugegriffen am 04.05.2024.

Sparkassenverband Westfalen-Lippe. (2023). Transparenzbericht 2022. https://www.svwl.eu/fileadmin/content/mediathek/publikationen/Transparenzbericht_SVWL_2022.pdf. Zugegriffen am 04.05.2024.

Sparkassen-Versicherung Sachsen. (2023). Geschäftsbericht 2022. https://www.sv-sachsen.de/export/sites/svsa/_resources/pdf/geschaeftsbericht/SAS_GB_2022.pdf. Zugegriffen am 05.05.2024.

SV SparkassenVersicherung Holding. (2023). Konzern-Geschäftsbericht 2022. https://www.sparkassenversicherung.de/export/sites/svag/_resources/download_galerien/die_sv/geschaeftsberichte/SV_Konzern_2022.pdf. Zugegriffen am 05.05.2024.

Thinking Ahead Institute. (2023). The world's largest 500 asset managers. https://www.thinkingaheadinstitute.org/research-papers/the-worlds-largest-asset-managers-2023/. Zugegriffen am 07.03.2024.

TÜV Nord. (2023). Make Visions move, Geschäftsbericht 2022. Hannover. https://www.tuev-nord-group.com/fileadmin/Content/TUEV_NORD_GROUP/geschaeftsbericht2022/04_Downloads/tng-gb-2022_geschaeftsbericht.pdf. Zugegriffen am 04.05.2024.

TÜV Süd Akademie. (2019). *Jahresabschluss 2018*. Bundesanzeiger.

Verband öffentlicher Versicherer. (2024). Beteiligungen und Trägerschaften. https://www.voev.de/zahlen/beteiligungen-und-traegerschaften/. Zugegriffen am 20.03.2024.

Versicherungskammer. (2023). Konzern-Geschäftsbericht 2022. https://www.konzern-versicherungskammer.de/export/sites/vkk/_resources/pdf/konzern/geschaeftsberichte/2022/VKB_GB22_Konzern.pdf. Zugegriffen am 04.05.204.

Wehber, T. (2015). „… die Emancipation des dritten Standes bis tief in die unteren Clas-sen vollenden". Die ethische und gesellschaftspolitische Mission der frühen Sparkassen. In von G. Fahrenschon & J. Wallacher (Hrsg.), *Ethik und Finanzwirtschaft* (S. 65–78). Deutscher Sparkassenverlag.

Wenig, M. (2017, April 18). Sparkassen machen Schluss mit eigener EC-Karten-Produktion. *Versicherungsbote*. https://www.versicherungsbote.de/id/4853386/Sparkassen-Schluss-EC-Karten-Produktion/. Zugegriffen am 13.04.2024.

Windhaus, S. (2014). *Kommunale Einwohnerbindung: Stellenwert und Einflussgrößen*. Steinbeis-Edition.

Worldline. (2019). LBBW and equensWorldline extend their long-standing partnership in SEPA payments until 2025. Frankfurt am Main. https://worldline.com/content/dam/worldline/global/

documents/press-releases/2022/20190829_PR_eW_LBBW_extension_SEPA_EN.pdf. Zugegriffen am 06.04.2024.

Wüstenrot Bausparkasse. (2023). Geschäftsbericht 2022. https://www.ww-ag.com/media/dokumente/investor_relations_1/berichte_1/geschaeftsberichte/2022_5/BSW_GB_2022.pdf. Zugegriffen am 05.05.2024.

Zmuda, P., & Börner, C. J. (2001). Kernkompetenzenmanagement bei Sparkassen. *Institut für Bankwirtschaft und Bankrecht an der Universität zu Köln, Mitteilungen und Berichte, 32*(84), 39–68.

7 Die Volks- und Raiffeisensparkasse im Ökosystem „regionale Energiewende“

7.1 Quo vadis Energiewende

7.1.1 Wer bezahlt die Rechnung?

1980 setzt das Öko-Institut den Begriff „Energiewende“ – das dazugehörige Buch hat den Untertitel „Wachstum und Wohlstand ohne Erdöl und Uran“ (Krause et al., 1980).

Ziele der Energiewende in Deutschland bis 2030 sind

- eine Reduktion der Treibhausgasemissionen um 65 % im Vergleich zu 1990,
- die Deckung von 80 % des Stromverbrauchs aus erneuerbaren Energien sowie
- die klimaneutrale Erzeugung von 50 % der Wärme (BDEW et al., 2023, S. 6).

Bis 2045 soll das gesetzlich verankerte Ziel der Klimaneutralität erreicht sein. Dafür sind immense Investitionen in erneuerbare Energien, den Ausbau der Netzinfrastruktur, die Entwicklung einer Wasserstoffwirtschaft und die Dekarbonisierung von Wärmeerzeugung und Verkehr notwendig. Die vorliegenden Schätzungen darüber liegen dicht beieinander. BDEW und Ernst & Young gehen von 600 Mio. € bis 2030 und mindestens 1 Billion Euro bis 2045 aus (2023, S. 96–97). Das Handelsblatt Research Institute hat ermittelt, dass bis 2045 Investitionen von 1,1 Billionen Euro erforderlich sind (Krapp et al., 2024, S. 1–5). Knapp die Hälfte dieser Summe muss in den Ausbau erneuerbarer Energien fließen, der Rest in den Ausbau von Stromspeichern und -netzen sowie den Aufbau von Wasserstoffnetzen und CO_2-Infrastruktur, was Abb. 7.1 zeigt.

Das sind alles Bestandteile der öffentlichen Infrastruktur (Abschn. 5.3.2); ihre Finanzierung ist damit eigentlich Aufgabe der öffentlichen Hand im Rahmen der staatlichen Daseinsvorsorge (Kersten, 2022, S. 18–20).

M.-P. Dagott, *Die Volks- und Raiffeisensparkasse eG*,
https://doi.org/10.1007/978-3-658-45751-8_7

Abb. 7.1 Kosten der Energiewende bis 2045 in Mrd. Euro. (Krapp et al., 2024, S. 4)

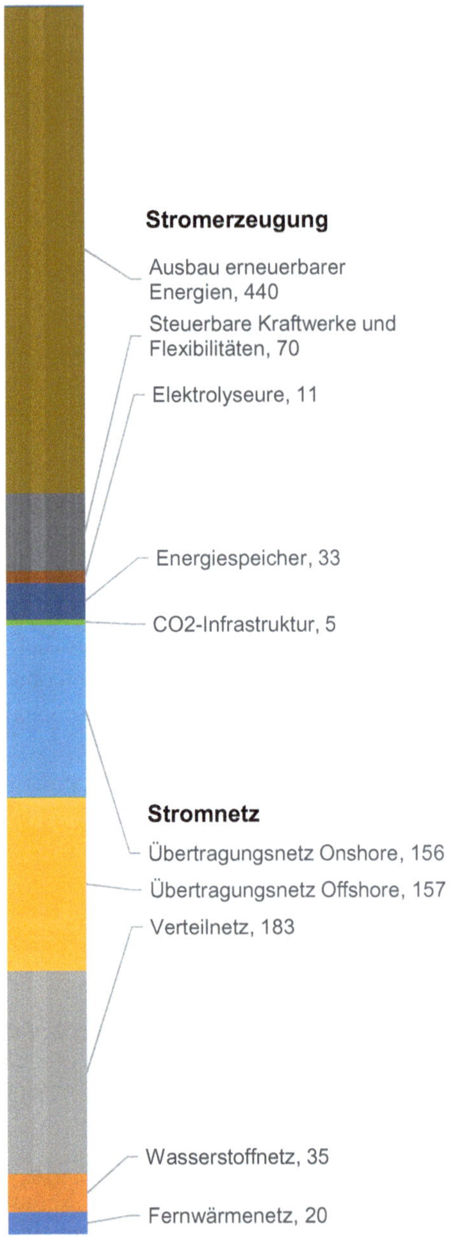

Diese hat dringend erforderliche Infrastrukturinvestitionen jedoch schon in der Vergangenheit und das jahrzehntelang unterlassen (Specht, 2023). Angesichts der schieren, oben genannten Summen ist es offensichtlich, dass die Kosten der Energiewende nicht allein von Bund, Ländern und Kommunen – direkt oder über die öffentlich getragenen

Energieunternehmen und Förderbanken – gestemmt werden können. Auch private Unternehmen und Banken sowie die Bürger*innen selbst müssen dazu beitragen (BDEW et al., 2023, S. 9–11). Zumal das Bundesverfassungsgericht den Spielraum der Politik durch zwei Urteile eingeschränkt hat. Die Politik dürfe nicht „die nach dem Pariser Klimaschutzabkommen notwendigen CO_2-Reduktionen weitgehend in die Zukunft verlagern, um die Gegenwart mit politisch mutmaßlich unbequemen, drastischen Maßnahmen zu verschonen" (Wefing, 2021). Und aus dem Klima- und Transformationsfonds (KTF) – einem von der Bundesregierung beschlossenen Sondervermögen, aus dem Energiewende-Projekte finanziert werden sollen – müssen 60 Mrd. € gestrichen werden, die zur Bewältigung der Corona-Pandemie vorgesehen waren, jedoch nicht benötigt wurden (Rech, 2023).

Politik muss aber die richtigen Voraussetzungen schaffen. Zum einen fordern Wirtschaftsverbände einen stabilen Investitionsrahmen für die Energiewende, um privates Kapital anzuziehen und machen folgende Handlungsfelder für die Politik aus (BDEW et al., 2023, S. 18–21):

- Anpassung des regulatorischen Rahmens für Finanzierungen
- Fiskalische Investitionsanreize
- Mehr Partizipation für Bürgerinnen und Bürger
- Abbau der ESG-Bürokratie
- Zielgerichtete Ausrichtung der Förderung
- Garantien von Bund und Ländern zur Sicherung der Energiewende
- Energiewende-Fonds

Zum anderen gibt es im föderal angelegten Deutschland nach wie vor ein vielfältiges Nebeneinander von Energie- und Klimaschutzmaßnahmen auf Bundes-, Länder- und Kommunalebene mit einer „gewissen inhärenten Dynamik". Dabei werden die Ausbauziele nur wenig innerhalb dieser sub-nationalen Einheiten koordiniert (Rave, 2016, S. 75). Erst in jüngster Zeit gibt es Ansätze hierzu; genannt sei die kommunale Wärmeplanung im neuen „Gesetz für die Wärmeplanung und zur Dekarbonisierung der Wärmenetze" (Wärmeplanungsgesetz – WPG).

7.1.2 Zentral oder dezentral?

In Bezug auf die räumliche Ausgestaltung der Energiewende existieren zwei gegensätzliche Konzepte: Zum einen ist es möglich, Energie so weit wie möglich dezentral zu liefern, d. h. in kleinen Anlagen, zum Beispiel durch eine Solarstromanlage auf dem Dach. Zum anderen ist es möglich, Energie hauptsächlich in Gebieten zu gewinnen, in denen es gute Wind- und Solarressourcen gibt, sowie über weite Strecken zum Verbraucher zu transportieren. Dabei können auch große Erneuerbare-Energie-Anlagen mit mehreren hundert Megawatt Leistung verwendet werden. Es gibt eine kontroverse Debatte darüber, welche der beiden Ansätze als vorrangig zu verfolgen ist (Deutsche Akademie der Technikwissenschaften, 2020, S. 8).

Eine „dezentrale“ Energieversorgung ist positiv besetzt, da sie in der politisch-gesellschaftlichen Debatte häufig mit öffentlicher Daseinsvorsorge, Bürgernähe, Entscheidungen vor Ort und Unabhängigkeit von großen Energieversorgern assoziiert wird. Allerdings bleibt oft unklar, was genau mit „dezentral“ gemeint ist – zum Beispiel, wie eng und weiträumig die dezentralen Einheiten miteinander verbunden sein sollten. Die Diskussion konzentriert sich auch stark auf die Erzeugung von Strom, während andere bedeutende Punkte wie die Gewährleistung von Flexibilität, die verstärkte Einbindung des Strom-, Wärme- und Verkehrssektors sowie die Abstimmung des Gesamtsystems weniger beachtet werden (Deutsche Akademie der Technikwissenschaften, 2020, S. 9–12).

In diesem Spannungsfeld zwischen zentralen Vorschriften und dezentralem Handeln spielen Kommunen und Regionen eine entscheidende Rolle. Neue Möglichkeiten für die Raumentwicklung ergeben sich durch die Energiewende, um zum Klimaschutz beizutragen und regionalwirtschaftlich daran teilzuhaben. Indes entstehen aufgrund der Konflikte auch neue Schwierigkeiten für die regionale Steuerung dieser Entwicklung. Da nur etwa ein Drittel der Wertschöpfung in der Region verbleiben würde, ist die alleinige Bereitstellung von Flächen für Investoren von Biogas-, Windkraft- und Photovoltaikanlagen nicht ausreichend, um die regionale Mitgestaltung und Teilhabe zu sichern. Aus diesem Grund stellt sich die Frage, ob Regionen, indem sie Flächen zur Verfügung stellen, ausschließlich als „Installationsräume“ für externe Investoren dienen sollen oder ob sie sich in „Gestaltungsräume“ kooperativer regionaler Energie- und Klimaschutzprojekte verwandeln (Röhring & Gailing, 2019, S. 5–6).

Subsidiarität wird als neues Grundprinzip eingeführt, um dieses Spannungsfeld zu lösen: Auf lokaler Ebene wird geplant und entschieden, was auf lokaler Ebene besser geplant und gemanagt werden kann. Dies geschieht in einem eindeutig geregelten Raum, in dem vor Ort eine hohe Entscheidungsfreiheit herrscht. „Nach oben“ weitergereicht wird das, was auf höherer Ebene besser gemanagt und geplant werden kann. Dazu gehört die Festlegung klarer Regeln für den Energiehandel mit anderen Marktakteuren (Henning et al., 2021, S. 5). Abb. 7.2 zeigt die drei Ebenen eines solchen, subsidiären Energiesystems.

Um diese dritte Ebene der Vor-Ort-Lösungen zu erschließen und um aus dem passiven privaten Endkunden einen Prosumer (Produzent und Konsument in einer Person) zu machen, braucht es vor allem eine andere Form von Regulierung sowie konkrete technische Lösungen (Aretz & Wiesenthal, 2023).

Im Rahmen der Novelle des Erneuerbare-Energien-Gesetzes (EEG) von 2023 wurden bereits diverse Maßnahmen rechtlich verankert. Die fundamentale Transformation des gesamten Energiesystems führt dabei zu einer Vielzahl kleiner, dezentraler Verbrauchs- und Erzeugungseinheiten auf der Vor-Ort-Ebene. Photovoltaik-Anlagen (PV-Anlagen), Wärmepumpen oder batterieelektrische Fahrzeuge machen die dezentrale Stromerzeugung und -nachfrage dabei zunehmend volatil. Erst die systematische, marktliche Integration

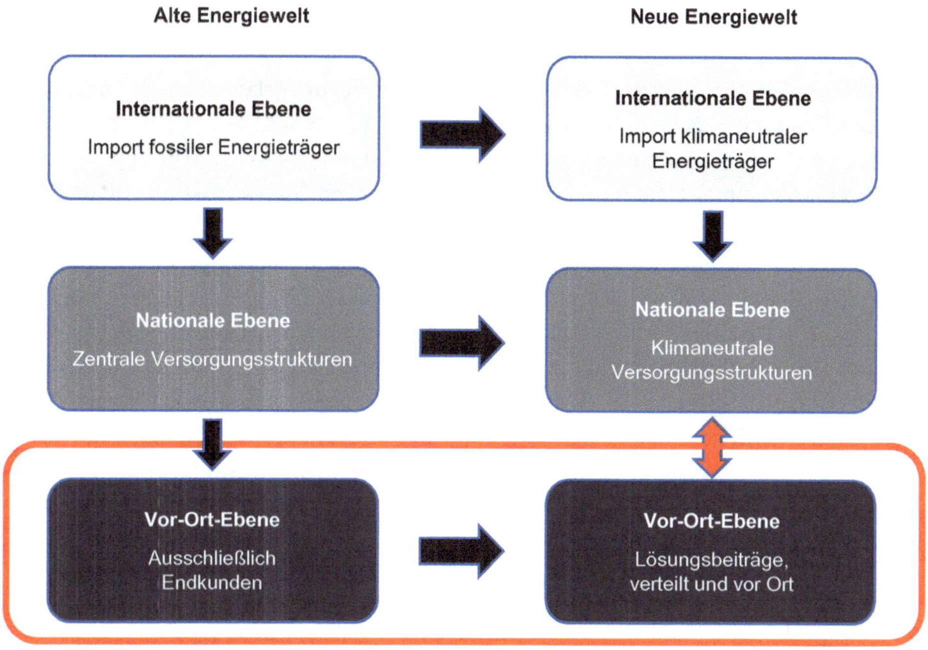

Abb. 7.2 Subsidiäres Energiesystem. (Henning et al., 2021, S. 2)

dieser dezentralen Verbrauchs- und Erzeugungseinheiten würde eine Nachfrageflexibilität mittels dynamischer Netztarife schaffen. Voraussetzung hierfür ist eine flächendeckende Digitalisierung der Marktakteure u. a. mit Smart-Meter-Gateways als zentraler Kommunikationseinheit intelligenter Messsysteme (Deutsche Energie-Agentur, 2023, S. 10). Aber auch der Roll-out dieser Systeme in Deutschland hat lange Zeit gestockt. Mit der Novelle des Messstellenbetriebsgesetzes (MsbG) im Jahr 2023 wurden bürokratische Hürden abgebaut und die Installationskosten gesenkt (Bundesnetzagentur, 2024). Inzwischen haben erste Unternehmen den Rollout intelligenter Stromzähler angekündigt (Krapp, 2024).

Diese intelligenten Messsysteme sind auch Bedingung für die Umsetzung sogenannter Energiegemeinschaften (Energy Communities), die die in eigenen Anlagen produzierte Energie auch gemeinsam nutzen können (Energy Sharing) – und das über die gebäudebezogene Eigenversorgung hinaus über das öffentliche Verteilnetz. Einer Studie des IÖW Berlin zufolge könnte Energy Sharing demnach 35 % des von der Bundesregierung aktuell geplanten Ausbauziels bis 2030 beitragen. Dies entspricht 75 Gigawatt pro Jahr. Die europäischen Erneuerbare-Energien-Richtlinie räumt Energiegemeinschaften explizit die Möglichkeit ein, Anlagen nicht nur gemeinsam zu betreiben, sondern den Strom ihrer Anlagen auch gemeinsam nutzen zu können. Während andere Mitgliedsstaaten diese Rahmenbedingungen bereits konkretisiert haben, gibt es in Deutschland noch keine Spezifizierung dazu (Aretz & Wiesenthal, 2023).

7.1.3 Erhöhte Akzeptanz durch Beteiligung

Der immense Finanzierungsbedarf der Energiewende und die Erkenntnis, dass ein konsequenter Klimaschutz nicht zu betreiben ist, ohne dass es jemandem weh tun (Irrek, 2024, S. 18), treffen auf „veränderungserschöpfte" und orientierungslose Bürger und Bürgerinnen. Das macht empfänglich für populistische Politik, nach *Greive* frisst sich in der Folge die Radikalisierung von den Rändern in die Mitte der Gesellschaft (2024, S. 12).

Im aktuellen Diskurs um die Energiewende zeigt sich allerdings regelmäßig eine „inhaltliche Engführung von Bürgerbeteiligung", wenn lediglich in formelle, informelle und finanzielle Beteiligungsmöglichkeiten unterschieden würde, aber unterschlagen wird, dass „die Frage nach Partizipation immer an die Frage nach guten Lebensformen gebunden ist" (Ohme-Reinicke, 2018, S. 432–434). Darüber hinaus gelingt es informellen oder auch finanziellen Beteiligungsmöglichkeiten oft nicht, Bevölkerungsschichten mit geringem Bildungsstand und/oder geringen Einkommen einzubinden (Rottmann & Grüttner, 2017, S. 48).

Dabei ist das Gelingen von Nachhaltigkeitstransformationsprozessen vornehmlich von der Schaffung von Gerechtigkeit abhängig. Die ist dabei nicht nur ein abstrakt-theoretischer Begriff in der Demokratietheorie, sondern eine konkrete, mess- und spürbare Dimension in der Praxis. Die Forschung im Bereich der Klima- und Energiegerechtigkeit konzentriert sich hauptsächlich auf drei Dimensionen: die Verteilung (Energieinfrastrukturen), den Prozess (Planung und Umsetzung von Energiewendeprojekten) sowie die Anerkennung (Anliegen lokaler Gemeinschaften). Es ist erforderlich, dass alle Dimensionen in gleichem Maße von Fall zu Fall angepasst werden (Radtke, 2023, S. 16):

- Verteilungsgerechtigkeit: Schaffung von Vorteilen und Entschädigungen
  - Aufgrund der Tatsache, dass Ungleichheiten unvermeidbar sind, sind Entschädigungen für die Betroffenen erforderlich.
  - Investitionen in die Gemeinschaft, die sich weniger auf den Einzelnen als auf das Gemeinwohl konzentrieren, sind sinnvoll.
  - Die Vorteile müssen möglichst vielfältig und wirksam sein (z. B. Energiekosten senken).
- Anerkennungsgerechtigkeit: Berücksichtigung der lokalen Identitäten
  - Präferenzen der lokalen Gemeinschaften müssen deutlich berücksichtigt sein.
  - Es ist wichtig, dass die Gemeinschaft das Gefühl hat, dass sie „gehört" wird und dass sie Einfluss ausüben kann.
  - Es bedarf nicht nur der Identifikation, sondern auch spezifischer Antwortstrategien.
- Gerechtigkeit im Prozess
  - Die Planungs- und Durchführungsprozesse müssen gerecht, offen, transparent und partizipativ gestaltet sein.
  - Planungsspielräume sind von entscheidender Bedeutung: Sie müssen eine gewisse Mitsprache ermöglichen.
  - Je „fairer" der Ablauf ist, desto öfter werden widerwillige Ergebnisse akzeptiert.

Wird dem Ziel der Gerechtigkeit der gleiche Stellenwert eingeräumt, wie den bereits etablierten und gesetzlich verankerten Zielen Versorgungssicherheit, Wirtschaftlichkeit und Umweltverträglichkeit, entsteht ein energiepolitisches Zielviereck für die Energiewende. *Frank et al.* haben für die so identifizierten und eingehegten Zielkonflikte besonders „potente“ Lösungsstrategien herausgearbeitet (2022, S. 3–4):

- Bund-Länder-Kommunen Dialog
- Wind in weniger windhöffigen Regionen
- Beteiligung auf Regionalplanungsebene
- Energy Sharing

7.2 Das Ökosystem „regionale Energiewende“

7.2.1 Energy Sharing und Mieterstrom

Mieterstrom stellt auf die Nutzung von Strom aus einer Erzeugungsanlage ab, die einem Dritten (bspw. einem Vermieter) gehört – hinter einem gemeinsamen Netzanschluss. Bei Energy Sharing steht die gemeinschaftliche, regionale Erzeugung und Nutzung von Energie aus erneuerbaren Quellen über das öffentliche Stromverteilnetz im Fokus (Bundesverband Erneuer-bare Energie, 2023, S. 6). Mit dem im April 2024 verabschiedeten Solarpaket I und einem neuen Modell der „Gemeinschaftlichen Gebäudeversorgung“ werden zwar Mieterstrommodelle attraktiver gemacht (Nievelstein, 2024). Die Öffnung des öffentlichen Netzes für das Energy Sharing, um den Strom von der gemeinsamen Erzeugungsanlage zu den Mitgliedern der Energiegenossenschaften zu transportieren, soll indes erst mit dem Solarpaket II kommen (Hoops, 2023).

Neben den technischen Herausforderungen gibt es juristische Baustellen. Das rechtliche Modell, unter dem das Energy Sharing in Deutschland möglich sein soll, wird sich an der bereits gesetzlich verankerten Definition von Bürgerenergiegesellschaften orientieren. Bürgerenergiegesellschaften bestehen aus mindestens 50 natürlichen Personen, die in einem Radius von maximal 50 km zur Anlage wohnen. Diese müssen als Gesellschafter zudem mit 75 % die Mehrheit in dem Projekt haben (Dannemann, 2023). Darüber hinaus verpflichtet die Erneuerbare-Energien-Richtlinie auch Energiegenossenschaften darauf, bedürftigen und einkommensschwachen Haushalten offenzustehen. Eine Analyse von 570 untersuchten Satzungen von Energiegenossenschaften durch *Hoops* weist allerdings nach, dass nur knapp 30 % eine Mindesteinlage von 100 € oder darunter voraussetzen. Das könnte Energiegenossenschaften den Status der Erneuerbare-Energien-Gemeinschaft kosten (Hoops, 2023).

Eingefordert wird vor diesem Hintergrund, dass der Staat eine Definition von Energiearmut und damit Bedingungen schafft, die das Engagement von Bürgerenergiegemeinschaften und insbesondere von Energiegenossenschaften anregen und unterstützen (Hanke & Guyet, 2023, S. 14).

7.2.2 Energiegenossenschaften

Bürger und Bürgerinnen schließen sich zusammen, um eine gemeinsame Stromerzeugung bzw. -versorgung aufzubauen. Das ist die konstituierende Idee einer Energiegenossenschaft. Heute gibt es Energiegenossenschaften entlang der gesamten Wertschöpfungskette der Energiewirtschaft (Theurl & Kleene, 2018, S. 245–247). Per Ende 2022 verzeichnet der DGRV 950 Energiegenossenschaften, Abb. 7.3 zeigt deren Geschäftsfelder (DGRV, 2023, S. 8). Mit dem Erneuerbare-Energien-Gesetz (EEG; Gesetz vom 21. Juli 2014, BGBl. I S. 1066, das zuletzt durch Artikel 4 des Gesetzes vom 23. Oktober 2024, BGBl. 2024 I Nr. 327, geändert worden ist) erfahren die Energiegenossenschaften auch eine prominente Legaldefinition. Nach § 3 Nr. 15 Begriffsbestimmungen ist jede Genossenschaft eine „Bürgerenergiegesellschaft".

An Bedeutung gewinnt der genossenschaftliche Betrieb von (Wärme-)Netzen. Allein im Jahr 2023 wurden ca. 40 neue Genossenschaften im Wärmebereich gegründet. Insgesamt gibt es rund 250 Wärmegenossenschaften unter dem Dach des DGRV (Bundesgeschäftsstelle Energiegenossenschaften beim DGRV, 2024).

7.2.3 Das Ökosystem der Energiegenossenschaft

Die einzelne Energiegenossenschaft ist in mehrere, sich überlappende Netzwerke von Stakeholdern eingebettet, was Abb. 7.4 (aus Sicht der Energiegenossenschaft) zeigt.

Es fällt auf, dass zwar der genossenschaftliche Prüfungsverband, jedoch weder Genossenschaftsbank noch Sparkasse als Stakeholder aufgeführt sind. Das mag im vorliegenden Fall daran liegen, dass die Energiegenossenschaft sehr gut kapitalisiert ist oder beide eben nicht als nennenswerte Partner wahrgenommen werden.

Meister kommt zu dem gegenteiligen Ergebnis, dass Banken und hier insbesondere Genossenschaftsbanken nach anderen Energiegenossenschaften und Kommunen die bedeutendsten Kooperationspartner der Energiegenossenschaften sind (2020, S. 23).

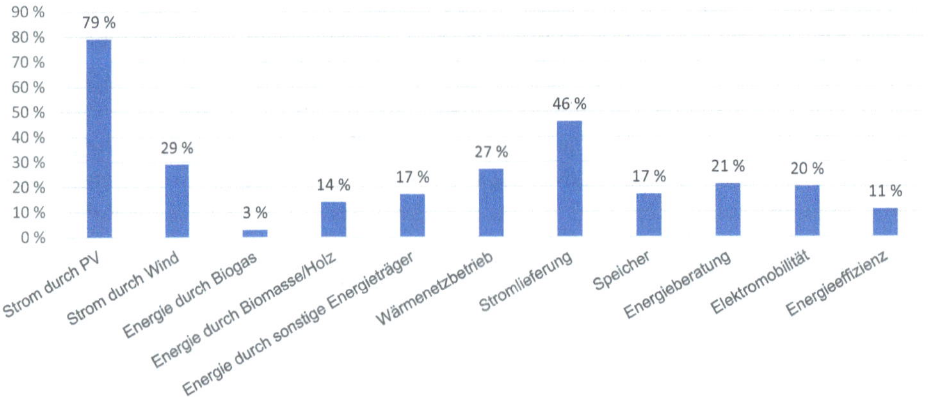

Abb. 7.3 Geschäftsfelder der Energiegenossenschaften. (DGRV, 2023, S. 8)

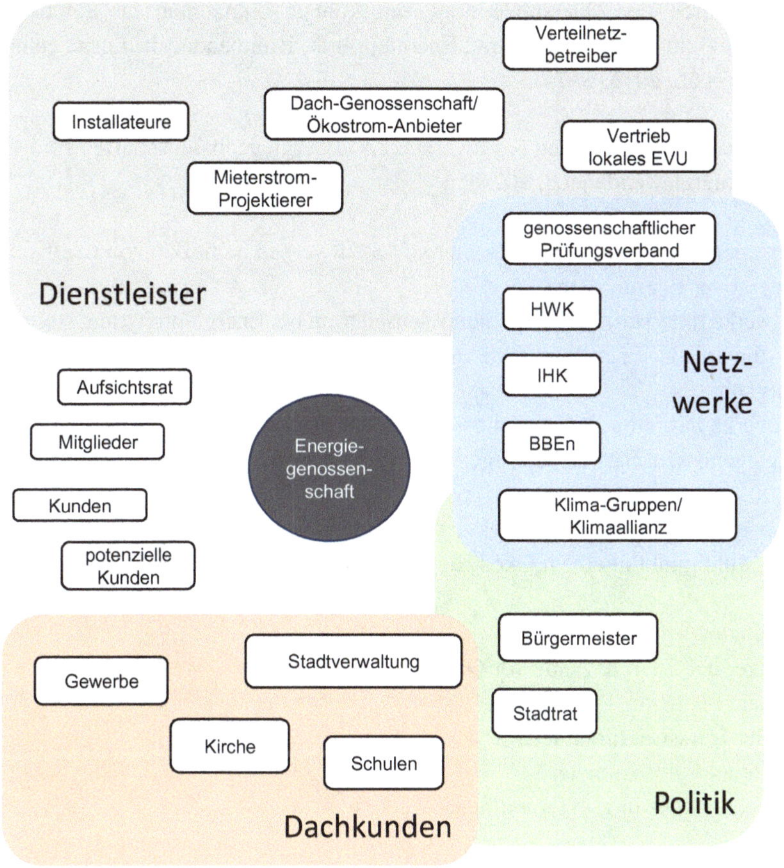

Abb. 7.4 Das Ökosystem Energiegenossenschaft. Entnommen aus Bündnis Bürgerenergie (2020, S. 4)

Aus Sicht von Bündnis Energie sind Kommunen und Stadtwerke zentrale, aber ambivalente Partner für das eigene Geschäftsmodell (Bündnis Bürgerenergie, 2020, S. 22–30). Die Kommune wird auch als Blockierer und Bedenkenträger wahrgenommen (Franke, 2023, S. 38–39), während die Qualität der Verbindung zum Stadtwerk als kritisch eingestuft wird (Bündnis Bürgerenergie, 2020, S. 4).

Stadtwerke

Während viele Aufgaben der staatlichen Daseinsvorsorge in einer genossenschaftlichen Organisationsform abgebildet werden (Abschn. 5.3.2), spielte die eG in der Rekommunalisierung von Stadtwerken in den letzten beiden Jahrzehnten kaum eine Rolle – obwohl die Vorteilhaftigkeit theoretisch belegt wurde (Lüke, 2001). Versuche in diese Richtung wie in Berlin sind gescheitert (BürgerEnergie Berlin, 2024). Die Ursache hierfür formuliert *Höffler et al.* Demzufolge dient das Stadtwerk als Finanzierungsinstrument der

Kommune. Durch eine Quersubventionierung können Einnahmen aus Stadtwerkstätigkeiten für kommunale Beschäftigung, Energiepolitik, Breitbandausbau usw. genutzt werden (Höffler et al., 2013, S. 74).

Die Verbindungen zwischen Stadtwerken und Energiegenossenschaften sind vielfältig (Netzwerk Energiewende jetzt, 2024):

- Energiegenossenschaften sind Partner von Stadtwerken beim Bau von Kraftwerken mit regenerativer Energie sein.
- Stadtwerke unterstützen Energiegenossenschaften bei Energieprojekten, stellen Knowhow für lokale Energieprojekte und Dächer aus dem kommunalen Umfeld zur Verfügung.
- Stadtwerke initiieren Energiegenossenschaften bzw. beteiligen sich an ihnen.
- Energiegenossenschaften beteiligen sich an Stadtwerken.

Jenner et al. sehen das Stadtwerk der Zukunft in verschiedenen Rollen und insgesamt sogar als Mittelpunkt in einem Ökosystem „regionale Energiewende" (2017, S. 9):

1. Koordinator regionaler Projekte
2. Umsetzer der Energiewende vor Ort
3. regionale Plattform
4. zentraler Infrastrukturanbieter
5. Rund-um-sorglos Anbieter
6. Energiedienstleistungsunternehmen.

Dafür müssten die Stadtwerke jedoch durch die Kommunen finanziell besser ausgestattet werden (Jenner et al., 2017, S. 3). Das scheint jedoch angesichts schwieriger Bilanzstrukturen und steigender Verschuldungsgrade vieler Kommunalversorger in weite Ferne zu rücken (Hoeren, 2024). So bleibt ein Vakuum, das durch die Volks- und Raiffeisensparkasse ausgefüllt werden kann.

7.3 Neue Rollen der Volks- und Raiffeisensparkasse

7.3.1 Volks- und Raiffeisensparkasse als Kapitalsammelstelle, Kreditgeber und Investor

Mehr als die Hälfte der deutschen Energiegenossenschaften finanzieren sich durch Kredite bei Genossenschaftsbanken (Meister, 2021, S. 129). Eine typische Finanzierung sieht bei einer Investitionssumme von 900.000 € eine Investitionsförderung von 150.000 durch Bundes- oder Landesmittel, 300.000 € Eigenkapital von den Mitgliedern der Energiegenossenschaften sowie 450.000 € in Form eines Kredits der örtlichen Genossenschaftsbank vor. Das resultiert aus einem historisch gewachsenen Netzwerk zwischen Genossenschaftsbanken und Energiegenossenschaften. Deren Verflechtung ist in ländlichen Räumen ausgeprägter als in Ballungsräumen. Entweder gibt die Genossenschaftsbank selbst die Initialzündung für eine Gründung oder Mitarbeiter von Genossenschaftsbanken übernehmen ehrenamtlich Vorstands- und Aufsichtsratsfunktionen (Jensen, 2023, S. 32). Vereinzelt findet sich diese Konstellation auch bei Sparkassen (DSGV, 2021, S. 32).

Für Aufmerksamkeit hat der Verkauf von knapp 25 % an TransBW gesorgt, die das Stromübertragungsnetz nach und in Baden-Württemberg betreibt. Mit dem Erwerb der Anteile durch die Sparkassen-Finanzgruppe in Baden-Württemberg für rund eine Milliarde Euro sollte verhindert werden, dass kritische Infrastruktur in die Hände privater Hedgefonds fällt (Otte, 2023). Dazu passt auch die „Hannoversche Erklärung" der Sparkassen-Finanzgruppe (DSGV, 2023a):

> „Mittelfristig wird eine Finanzierung des Energieverbrauchs aus öffentlichen Haushalten allerdings nicht möglich sein, dazu ist die Mobilisierung erheblichen privaten Kapitals erforderlich. Energetische Sanierungen und eine kraftvolle Umsteuerung hin zu regenerativen Energien sind entscheidende Beiträge zur langfristigen Sicherung von Wettbewerbsfähigkeit und Wohlstand. Ein koordiniertes Handeln in der EU ist dabei ein wichtiger Erfolgsfaktor. Die Sparkassen-Finanzgruppe ist als wichtigster Finanzpartner in Deutschland besonders gefragt, diese Transformation zu begleiten, Know-how und Kreditmittel zur Verfügung zu stellen … Durch eine stärkere Beteiligung von Bürgerinnen und Bürgern an der Trägerschaft und den Erträgen solcher Projekte kann es gelingen, die Akzeptanz für die damit verbundenen Beeinträchtigungen deutlich zu steigern."

Die gemeinsame Beteiligung von Sparkassen und Genossenschaftsbanken an regionalen Energiewende-Projekten stellt bisher die Ausnahme von der Regel dar. So finden sich in der Betreibergesellschaft für den Windpark Bescheid Süd im Hunsrück neben zwei Energieversorgern sowohl die Sparkasse als auch die Volksbank Trier (Neumann, 2023). Üblich sind eher Konstellationen von Kommune, Stadtwerk und Sparkasse (o. V., 2021, S. 6).

Der Bundestag hat die Bundesregierung bereits im Entschließungsantrag zum EEG 2023 aufgerufen, eine Regelung zur systematischen Bürgerbeteiligung zu entwickeln. Bisher existieren jedoch nur Regelungen zur finanziellen Beteiligung von Kommunen bei der Errichtung von Wind- und PV-Freiflächenprojekten, nicht aber für eine direkte Beteiligung von Privatpersonen. Auf Basis bestehender landesrechtlicher Initiativen hat das Institut für Klimaschutz, Energie und Mobilität (IKEM) im Auftrag von Bündnis Bürgerenergie und der Bundesgeschäftsstelle Energiegenossenschaften beim DGRV einen konkreten Vorschlag für ein bundeseinheitliches Bürgerbeteiligungsgesetz an Wind- und Freiflächensolaranlagen erarbeitet. So soll die aktive Beteiligung von Bürgerinnen und Bürgern – hierunter fallen der Erwerb von Gesellschaftsanteilen oder einzelner z. B. Windräder – grundsätzlich der passiven finanziellen Beteiligung (Sparprodukte oder Nachrangdarlehen) Vorzug gegeben werden. Der administrative Aufwand sei zwar höher, dafür steige durch die gesellschaftliche Beteiligung die Identifikation mit der Anlage und die Akzeptanz der Energiewende vor Ort (BBE & DGRV, 2024).

Für die Volks- und Raiffeisensparkasse und die VRS-Finanzgruppe als dann zentralen Finanzierungspartnern der regionalen Energiewende kommen somit diverse Finanzierungs- und Investitionsmöglichkeiten in Frage:

- Finanzierung von Modernisierungskrediten an Privatkunden
- Finanzierung von Handwerksbetrieben und weiteren Dienstleistern
- Finanzierung von Energiegenossenschaften
- Finanzierung von Wohnungsbaugesellschaften und -genossenschaften
- Eigene Beteiligung an Energiewende-Projekten auf lokaler und regionaler Ebene
- Beteiligung der VRS-Finanzgruppe an großen Infrastrukturprojekten auf Länder- und Bundesebene (Übertragungsnetze)
- Finanzierung von regionalen Verteilnetzen und Smart Meter-Rollouts
- Auflage eines verbundeigenen „Energiewende"-Fonds, der wiederum in Startups oder Infrastrukturprojekte investiert

Wenn die deutschen Energiegenossenschaften seit 2006 3,4 Mrd. € in Erneuerbare Energien investiert haben (DGRV, 2023), für den weiteren Ausbau bis 2045 jedoch 440 Mrd. € veranschlagt werden (Abb. 7.1), wird die Dimension deutlich, um die es geht.

Dabei beträgt der aggregierte Einlagenüberhang aller Volks- und Raiffeisensparkassen im Jahr 2022 227 Mrd. €–144 Mrd. € bei den Sparkassen sowie 83 Mrd. € bei den Genossenschaftsbanken (BVR, 2023; DSGV, 2023b).

Flögel et al. stellen dann auch fest, dass Sparkassen und Genossenschaftsbanken eine ganz wesentliche Rolle bei der grünen Transformation gerade der deutschen KMU zukommt (2023). Tab. 7.1 stellt die Chancen und Risiken für die Sparkassen und Genossenschaftsbanken und damit auch für die Volks- und Raiffeisensparkassen gegenüber.

7.3.2 Volks- und Raiffeisensparkasse als Infrastrukturmanager

Wessel sieht vier Bereiche, in denen Sparkassen und Genossenschaftsbanken (finanzielle) Bürgerbeteiligungsmodelle direkt unterstützen können (Wessel 2017, S. 93):

1. „ideelle Unterstützung in Form von Wissensvermittlung und Weitergabe von Erfahrungswissen. Konkret kann das für die Praxis bedeuten, dass die Institute oder deren Verbände als fachlicher Ansprechpartner zur Verfügung stehen. Die Einrichtung eines Gründungszentrums durch einen Genossenschaftsverband und die damit einhergehende Begleitung von Bürgerbeteiligungen bei der Konzeption inklusive Prüfung von Businessplänen stellt eine mögliche Form dieser fachlichen Unterstützung dar. Auf Seiten der Sparkassen könnte diese Unterstützung bedeuten, dass Fach- und Führungskräfte der lokalen Sparkasse engagierten Bürgern hilfreiche Informationen überlassen bzw. ihr Fachwissen kostenlos zur Verfügung stellen.

Tab. 7.1 Chancen und Grenzen für Sparkassen und Genossenschaftsbanken bei der Einführung von Klimafolgenabschätzungen in der KMU-Kreditvergabe. Entnommen aus Flögel et al., 2023, S. 10

Chancen	Grenzen
Marktführerschaft bei der Kreditvergabe an Nicht-Finanzunternehmen und Selbstständige (besonders stark in Bezug auf KMU), daher große potenzielle Auswirkungen auf die grüne Transformation der deutschen Wirtschaft	Begrenzter Druck von den grünen Finanzmärkten aufgrund des traditionellen Bankenmodells und der entsprechend geringen Abhängigkeit von der Großkundenrefinanzierung
Die Nähe zu den KMU-Kunden hilft potenziell, klimarelevante (weiche) Informationen zu erhalten, die Klimaauswirkungen angemessen zu bewerten und die Kunden vor Ort bei ihrem Übergang zur Klimaneutralität zu unterstützen	Nichtoffenlegung und mangelnde Kenntnis klimarelevanter Informationen seitens der meisten KMU (in der Regel kein ESG-Rating)
Fähigkeit, auf lokaler Ebene zu agieren, aufgrund spezifischer Geschäftsbereiche und eines hohen Maßes an Autonomie	Potenzieller Mangel an kritischer Distanz zu KMU-Kunden, da es sich um eher „nachsichtige“ und weniger anspruchsvolle Kreditgeber handelt
Skaleneffekte, gemeinsame Nutzung von Fixkosten für Klimafolgenabschätzungen und Big-Data-Vorteile durch gemeinsames Handeln in der Finanzgruppe	Nicht-Anwendbarkeit einfacher Positiv- und Negativ-Screenings von Kreditnehmern aufgrund der doppelten Bottom-Line-Orientierung (Auftrag zur Unterstützung der lokalen Wirtschaft/Genossenschaftsmitglieder) und der besonderen Verantwortung als einziger lokaler Kreditgeber

2. sachliche Unterstützung in Form von Bereitstellung von Versammlungsräumen und technischem Support (Hosting der Homepage und Betreuung von Datenbanken der Bürgerbeteiligungen, EDV-Abwicklung usw.).
3. personelle Unterstützung der organisierten Bürgerbeteiligung in Form der Mitarbeit in den Leitungsorganen der Bürgerbeteiligung durch Führungskräfte oder Mitarbeiter von Sparkassen oder Kreditgenossenschaften; fallweise Unterstützung der Bürgerbeteiligung durch Überlassung von Mitarbeitern der Kreditinstitute oder Übernahme von anfallenden Verwaltungsaufgaben für die Bürgerbeteiligung.
4. finanzielle Unterstützung in Form einer symbolischen gesellschaftsrechtlichen Beteiligung an der Bürgerbeteiligung oder durch Zustiftungen in das Vermögen der engagierten Stiftungen. Ferner könnten die Sparkasse oder Kreditgenossenschaft durch die Einräumung von Sonderkonditionen für Bankdienstleistungen bzw. durch reduzierte Kreditkonditionen eine finanzielle Unterstützung der Bürgerbeteiligungsmodelle darstellen.“

Dies trifft sich mit der Selbstwahrnehmung deutscher Energiegenossenschaften. Als stark limitierende Faktoren für die weitere Entwicklung wird der Aufwand durch aufwändige und komplizierte Verfahren, zu wenig hauptberufliche Mitarbeitende und fehlendes Fachwissen genannt (Meister, 2021, S. 100).

Eine Volks- und Raiffeisensparkasse, die gerade immense Synergiepotenziale durch die Zusammenlegung ihrer Filialnetze (Abschn. 6.1.4) und die Verbindung ihrer Rechenzentralen realisiert hat (Abschn. 6.2.5), könnte bspw. analog zur Bundesgeschäftsstelle Energiegenossenschaften beim DGRV eine eigene Geschäftsstelle „Energiegenossenschaften" einrichten und den Energiegenossenschaften in ihrem Geschäftsgebiet die überflüssigen Bankfilialen sowie Personal zur Verfügung stellen. Auch der Aufbau einer digitalen Plattform für Energiegenossenschaften könnte durch die VRS-Rechenzentrale gestemmt werden, erst recht als Teil eines digitalen regionalen Ökosystems (Abschn. 4.3).

7.3.3 Volks- und Raiffeisensparkasse als Regulierungsmanager

Im deutschen Banken- und Energiesektor finden sich ähnliche ursprüngliche Strukturen. Dezentrale Unternehmen wie regionale Sparkassen und Genossenschaftsbanken und regionale Stadtwerke sowie Energiegenossenschaften existieren neben zentralisierten großen Banken und großen Energieunternehmen. Diese geografisch unterschiedliche Dienstleistungserbringung durch regionale und nationale/internationale Banken geht auf Zeiten zurück, in denen räumliche Nähe notwendig war, um zu kommunizieren und Geschäfte zu tätigen. Im Energiesektor ist die Infrastruktur, d. h. das lokale Verteilungsnetz als natürliches Monopol und kapitalintensive Kraftwerke, für die geografische Vielfalt verantwortlich. Auf der Ebene der Stadtwerke erklären territoriale Grenzen und das Örtlichkeitsprinzip die heutige Präsenz lokaler Energieversorger. Dieses Regionalprinzip existiert auch im Bankwesen (Flögel & Beckamp, 2020).

Beide Sektoren sind streng regulierte Branchen (Held & Jaguttis, 2024). Die Schaffung der Europäischen Bankenunion (EBU) sowie der Europäischen Energieunion waren zwei wesentliche Projekte im Rahmen der Binnenmarktintegration. Die Integrationspfade unterscheiden sich jedoch: Die „plötzliche" Gründung der EBU als Beispiel für punktuellen Wandel steht im Gegensatz zum inkrementellen institutionellen Wandel über einen längeren Zeitraum im Stromsektor (Eckert, 2022).

Die Gründung der EBU für die Länder der Eurozone kann als Abkehr von einem früheren, eher schrittweisen Weg des institutionellen Wandels gesehen werden. Es brauchte die Finanzkrise 2008/2009, um das Single Rulebook zu schaffen sowie die Staatsschuldenkrise 2012, um abrupt eine separate institutionelle Struktur für die Länder der Eurozone einzuführen (Abschn. 4.2.3).

Im Vergleich zu den Entwicklungen im Bankensektor hat die Integration der Strommärkte, wenn auch schrittweise, seit Ende der 1990er-Jahre stetigere Fortschritte gemacht. Bisher wurden vier Richtlinien zur Marktintegration im Elektrizitätssektor verabschiedet (Eckert, 2022).

In Sparkassen und Genossenschaftsbanken hat sich vor diesem Hintergrund ein professionelles Regulierungsmanagement etabliert. Jenseits der technischen Regulierung, der

Energiegenossenschaften unterliegen, könnte eine Volks- und Raiffeisensparkasse helfen, beispielsweise interne Unternehmensbereiche wie Controlling/Rechnungswesen, Technik, Recht und Personalwesen in das Regulierungsmanagement einer Energiegenossenschaft zu integrieren – eine solche Professionalisierung mit vielen spezialisierten Rollen fehlt bei vielen Energiegenossenschaften. Konkret könnte die Unterstützung in einem solchen Regulierungsmanagement folgende Aufgaben vorsehen (PwC, 2024):

- Kostenprüfungsverfahren begleiten (u. a. Vorbereitung, operative Durchführung, Qualitätssicherung, Begleitung bei Anhörungsverfahren)
- Operatives Regulierungsmanagement unterstützen (u. a. wiederkehrende Aufgaben und Mitteilungen an die Regulierungsbehörden)
- Einführung eines Netzkostencontrollings begleiten (u. a. Kostenrechnungen gemäß Entgeltverordnung implementieren und Umsatzerlöse ableiten)
- Geschäftsmodelle z. B. für Investitionsentscheidungen oder Konzessionsübernahmen gestalten (u. a. Szenario-Rechnungen erstellen)
- Netzentgelte ermitteln (u. a. Kostenstellenrechnung ableiten, Kostenwälzung ermitteln, spezifische Entgelte berechnen)
- Bei Stellungnahmen oder Analysen regulatorischer Sachverhalte unterstützen (z. B. Eigenkapitalzinsprognosen erstellen und behördliche Festlegungen kritisieren)

7.3.4 Volks- und Raiffeisensparkasse als Dachgenossenschaft

Eine Dachgenossenschaft für Energiegenossenschaften ist die Bürgerwerke eG, ein Zusammenschluss von mittlerweile 125 Energiegenossenschaften. Die Bürgerwerke eG übernimmt für ihre Mitglieder alle energiewirtschaftlichen Aufgaben und ermöglicht ihnen somit eine effizientere Form des Stromverkaufs (Meister, 2020, S. 13–14). Jenseits von Energiegenossenschaften gibt es Dachgenossenschaften wie „Wohnen Tübingen", die – als Zusammenschluss von verschiedenen selbstständigen gemeinschaftlichen Wohnprojekten – Unterstützung bei Planung, Finanzierung, Bau und langfristiger Bewirtschaftung von individuellen Wohnprojekten bietet (Dachgenossenschaft Wohnen Tübingen, 2024).

Als vollintegrierte Dachgenossenschaft ließe sich im weiteren Sinne die Volksbank BraWo deuten, die mit der Brawo Group ein Dach über zahlreiche Töchter- und Enkelunternehmen sowie Beteiligungen gespannt hat (Abschn. 5.2.3).

In diesem Kontinuum zwischen Markt und Hierarchie oder zwischen Mitgliederorganisation und Kapitalgesellschaft zeichnet die eingetragene Genossenschaft seit jeher eine Hybridität aus (Abb. 3.1 und Abschn. 5.2.1). Eine Volks- und Raiffeisensparkasse eG muss sich deshalb auch nicht für eines der Modelle entscheiden; sie gewinnt ihre Stärke, indem sie kontextabhängig von Fall zu Fall eine oder mehrere Rollen besetzt.

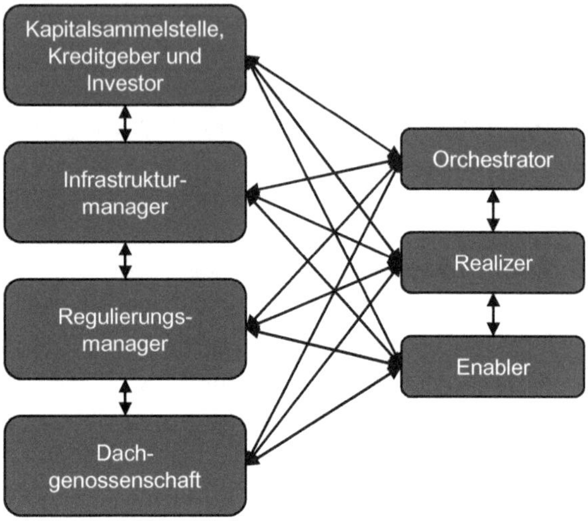

Abb. 7.5 Mögliche Rollen der Volks- und Raiffeisensparkasse im Ökosystem „dezentrale Energiewende". Eigene Darstellung

In einer zweiten Dimension kommen neben den hier skizzierten Rollen die in Wirkung, die in digitalen Ökosystemen ausgemacht werden (Kawohl et al., 2019):

- Orchestrator als Mittelsmann von Produkten und Diensten einer Plattform
- Realizer als Anbieter von Inhalten, Produkten und Services
- Enabler, der die Realizer und den Orchestrator durch die Lieferung von Technologien, Inhalten, Produkten und Services unterstützt.

Aus der Verknüpfung dieser beiden Perspektiven ergibt sich ein zweidimensionales Rollenverständnis für die Volks- und Raiffeisensparkasse, indem sich ihre vielfältigen möglichen Aufgaben im Ökosystem „dezentrale Energiewende" spiegeln (Abb. 7.5).

Aus diesen Aufgaben und Rollen im Ökosystem „dezentrale Energiewende" kann für die Volks- und Raiffeisensparkasse in ihrer Region die Meta-Rolle eines „Entwicklungsbürgermeisters" entstehen, wie es *Naughton und Pommerening* vorschlagen – dort bezogen auf ein Wertschöpfungsmodell „Heimat" (2023, S. 30–33, 88–89).

Literatur

Aretz, A., & Wiesenthal, J. (2023, Dezember 20). Warum es wichtig ist, die Energy-Sharing-Potenziale zu heben. *Tagesspiegel Background*. https://background.tagesspiegel.de/energie-klima/warum-es-wichtig-ist-die-energy-sharing-potenziale-zu-heben. Zugegriffen am 10.01.2024.

BDEW & Ernst & Young. (2023). Fortschrittsmonitor 2023 Energiewende. https://www.bdew.de/media/documents/EY-BDEW-Fortschrittsmonitor-2023-Ed.pdf. Zugegriffen am 07.01.2024.

BDEW, VKU & Deloitte. (2023). Kapital für die Energiewende. https://www2.deloitte.com/de/de/pages/presse/contents/Wie-die-Finanzierung-der-Energiewende-gelingen-kann.html. Zugegriffen am 06.01.2024.

Bundesgeschäftsstelle Energiegenossenschaften beim DGRV. (2024). Genossenschaftliche Wärmenetze als Chance für die Wärmewende: Positionspapier. https://www.dgrv.de/wp-content/uploads/2024/03/Positionspapier_Waermegenossenschaften.pdf. Zugegriffen am 04.05.2024.

Bundesnetzagentur. (2024). Messeinrichtungen/Intelligente Messsysteme. https://www.bundesnetzagentur.de/DE/Vportal/Energie/Metering/start.html. Zugegriffen am 10.01.2024.

Bundesverband Erneuerbare Energie. (2023). Eckpunkte eines Energy Sharing Modells. https://www.bee-ev.de/fileadmin/Redaktion/Dokumente/Meldungen/Positionspapiere/2023/20230417_BEE_Positionspapier_Energy_Sharing_Model.pdf. Zugegriffen am 26.04.2024.

Bündnis Bürgerenergie. (2020). Das Ökosystem der Bürgerenergie: Aus den Erfahrun-gen von Bürgerenergiegemeinschaften lernen. https://www.buendnis-buergerenergie.de/broschuere/oekosystem-der-buergerenergie. Zugegriffen am 21.04.2024.

Bündnis Bürgerenergie & DGRV. (2024). Vorschlag für ein bundeseinheitliches Bürgerbeteiligungsgesetz. https://www.dgrv.de/wp-content/uploads/2024/01/20240111_Positionspapier_Bundeseinheitliche_Burgerbeteiligungsgesetz_DGRV_BBEn_final.pdf. Zugegriffen am 21.04.2024.

BürgerEnergie Berlin. (2024). Netzhistorie. https://www.buerger-energie-berlin.de/themen/energienetze/netzhistorie/. Zugegriffen am 27.04.2024.

BVR. (2023). Entwicklung der Genossenschaftsbanken Ende 2022. https://www.bvr.de/Presse/Zahlen_Daten_Fakten. Zugegriffen am 21.04.2024.

Dachgenossenschaft Wohnen Tübingen. (2024). Über uns. https://dachgeno-tue.de/dachgenossenschaft-wohnen-tuebingen-ueber-uns/. Zugegriffen am 27.04.2024.

Dannemann, B. (2023, Juni 26). Energie gemeinsam nutzen. https://www.dgrv.de/energie-gemeinsam-nutzen-2/. Zugegriffen am 26.04.2024.

Deutsche Akademie der Technikwissenschaften. (2020). Zentrale und dezentrale Elemente im Energiesystem: Der richtige Mix für eine stabile und nachhaltige Versorgung. *Schriftenreihe zur wissenschaftsbasierten Politikberatung*. https://energiesysteme-zukunft.de/fileadmin/user_upload/Publikationen/PDFs/ESYS_Stellungnahme_zentral_dezentral.pdf. Zugegriffen am 06.01.2024.

Deutsche Energie-Agentur. (2023). Das dezentralisierte Energiesystem im Jahr 2030. https://www.dena.de/fileadmin/dena/Publikationen/PDFs/2023/231130_dena_Das_dezentralisierte_Energiesystem_im_Jahr_2030_WEB.pdf. Zugegriffen am 05.01.2024.

DGRV. (2023). Energiegenossenschaften 2023: Jahresumfrage des DGRV. https://www.dgrv.de/wp-content/uploads/2023/07/DGRV_Umfrage_Energiegenossenschaften_2023.pdf. Zugegriffen am 12.01.2024.

DSGV. (2021). Finanzbericht 2020. https://finanzbericht.dsgv.de/. Zugegriffen am 21.04.2024.

DSGV. (2023a). „Weil's um mehr als Geld geht – Selbstbestimmung und Teilhabe sichern." Erklärung der Sparkassen-Finanzgruppe anlässlich des 27. Deutschen Sparkassentags am 31. Mai und 1. Juni 2023 in Hannover. https://www.sparkasse.de/content/dam/dsgv-de/sparkassen-finanzgruppe/sparkassentag-2023/20230530_06_Hann_Erkl%C3%A4rung_PK_DST.pdf. Zugegriffen am 21.04.2024.

DSGV. (2023b). Geschäftsentwicklung der Sparkassen 2022. https://www.dsgv.de/content/dam/dsgv-de/sparkassen-finanzgruppe/downloads/Sparkassenrangliste%202022%20f%C3%BCr%20DSGV.de%20(06.04.2023).pdf. Zugegriffen am 21.04.2024.

Eckert, S. (2022). Supranational authorities and private actors as drivers of single market integration? The state of the Union in electricity an banking. *Journal of European Integration, 44*, 19–40. https://doi.org/10.1080/07036337.2021.2011265

Flögel, F., & Beckamp, M. (2020). Digitalisation and (De)centralisation in Germany: A comparative study of retail banking and the energy sector. *IAT Discussion Paper, 4*. https://doi.org/10.2139/ssrn.3636537

Flögel, F., Schepelmann, P., Zademach, H.-M., & Zörner, M. (2023). Injecting climate finance into SME lending in Germany: Opportunities for and limitations of regional savings and cooperative Banks. *ZFW – Advances in Economic Geography*. https://doi.org/10.1515/zfw-2022-0011

Frank, D., Schmid, E., Bauknecht, D., Epp, J., Lehmann, P., Reutter, F., Scheidler, V., Vogel, M., & Wingenbach, M. (2022). Zielkonflikte im energiepolitischen Zielviereck: Die dezentrale Energiewende zwischen Gerechtigkeit, Wirtschaftlichkeit, Versorgungssicherheit und Umweltschutz. *Germanwatch Diskussionspapier*. https://www.germanwatch.org/sites/default/files/DEZ-Zielkonflikte-2022-Diskussionspapier.pdf. Zugegriffen am 06.01.2024.

Franke, P. (2023). Dreamteam Bürgerenergie und Kommune. *Energiezukunft, Heft 34*, 38–39. https://www.energiezukunft.eu/fileadmin/user_upload/Magazin-PDFs/energiezukunft/energiezukunft_2023_34.pdf. Zugegriffen am 27.04.2024.

Greive, M. (2024, Januar 8). Die enthemmte Gesellschaft. *Handelsblatt*.

Hanke, F., & Guyet, R. (2023). The struggle of energy communities to enhance energy justice: insights from 113 German cases. *Energy, sustainability and society, 13*, 1–16. https://doi.org/10.1186/s13705-023-00388-2

Held & Jaguttis. (Hrsg.). (2024). Regulierte Branchen. https://heldjaguttis.com/de/kompetenzen/regulierte-branchen/. Zugegriffen am 27.04.2024.

Henning, H.-M., Meyer, T., & Zuber, F. (2021). Vor-Ort-Potenziale der Energiewende entfesseln – Subsidiarität als neues Grundprinzip des Energiesystems. Impulspapier der Reiner Lemoine Stiftung. https://www.reiner-lemoine-stiftung.de/veroeffentlichungen/vor-ort-versorgung. Zugegriffen am 06.01.2024.

Hoeren, H.-P. (2024). „Finanzierung muss in der Region stattfinden". *Zeitschrift für kommunale Wirtschaft, Heft 3*. https://www.bet-energie.de/fileadmin/redaktion/PDF/Veroeffentlichungen/2024/ZFK_Finanzierung_muss_in_der_Region_stattfinden_Michael_Seidel.pdf. Zugegriffen am 27.04.2024.

Höffler, F., Schaefer C., Papenfuß, U., Rosenfeld M., T. W., & Landsberg, G. (2013). Rekommunalisierung: Renaissance öffentlicher Unternehmen? *Wirtschaftsdienst, 93*, 71–86. https://doi.org/10.1007/s10273-013-1489-1

Hoops, B. (2023, September 7). To share or not to share: Wie Energiegenossenschaften in Deutschland sich organisatorisch verändern müssen, um vom Energy Sharing zu profitieren. https://www.genoverband.de/newsroom/news/aus-dem-verband/to-or-not-to-share-wie-energiegenossenschaften-in-deutschland-sich-organisatorisch-veraendern-muessen-um-vom-energy-sharing-zu/. Zugegriffen am 26.04.2024.

Irrek, W. (2024, Januar 9). Die Illusion von einem schmerzfreien Klimaschutz. *Handelsblatt*.

Jenner, S., Schmitz-Grethlein, F., & Uhlemann, A. (2017). Das Stadtwerk der Zukunft: Progressive Ansätze für Stadtwerke und Politik. https://www.progressives-zentrum.org/wp-content/uploads/2022/07/Discussion-Paper-Das-Stadtwerk-der-Zukunft_DPZ_VKU.pdf. Zugegriffen am 27.04.2024.

Jensen, D. (2023, Juli 1). Startgeld für die große Wende. *TAZ am Wochenende*. https://taz.de/!5941455/. Zugegriffen am 21.04.2024.

Kawohl, J., Krechting, D., & Borchers, P. (2019, Oktober 1). So entwickelst Du erfolgreiche Ökosystem-Strategien. https://t3n.de/news/entwickelst-erfolgreiche-1203168/. Zugegriffen am 19.05.2024.

Kersten, J. (2022). Begriffsgeschichte und rechtlicher Rahmen. In von C. Neu (Hrsg.), *Handbuch Daseinsvorsorge* (S. 18–25). VKU Verlag.

Krapp, C. (2024, Januar 19). Octopus Energy, Tibber und Rabot Charge treiben Ausbau voran. *Handelsblatt*. https://www.handelsblatt.com/unternehmen/energie/smart-meter-octopus-energy-tibber-und-rabot-charge-treiben-ausbau-voran/100005321.html. Zugegriffen am 20.04.2024.

Krapp, C., Witsch, K, & Stratmann, K. (2024, Januar 8). Das Billionenprojekt. *Handelsblatt*.

Krause, F., Bossel, H., & Müller-Reißmann, K.-F. (1980). *Energie-Wende: Wachstum und Wohlstand ohne Erdöl und Uran*. S. Fischer.

Lüke, O. (2001). *Chancen für Genossenschaften im Zuge der Privatisierung*. Shaker.

Meister, T. (2020). Kooperationsstrukturen von Energiegenossenschaften in Deutschland. *Zeitschrift für das gesamte Genossenschaftswesen, 70*(1), 8–30. https://doi.org/10.1515/zfgg-2020-0002

Meister, T. (2021). Kooperative Energiewende: Die Bedeutung von lokalen Governance-Strukturen für Energiegenossenschaften in Deutschland. Bonn. https://nbn-resolving.org/urn:nbn:de:hbz:5-63771.

Naughton, C., & Pommerening, C. (2023). *Digitale Regionalökonomie*. Gabal.

Netzwerk Energiewende jetzt. (2024). Wie Energiegenossenschaften und Stadtwerke zusammenarbeiten. https://www.energiegenossenschaften-gruenden.de/kooperation-stadtwerke.html. Zugegriffen am 27.04.2024.

Neumann, C. (2023, Juni 14). Starkes Bündnis für regionale Energiewende. *WochenSpiegel*. https://www.wochenspiegellive.de/stadt-trier/artikel/starkes-buendnis-fuer-regionale-energiewende. Zugegriffen am 21.04.2024.

Nievelstein, L.-E. (2024, April 26). Neues Ampel-Gesetz für Photovoltaik: Das ändert sich für Hausbesitzer. *TZ*. https://www.tz.de/wirtschaft/bundesverband-bundesregierung-winkt-solarpaket-durch-solarenergie-solarbranche-energiewende-zr-93017909.html. Zugegriffen am 26.04.2024.

o. V. (2021, November 18). Neues Beteiligungsmodell für regionale Energieprojekte. *Bayerische Gemeindezeitung*.

Ohmke-Reinicke, A. (2018). Bürgerbeteiligung: Entpolitisierung durch Politik? Zur Rekonstruktion politischer Partizipation. In von L. Holstenkamp & J. Radtke (Hrsg.), *Handbuch Energiewende und Partizipation* (S. 421–436). Springer VS.

Otte, H. (2023). EnBW verkauft fast ein Viertel von TransnetBW an Sparkassen. https://www.swr.de/swraktuell/baden-wuerttemberg/enbw-will-anteile-stromnetzbetreiber-transnetbw-an-sparkassen-verkaufen-100.html. Zugegriffen am 21.04.2024.

PwC. (2024). Regulierungsmanagement in der Energiewirtschaft. https://www.pwc.de/de/energiewirtschaft/regulierung/regulierungsmanagement.html. Zugegriffen am 27.04.2024.

Radtke, J. (2023). Energiewende-Konflikte und Populismus: Zur Rolle lokaler Akteure. RIFS Study. https://publications.rifs-potsdam.de/pubman/item/item_6003038. Zugegriffen am 27.11.2024.

Rave, T. (2016). Der Ausbau Erneuerbarer Energien im Föderalismus und Mehrebenensystem – Neoklassische und neoinstitutionalistische Perspektiven. *ifo Forschungsberichte, 75*. https://www.ifo.de/publikationen/2016/monographie-autorenschaft/der-ausbau-erneuerbarer-energien-im-foederalismus-und. Zugegriffen am 06.01.2024.

Rech, D. (2023, November 15). Was das Urteil des Bundesverfassungsgerichts zum Haushalt bedeutet. *Die Zeit*. https://www.zeit.de/politik/deutschland/2023-11/nachtragshaushalt-2021-bundesverfassungsgericht-urteil-faq#wie-begruendet-das-bundesverfassungsgericht-sein-urteil. Zugegriffen am 09.06.2024.

Röhring, A., & Gailing, L. (2019). Energiewende dezentral! Regionale Handlungsräume der Energiewende und des Klimaschutzes. https://leibniz-irs.de/fileadmin/user_upload/IRS_Dialog_Transferpublikationen/2019_Policy-Paper_Energiewende.pdf. Zugegriffen am 05.01.2024.

Rottmann, O., & Grüttner, A. (2017). Finanzielle Bürgerbeteiligung bei Infrastrukturprojekten. In von W. Kluth (Hrsg.) *Infrastrukturgenossenschaften* (S. 45–70). Universitätsverlag Halle-Wittenberg.

Specht, F. (2023, September 20). Entwickelt sich Deutschland zum kranken Mann Europas? *Handelsblatt*. https://www.handelsblatt.com/meinung/kommentare/kommentar-entwickelt-sich-deutschland-zum-kranken-mann-europas/29392304.html. Zugegriffen am 08.01.2024.

Theurl, T., & Kleene, S. (2018). Energiegenossenschaften aus institutionenökonomischer Perspektive. In von L. Holstenkamp & J. Radtke (Hrsg.), *Handbuch Energiewende und Partizipation* (S. 243–258). Springer VS. https://doi.org/10.1007/978-3-658-09416-4_15.

Wefing, H. (2021, April 29). Daran kommt niemand mehr vorbei. *Die Zeit*. https://www.zeit.de/politik/deutschland/2021-04/bundesverfassungsgericht-klimaschutzgesetz-justiz-urteil-klimaklage-freiheitsrechte-einschraenkung. Zugegriffen am 09.06.2024.

Wessel, F. (2017). Die Ko-Produktion von freiwilligen kommunalen Aufgaben mit Hilfe finanzieller Bürgerbeteiligungsmodelle unter Einbeziehung von Sparkassen und Kreditgenossenschaften. In von W. Kluth (Hrsg.), *Infrastrukturgenossenschaften* (S. 71–100). Universitätsverlag Halle-Wittenberg.

8 Umsetzungsskizze zur Volks- und Raiffeisensparkasse

8.1 Zielbild und Meilensteine im Überblick

Das in Abschn. 5.3.4 vorgestellte Groupe BPCE-Modell macht deutlich, dass es für die Etablierung der Volk- und Raiffeisensparkasse und erst recht einer Finanzgruppe der Volks- und Raiffeisensparkassen – wie es Abb. 8.1 abbildet – einen langen Atem brauchen wird.

In Frankreich hat es 25 Jahre für die heutige Formation erfordert, zählt man ausgehend von der gesetzlichen Umfirmierung der Sparkassen in Genossenschaften im Jahr 1999. Und die Konsolidierung hat nur auf Verbundebene stattgefunden, während die beiden Marken „Banque Populaire" and „Caisse d'Epargne" am Markt weiterhin getrennt voneinander agieren. So hat man sich erst mit dem vierten strategischen Plan im Jahr 2021 vorgenommen, eine einheitliche – beide Marken umspannende – IT zu entwickeln und dafür die IT-Einheiten zusammenzuführen (Groupe BPCE, 2021, S. 37).

Für die Transformation zur Volks- und Raiffeisensparkasse wird ein mehrgleisiges und mehrstufiges Vorgehensmodell vorgeschlagen, das kurzfristig erste Schritte wagt, mittelfristig die richtigen Weichen stellt und langfristig eine tiefgehende Integration beider Primärbanktypen und ihrer Verbünde erreicht.

Dazu werden zunächst fünf strategische Ziele/Umsetzungspakete formuliert:

1. Zusammenlegung der Filialnetze
2. Integration der IT-Systeme bzw. gemeinsame Neuentwicklung von IT
3. Umfirmierung der Sparkassen in eingetragene Genossenschaften
4. Zusammenschluss von Verbundunternehmen
5. Zusammenschluss von VR-Bank eG und Sparkasse eG

M.-P. Dagott, *Die Volks- und Raiffeisensparkasse eG*,
https://doi.org/10.1007/978-3-658-45751-8_8

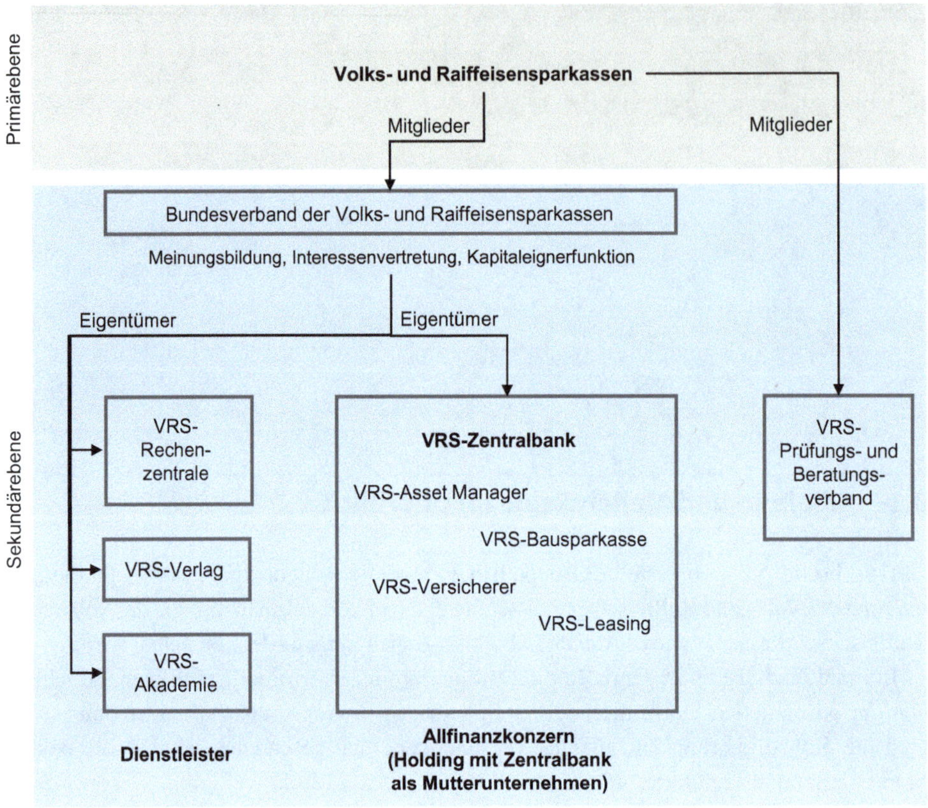

Abb. 8.1 Die Finanzgruppe der Volks- und Raiffeisensparkassen. Eigene Darstellung

Diese gilt es dann auf eine Zeitschiene zu setzen. Für das im Weiteren ausgebreitete idealtypische Vorgehen soll das der Zeitraum von 2025 bis 2040 sein. Strategische Ziele und Zeitschiene werden dann über konkrete Maßnahmen verbunden und ergeben einen Umsetzungsfahrplan. Abb. 8.2 zeigt dies exemplarisch.

In den folgenden Abschnitten werden skizzen- und beispielhaft Maßnahmen beschrieben, die mitunter ineinandergreifen, voneinander abhängig sind oder unabhängig voneinander ergriffen werden können.

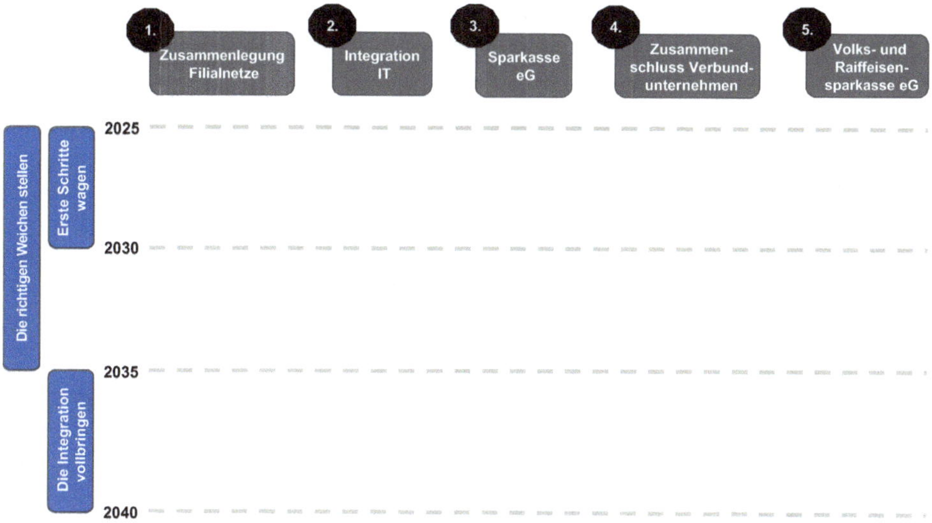

Abb. 8.2 Idealtypisches Vorgehensmodell. Eigene Darstellung

8.2 Erste Schritte wagen

8.2.1 Filialen zusammenführen

Die bereits existierenden gemeinsamen (SB-)Filialen basieren in der Regel auf Nutzungsvereinbarungen zwischen Genossenschaftsbank und Sparkasse. Auf die Dauer von fünf oder mehr Jahren abgeschlossen, räumen diese dem Vertragspartner, der die Räume des anderen nutzt, das Recht ein, die erforderliche Infrastruktur und SB- Technik zu installieren. Das Nutzungsentgelt wird auf Basis der Investitionskosten zuzüglich der Betriebs- und Nebenkosten (Bargeldversorgung, Wartung, Reparatur, Versicherung, Briefkastenleerung usw.) vereinbart. Die Außenwerbung wird gemeinsam gestaltet.

Frankfurter Volksbank und Taunus Sparkasse bieten mit ihren Finanzpunkten ein schlüsselfertiges Konzept an (Abschn. 5.3.3), das sogar Verträge umfasst, die mit Landes- und Bundeskartellbehörden abgestimmt, aber auch Bundesbank und BaFin bekannt sind (Hippler, 2021).

Angesichts des stetig fortschreitenden Wertverfalls der Filialstruktur aufgrund verschiedener Einflussfaktoren – immer mehr Kunden, die die physische Filiale nicht mehr aufsuchen (Abschn. 4.2.1), neue Wettbewerber (Abschn. 5.3.1), neue Technologien (Abschn. 4.3.2) und Regulierung, die einseitig filialbasierte Banken benachteiligt (Abschn. 5.1.4), gilt es, die beiden Filialsysteme schnellstmöglich zusammenzuführen. Erst recht, wenn die Pläne der EU-Kommission umgesetzt werden, wonach Filialbanken künftig eine aufwändige Folgenabschätzung erstellen müssen, bevor sie eine Filiale schließen oder einen Geldautomaten abbauen wollen (Lachmann, 2024). An dieser Stelle gibt es die einmalige Chance, das wirtschafts- und raumgeografisch „perfekte" Filialnetz zu knüpfen.

Das freigesetzte Kapital in Milliardenhöhe (Abschn. 6.1.4) kann zukunftsgerichtet in neue Technologie und den Aufbau eines gemeinsamen Ökosystems investiert, der eklatante Fachkräftemangel weitgehend aufgefangen werden (Abschn. 4.2.2).

8.2.2 Rechenzentralen verbinden

Die Zusammenführung von Atruvia und Finanz Informatik ist die Voraussetzung für viele weitere Maßnahmen. Bereits auf dem Weg ist die Verbindung der SB-Geräte, sodass es keiner doppelten Infrastruktur in den gemeinsamen Filialen mehr bedarf (Abschn. 6.2.5). Die bestehenden Ressourcen beider Rechenzentralen (Anzahl Mitarbeiter) und die zügig zu realisierenden Sachsynergien (Anzahl SB-Geräte oder Anzahl Backup-Rechenzentralen) ermöglichen sogar die Neuentwicklung eines Bankanwendungsverfahrens auf der grünen Wiese, was die Finanzgruppen getrennt voneinander finanziell nicht bewerkstelligen könnten.

Folgerichtig wird auch nur ein digitales regionales Ökosystem aufgebaut. Mitarbeiter, die in der Rechenzentrale der Volks- und Raiffeisensparkassen nicht mehr benötigt werden, werden zielgerichtet in den Volks- und Raiffeisensparkassen eingesetzt werden, wo händeringend IT- und KI-Experten gesucht werden.

In einem ersten Schritt bringen beide Rechenzentralen den Betrieb der SB-Geräte, die in gemeinsamen Filialen installiert sind, oder die Entwicklung neuer Software in eine gemeinsame Tochter ein. Es ist weiterhin zu hinterfragen, ob es zwei Banking-Apps braucht, zumal die Sparkassen-Banking-App besser bewertet wird als die VR-Banking-App (Mühle, 2024).

8.2.3 Stromnetze kaufen und Smart Meter-Rollout finanzieren

Die immensen Kosten der Energiewende kann der Staat nicht allein schultern (Abb. 7.1). Die Diskussion um die deutschen Stromnetze macht das deutlich. Die aktuellen Besitzer suchen Investoren, der deutsche Staat nach Einfluss (Krupp & Stratmann, 2024, S. 18–19).

Anknüpfend an den Kauf eines 24,95-prozentigen Anteils an TransnetBW durch ein Sparkassenkonsortium (Abschn. 7.3.1), sorgen Sparkassen-Finanzgruppe und genossenschaftliche FinanzGruppe für ein Ausrufezeichen und erwerben gemeinsam die gerade am Markt befindlichen Anteile an Tennet und Amprion. Die gemeinsame Finanzierung eines Smart Meter-Rollouts, der eine fundamentale Voraussetzung für das Gelingen der (regionalen) Energiewende darstellt, ist eine weitere Option.

Auf lokaler Ebene richten Sparkassen und Genossenschaftsbanken gemeinsame Geschäftsstellen „Energiegenossenschaften" oder „lokale Energiewende" ein und stellen diesen leer stehende Bankfilialen sowie Personal zur Verfügung. Vorbild kann die Bundesgeschäftsstelle Energiegenossenschaften beim DGRV sein. Ebenso kann der Aufbau einer digitalen Plattform für Energiegenossenschaften durch die VRS-Rechenzentrale gestemmt werden, erst recht als Teil eines digitalen regionalen Ökosystems (Abschn. 4.3.3).

8.2.4 Nutzen gegenüber allen Stakeholdern transparent machen

Basierend auf Experteninterviews von Sparkassen- und VR Bank-Vorständen arbeitet *Hille* die Motive für eine (verbundinterne) Fusion heraus (2022, S. 172):

1. Kostenstruktur verbessern
2. Synergien heben
3. Eigenständigkeit wahren
4. Nutzung digitaler Möglichkeiten
5. Personal
6. Nachfolgeregelung
7. Zusammenführen von Marktgebieten

Jedes dieser Motive lässt sich besser durch eine Fusion von Sparkassen und Genossenschaftsbanken verfolgen als durch die übliche, verbundinterne Fusion (Abschn. 6.1).

Im Weg stehen neben rechtlichen Hürden (Abschn. 8.3.3 und 8.3.6) starke Vorbehalte auf Seiten verschiedener Stakeholder (Abschn. 8.3.2). Dennoch gilt es, mit einer Kommunikationsstrategie das Verbindende zu formulieren und herauszustellen.

8.2.5 Persönliche Verbindungen identifizieren

Der damalige Gründungsvorstand der DWP-Bank *Christensen* stellte fest, dass „im Zuge der Fusion kulturelle Unterschiede bei den Mitarbeitern zutage [traten]. Sie waren so stark, dass man sich nicht verstanden hat. Es gab für übereinstimmende Prozesse und Aufgaben unterschiedliche Namen und Begriffe. Wir haben ein Jahr benötigt, um uns zu verstehen, was nicht einfach war“ (Oebbecke et al., 2006, S. 114).

Die beiden am häufigsten genannten prägenden Faktoren der Unternehmenskultur in Sparkassen und Genossenschaftsbanken sind der Vorstand und dessen Führungsstil sowie die geografische Lage und die damit verbundene regionale Kultur (Hille, 2022, S. 195). Letzteres ist bei einer Fusion von Sparkasse und Genossenschaftsbank zwangsläufig gegeben. Menschen, die beide Banktypen von innen kennen, könnten bei der Anbahnung eines Zusammenschlusses zur Volks- und Raiffeisensparkasse helfen. Tab. 8.1 zeigt beispielhaft Bankmanager, die diese Erfahrungen mitbringen.

8.2.6 Verlage fusionieren, Kartenproduktion konsolidieren und Payment-Dienstleister konzentrieren

Ein konsolidierter Verlag der Volks- und Raiffeisensparkassen (Abschn. 6.2.8) wird schnell Synergiepotenziale erzielen. Beim Einkauf von Büro- und Werbematerial, bei der Herstellung von Fachbüchern und anderen Printprodukten oder der Produktion von Bezahlkarten entstehen nennenswerte Skaleneffekte. Die Sparkassen-Finanzgruppe holt die Produktion

Tab. 8.1 Menschen mit Erfahrungen in der Sparkassen-Finanzgruppe und in der genossenschaftlichen FinanzGruppe. Eigene Recherche und Darstellung

Name	Tätigkeit Sparkassen-Finanzgruppe	Tätigkeit genossenschaftliche FinanzGruppe
Achim Seiler	Vorstand, Sparkasse Südpfalz	Vorstand, Vereinigte VR Bank Kur- und Rheinpfalz
Andrea Kilian	Vorstand, Frankfurter Sparkasse	Frankfurter Volksbank
Carsten Ueberschär	Regionsleiter, Braunschweigische Landessparkasse Braunschweig	Generalbevollmächtigter, Volksbank Braunschweig-Wolfsburg
Frank Lorenz	Geschäftsführer, Hochschule für Finanzwirtschaft & Management	Leiter Berufsakademie für Bankwirtschaft, GenoAkademie
Marc Barber	stellv Vorstandsmitglied, Rheinhessen Sparkasse	Vorstand, Volksbank Rhein-Lahn-Limburg
Markus Lehnemann	Vorstand, Sparkasse Hannover	Vorstand, Sparda-Bank Nürnberg
Peter Moll	Vorstand Förde Sparkasse	Generalbevollmächtigter Volksbank Köln Bonn eG
Stephan Ortolf	Vorstand, Sparkasse Köln-Bonn	Bereichsleiter, DZ Bank
Tanja Müller-Ziegler	Vorstand Berliner Sparkasse	Vorstand, BVR
Ulrike Brouzi	Vorstand, Nord LB	Vorstand, DZ Bank

von Bezahlkarten wieder zurück und gibt sie zur Raiffeisendruckerei, die ihre Kapazitäten besser auslasten und dann ausweiten kann.

Da beide Verlage nicht in Konzernstrukturen eingebunden sind – DG nexolution ist eine Genossenschaft mit nahezu allen Genossenschaftsbanken als Mitgliedern, der Deutsche Sparkassen Verlag im Eigentum der regionalen Sparkassenverbände und Landesbanken (Tab. 6.15) –, und eher Cost- als Profitcenter sind, sind die Hürden eines Zusammenschlusses überschaubar.

Aus dem VRS-Verlag wird der 50 %-Anteil des Deutschen Sparkassen Verlags an Payone und der 5 %-Anteil der DG nexolution an VR-Payment in eine neue Gesellschaft eingebracht, die auch die 90 %-Beteiligung der DZ Bank an VR-Payment aufnimmt. So kommt (teilweise) wieder zusammen, was früher zusammengehörte (Abschn. 6.2.6 und insbesondere Abb. 6.4).

8.2.7 Wero ins Laufen bringen

Ende 2023 wurde die erste Transaktion mit der InstantPaymentLösung Wero durchgeführt. Die Transaktion wurde im Rahmen eines „Proof of Concept“ zwischen der Sparkasse ElbeElster und der französischen Banque Populaire und Caisse d'Epargne (Groupe BPCE) realisiert (o. V., 2024b).

Wero ist nach Paydirekt der nächste Anlauf der deutschen (und europäischen) Bankindustrie, Paypal und anderen Zahlungsdienstleistern ein Angebot entgegenzusetzen (Atzler, 2020).

In der European Payments Initiative (EPI) haben sich 14 niederländische, belgische, französische und deutsche Banken zusammengeschlossen. Darunter die Sparkassen-Finanzgruppe, die Deutsche Bank sowie die DZ Bank, welche sich zwischenzeitlich zurückgezogen hatte. Hinzu kommen die Zahlungsverkehrsabwickler Worldline aus Frankreich und Nexi aus Italien (Montz, 2024).

Technisch auf der Grundlage von SEPA-Echtzeitüberweisungen soll Wero zunächst Zahlungen von Handy zu Handy ermöglichen, sowohl unter Privatpersonen (Person-to-Person, P2P) als auch an gewerbliche Händler (P2Pro). Um den Jahreswechsel 2024/25 steht der Start im Onlinehandel an, ein weiteres halbes Jahr später in Kassensystemen des stationären Handels (Montz, 2024).

Zu der Skepsis, ob Wero gegen die etablierten Wettbewerber eine Chance hat, gesellt sich zudem die Unsicherheit der beteiligten Banken hinzu, was EZB und EU-Kommission mit dem avisierten digitalen Euro vorhaben. „Sollte die EZB über die Banken eine eigene Wallet für den digitalen Euro auf den Markt bringen, wäre EPI beziehungsweise Wero vermutlich am Ende, noch bevor es richtig zum Fliegen gekommen ist. Denn da die Banken diese Wallet wohl würden anbieten müssen, dürfte es schwerfallen, den Kunden eine weitere Lösung daneben schmackhaft zu machen. Anders könnte es aussehen, wenn der digitale Euro auf der von EPI geschaffenen Lösung aufsetzen würde. Dann wäre Akzeptanz und damit vermutlich auch die Nutzung weitgehend garantiert" (o. V., 2024a, S. 5).

In Verbindung mit den übrigen hier genannten Maßnahmen – die Zusammenlegung der Filialnetze (Abschn. 8.2.1), der Zusammenschluss der Rechenzentralen (Abschn. 8.2.2) sowie die Fusion der Verlage (Abschn. 8.2.6) – könnte ein starkes Investment von Sparkassen und Genossenschaftsbanken auch ihre Sichtbarkeit in den digitalaffinen Zielgruppen erhöhen.

8.2.8 Integrierte Sparkassen aus Landesbanken herauslösen

Mit der Frankfurter Sparkasse, der Braunschweigischen Landessparkasse und der BW-Bank gibt es drei Sparkassen, die Teil der jeweiligen Landesbankkonzerne sind. Ursächlich hierfür sind historische Entwicklungen (Braunschweigische Landessparkasse und BW-Bank) oder im Fall der Frankfurter Sparkasse eine wirtschaftliche Notlage (Abschn. 3.3.2).

Die Herauslösung der Braunschweigischen Landessparkasse aus der Nord LB ist Gegenstand einer aktuellen kommunalpolitischen Initiative in der Region Braunschweig. Inzwischen eine teilrechtsfähige Anstalt in der Anstalt (AidA) Nord LB, gibt es Pläne, wie die Selbstständigkeit hergestellt werden könnte (Abschn. 5.1.1).

Die BW-Bank ist tiefer in die LBBW integriert. Als rechtlich unselbstständige Anstalt der LBBW liegt bei ihr das Privat- und Unternehmenskundengeschäft für Baden-Württemberg; auf dem Gebiet der Landeshauptstadt Stuttgart erfüllt sie die Aufgaben einer Sparkasse (BW-Bank, 2020). Die Herauslösung dieser Sparkassenfunktion ist di Möglichkeit, die Trägerstrukturen der LBBW zu vereinfachen (Abschn. 8.3.5).

Die Frankfurter Sparkasse ist eine rechtsfähige und landesunmittelbare Anstalt des öffentlichen Rechts, deren alleiniger Träger die Helaba ist. Die Trägerschaft an der Fraspa kann auf hessische Gemeinden, Gemeindeverbände, öffentlich-rechtliche Stiftungen, Gemeinschaftssparkassen oder kommunale Zweckverbände übertragen werden (Abschn. 5.1.1 und insbesondere Abb. 5.3).

Konsequenterweise sind auch die Landesbausparkasse Hessen-Thüringen sowie die Wirtschafts- und Infrastrukturbank Hessen (WIBank) aus der Helaba herauszulösen. In allen übrigen Bundesländern ist beides längst passiert. Die Abgabe der WIBank als Förderbank an das Land Hessen ist die Chance, die Helaba zunächst in das alleinige Eigentum der Sparkassen-Finanzgruppe zu überführen (Abschn. 8.3.5).

8.2.9 DKB verkaufen

Mit der DKB hat die Bayerische Landesbank eine eigene Vertikalisierungsstrategie gefahren und einen unmittelbaren Konkurrenten zu den bayerischen Sparkassen aufgebaut.

Die Konzern-Bilanzsumme der Bayern LB beträgt per 31.12.2023 273 Mrd. €. Die DKB steuert davon 121 Mrd. € bei. Das Konzernergebnis in Höhe von 1,4 Mrd. € kommt zu 70 % von der Tochter DKB (2024). Im Jahr 2022 wurde ein Verkaufspreis in Höhe von 3 Mrd. € für die DKB kolportiert (Barth, 2022).

In jedem Fall kann das ein Hebel für die Vereinfachung der Trägerstrukturen der Bayern LB sein (Abschn. 8.3.5). Heute gehört diese zu 75 % dem Freistaat Bayern und zu 25 % den bayerischen Sparkassen (Abschn. 6.2.1).

8.3 Die richtigen Weichen stellen

8.3.1 Weitere verbundinterne Mega-Fusionen verhindern

Die Argumente für weitere Fusionen, die zunehmend Sparkassen und Genossenschaftsbanken mit Bilanzsummen jenseits der 10 Mrd. € entstehen lassen, sind immer dieselben (Atzler, 2022; Buchholz, 2023):

- Man müsse jetzt „aus einer Position der Stärke heraus selbst aktiv werden."
- „Es ist ein strategischer Schritt, um uns für die Herausforderungen der Zukunft aufzustellen."
- Es wird „notwendig sein, noch größere Kreditvolumina als bisher zu stemmen."
- Durch einen Zusammenschluss könnten die Fusionspartner resistenter gegen Krisen werden – „unter anderem durch eine sehr solide und robuste Kapitalausstattung".
- Die Fusion könne die Herausforderungen des Fachkräftemangels abfedern und
- „die Stärken beider Sparkassen bündeln."

Das Fusionskarussel der einen Gruppe wird schließlich durch das der anderen befeuert. So rechtfertigt der Darmstädter Oberbürgermeister die geplante Fusion seiner Sparkasse mit der Sparkasse Dieburg u. a. mit einem veränderten Wettbewerbsumfeld durch Fusionen im Volksbankensektor (Buchholz, 2024a) – und spielt auf die Fusion der Volksbanken

Tab. 8.2 Abgeschlossene Fusionen und Fusionsvorhaben 2023 und 2024 mit Volumina von 10 Mrd. € oder mehr. Eigene Darstellung. (Buchholz & Rudolph, 2024; Buchholz, 2024a, b; Hall, 2024; Rohrig, 2024a, b, c, d; Rudolph 2024a, b)

Fusionspartner 1	Bilanzsumme (Mrd. Euro)	Fusionspartner 2	Bilanzsumme (Mrd. Euro)
Volksbank Mittelhessen	10,8	VR-Bankverein Bad Hersfeld-Rotenburg	1,1
Sparkasse Münsterland-Ost	12,6	Sparkasse Beckum-Wadersloh	1,1
Sparkasse Darmstadt	6,1	Sparkasse Dieburg	3,2
Sparkasse Westmünsterland	10,3	Stadtsparkasse Haltern am See	0,4
KSK Köln	29,5	Sparkasse Radevormwald-Hückeswagen	0,6
Volksbank im Münsterland	7,5	Warendorfer Volksbank	3,0
Volksbank Bielefeld-Gütersloh	5,7	Volksbank Herford-Mindener Land	4,8
Frankfurter Volksbank	15,4	Raiffeisen-Volksbank Aschaffenburg	3,6
Mainzer Volksbank	8,7	Darmstadt-Südhessen	5,6
Sparkasse Schwaben-Bodensee	9,5	Sparkasse Günzburg-Krumbach	2,4

Mainz und Darmstadt an. Tab. 8.2 gibt einen Überblick über gerade abgeschlossene Fusionen und Fusionsvorhaben in beiden Gruppen.

In Folge dieser großen verbundinternen Zusammenschlüsse werden die Kernmerkmale von Sparkassen und Genossenschaftsbanken peu à peu verwässert: Kleinheit und Dezentralität (Abschn. 5.3.1) sowie die Einbettung in die lokale Gemeinde (Abschn. 6.1.2). Dabei sind die Synergiepotenziale begrenzt, da sich die Filialnetze nur an den Rändern der Fusionspartner überlappen (Abschn. 6.1.4). Wünschenswert wäre ein Fusions-Moratorium beider Gruppen im Sinne freiwilliger Selbstverpflichtungen.

8.3.2 Politik und weitere Stakeholder überzeugen

Blankenburg weist im Rückgriff auf die ökonomische Theorie der Politik nach, dass „aus dem politischen Raum kaum mit Impulsen zu einer Privatisierung der Sparkassen zu rechnen ist, unabhängig von der Überzeugungskraft normativer Argumente." Da die Privatisierung der öffentlich-rechtlichen Kreditinstitute aber Voraussetzung für eine echte Fusion mit Genossenschaftsbanken ist, behält das Interessengeflecht aus Anbietern, Nachfragern und Gegnern der Regulierungsmaßnahme „Sparkassenprivatisierung" auch für eine sektorübergreifende Fusion seine Relevanz, muss aber in Bezug auf die Einzelwirkungen überprüft werden. So identifiziert *Blankenburg* als Befürworter einer Sparkassenprivatisierung die Wähler, die leitenden Sparkassenangestellten sowie die Vertreter der

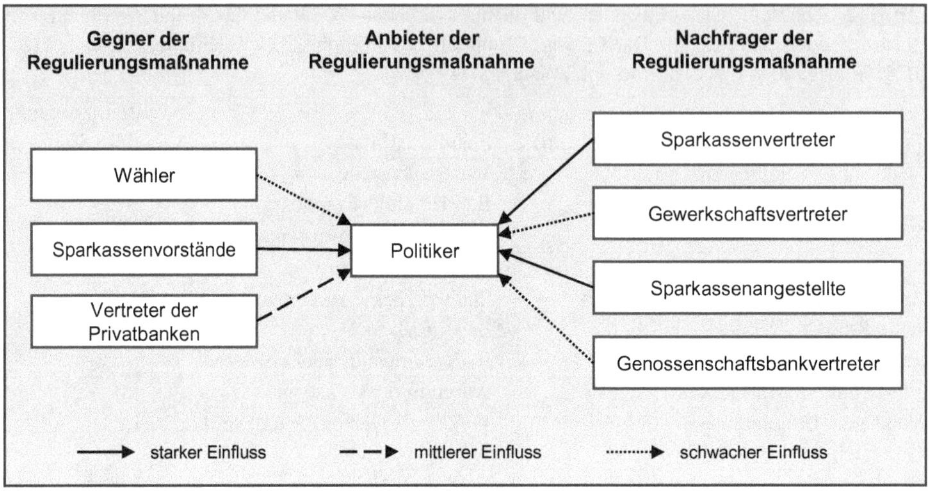

Abb. 8.3 Interessengefüge der Sparkassenprivatisierung. Entnommen aus Blankenburg (2000, S. 50)

Privatbanken; als Gegner macht er die Sparkassenfunktionäre, die Gewerkschaften, das Gros der Sparkassenangestellten und die Vertreter der Genossenschaftsbanken aus (Blankenburg, 2000 und Abb. 8.3).

In Bezug auf ein Zusammengehen von Sparkassen und Genossenschaftsbanken sind die „Fronten" längst nicht so geklärt. Selbst innerhalb der Verbundsysteme gibt es keine einheitlichen Sprachregelungen. Die Einstellung der Politiker hängt überdies nicht allein vom jeweiligen wirtschaftspolitischen Parteiprogramm, sondern vielmehr vom Grad der praktischen Einflussmöglichkeiten ab. Fordert der Wirtschaftsrat der CDU/CSU 2001 die materielle Privatisierung der Sparkassen innerhalb der nächsten zehn Jahre (o. V., 2001a, S. 13), hat die bayerische CSU-Landesregierung die in Marktredwitz angestrebte Fusion von Sparkasse und Genossenschaftsbank verhindert (o. V., 1999a, S. 26). Und die niedersächsischen Grünen sehen schon im Jahr 2000 in der Fusion der Sparkassen mit den Genossenschaftsbanken langfristig die einzige Möglichkeit, ein flächendeckendes Filialnetz zu erhalten (o. V., 2000, S. 11).

Auch die Meinungen der kommunalen Gewährträger gehen auseinander. Zwar weist *Kirchhof* in einem Gutachten für den Deutschen Landkreistag auf die grundlegenden Unterschiede beider Banktypen hin. Demnach passen beide Banktypen bereits nach Struktur und Zielsetzung nicht zusammen; eine Fusion würde „ungelöste Zielkonflikte institutionalisieren oder letztlich eine von beiden Zielsetzungen und Strukturen vernichten" (Kirchhof, 2000, S. 75–76). Der damalige geschäftsführende Präsident des bayerischen Landkreistages und ehrenamtliche Präsident des bayerischen Sparkassenverbandes *Christmann* sieht trotz dieser Bedenken erhebliche Synergieeffekte einer solchen Zusammenarbeit. Mittel- bis langfristig (ab 2010) sei an die gemeinsame Nutzung von Geldausgabeautomaten, den gemeinsamen Betrieb von Filialen und auf Verbandsebene an die gemeinsame Nutzung zentraler Einrichtungen (Rechenzentralen oder Fortbildungszentralen) zu denken. Dem bundesweiten, geschlossenen Zusammenschluss beider Verbundgruppen könnten Fusionen auf lokaler Ebene vorausgehen (1998, S. 10–13). *Henneke* – Hauptgeschäftsführer des Deutschen Landkreistages – hält in Ausnahmefällen eine Einzelfusion für denkbar: „Unter der Voraussetzung des völligen Aufgehens des betreffenden Instituts der Volks- und Raiffeisenbanken in die örtliche kommunale Sparkasse bei Wahrung der Organisationsform der Anstalt öffentlichen Rechts [...]“ (2019, S. 416).

Die Reihen der Genossenschaftsbankfunktionäre sind noch weniger geschlossen. Der ehemalige BVR-Vorstand Rodewald und der damalige Präsident des Genossenschaftsverbandes Hessen/Rheinland-Pfalz/Thüringen, *Lambert*, schließen 2001 die Fusion von Sparkassen mit Genossenschaftsbanken als strategische Alternative zur verbundinternen Kooperation aus (Ströer, 2001, S. 20; o. V., 2001b, S. 1).

Durchaus Argumente für eine sektorübergreifende Zusammenarbeit finden die damaligen Präsidenten des Genossenschaftsverbandes Berlin-Hannover sowie des Bayerischen Genossenschaftsverbandes im Jahr 1999. *Bungenstock* stellt sich die Frage, ob die Sparkasse nicht weniger strategischer Gegner als vielmehr strategischer Partner der Genossenschaftsbank ist (o. V., 1999b, S. 10). Und *Folz* erkennt „viele Wege, mit Sparkassen zusammenzuarbeiten“; eroberten die Direktbanken überdies 30 oder 40 % Marktanteil auf dem Land, müsste auch eine Fusion diskutiert werden (o. V., 1999a, S. 26).

Der damalige BVR-Präsident *Pleister* empfiehlt den Sparkassen, in Genossenschaften umzufirmieren (o. V., 2002, S. 7–8). Eine Position, an der sich bis in die Gegenwart nichts verändert hat. So lässt sich der BVR im Jahr 2019 zwar mit den Worten zitieren, dass „säulenübergreifende Fusionen aus unserer Sicht aktuell kein Thema [sind].“ Wer sich dem Modell und der Rechtsform der Genossenschaftsbank und damit der privatwirtschaftlichen Verantwortung anschließen wolle, sei aber herzlich eingeladen (Kunz, 2019).

Hier schließt sich dann der Kreis zu *Henneke*. Anzuknüpfen ist deshalb an *Brüggestrat*, den ehemaligen Vorstandssprecher der Hamburger Volksbank (Kunz, 2019):

> In 15 oder 20 Jahren könnte es zur Verschmelzung genossenschaftlichen und öffentlich-rechtlichen Instituten kommen. „Wenn sich die Zinssituation nicht bessert und der Wettbewerbsdruck bleibt, müssen wir darüber nachdenken, das Drei-Säulen-Modell aufzugeben“. Die Geschäftsmodelle von Sparkassen und Volksbanken seien sich sehr ähnlich. Es könnte sinnvoller sein, nur eine große Regionalbank zu haben, meint er. „Ob die dann Volkskasse oder Sparbank heißt, ist letztlich nebensächlich.“

Tab. 8.3 skizziert mögliche Argumente pro Volks- und Raiffeisensparkasse für die einzelnen Stakeholder.

Tab. 8.3 Argumente pro Volks- und Raiffeisensparkasse für die einzelnen Stakeholder. Eigene Darstellung

Stakeholder	Argumentationslinie pro Volks- und Raiffeisensparkasse
Politik insgesamt	• Aufrechterhaltung wenigstens eines Filialnetzes • Symbol für Transformation: Wir können doch gemeinsam große Veränderungen bewirken
SPD	• *Aufrechterhaltung öffentlicher Infrastruktur* • *Partizipation der Zivilgesellschaft* • *Arbeitnehmer (Sparkassenkunden) werden beteiligt*
CDU/CSU	• *Ermöglicht ordnungspolitische und marktwirtschaftliche Repositionierung* • *Der Markt regelt Finanzdienstleistungen – mit dem Airbag „genossenschaftliche Rechtsform"*
Die Grünen	• *Erhöht die Partizipationsmöglichkeiten der Zivilgesellschaft* • *Die Volks- und Raiffeisensparkasse setzt privates Kapital für die grüne Transformation frei*
FDP	• *Nach Post- und Telekomprivatisierung das größte Privatisierungsprojekt der Gegenwart* • *Transformationsschub mobilisiert privates Kapital, indem Sparkassenkunden zu Genossenschaftsmitgliedern werden* • *In Frankreich sind die Privatisierungserlöse in den Staatshaushalt geflossen*
Die Linke	*Die Volks- und Raiffeisensparkasse verhindert die aktienrechtliche Privatisierung und den Verkauf an (internationale) „Heuschrecken"*
Wähler	Dichtes Filialnetz bleibt bestehen
Sparkassenvorstände	• *Jobs sind sicher* • *Fachkräftemangel wird teilweise aufgefangen* • *Im Aufsichtsrat sitzen künftig Wirtschaftsvertreter neben Kommunalpolitikern* • *weniger Wettbewerb*
Vertreter der Privatbanken	Der Staat zieht sich aus der deutschen Bankindustrie zurück
Sparkassenvertreter(-funktionäre)	„Es muss sich alles ändern, damit alles so bleibt, wie es ist": • Die kommunale Bindung ändert sich; die Volks- und Raiffeisensparkasse bleibt aber durch Regionalprinzip eine kommunale Infrastruktureinrichtung • Der öffentliche Auftrag bleibt indirekt bestehen, Gemeinwohlorientierung ist auch in der eG abzubilden • Gewinnorientierung auch weiterhin Nebenzweck • Die Anstaltslast entfällt
Genossenschaftsbank-vertreter	Genossenschaftliches Banking wächst deutlich; weniger Wettbewerb

8.3.3 Sparkassen in eingetragene Genossenschaften umwandeln

Die aktuelle Rechtslage lässt eine Umwandlung von öffentlich-rechtlichen Sparkassen in eingetragene Genossenschaften nicht zu. Hierfür bedarf es verschiedener gesetzgeberischer Maßnahmen, die *Klein* und *Scheike* ausführlich beschreiben (2003, 2004).

Anpassung Umwandlungsgesetz (UmwG)

§ 191 UmwG zählt zwar die Anstalt des öffentlichen Rechts als formwechselnden Rechtsträger und die eingetragene Genossenschaft als Rechtsträger neuer Rechtsform auf. In § 301 UmwG wird dann aber nur die Kapitalgesellschaft als mögliche neue Rechtsform für Anstalten des öffentlichen Rechts genannt.

Das Umwandlungsgesetz müsste dahingehend geändert werden, dass § 301 gänzlich abgeschafft wird oder der Passus des Abs. 1 ergänzt wird: „Soweit gesetzlich nichts anderes bestimmt ist, kann eine Körperschaft oder Anstalt des öffentlichen Rechts durch Formwechsel nur die Rechtsform einer Kapitalgesellschaft *oder die der eingetragenen Genossenschaft* erlangen." Dann bedürfte es nach Abs. 2 „nur noch" eines entsprechenden Gesetzes des jeweiligen Landesgesetzgebers, das den kommunalen Sparkassen die Möglichkeit für einen Formwechsel im Sinne des Umwandlungsgesetzes eröffnet (Scheike, 2004, S. 124).

Im Übrigen ergibt sich für *Scheike* aus § 1 Abs. 2 UmwG sogar eine Öffnungsklausel, wonach ein entsprechendes Landesgesetz ausreicht, um eine Sparkasse umzuwandeln (2004, S. 126).

Erlass spezieller Sparkassen-Umwandlungsgesetze

Klein (2003, S. 375–384) schlägt den Erlass spezieller Sparkassen-Umwandlungsgesetze vor, die das Verfahren zur Durchführung des Formwechsels beschreiben und nach dem Vollzug der Umwandlung hinfällig werden. Enthalten sollten sie folgende Bestimmungen über

- den genauen Stichtag, zu dem der Rechtsformwechsel stattfindet;
- die Pflicht der Vorstände der Sparkassen, die neue Genossenschaften zur Eintragung in das Genossenschaftsregister anzumelden;
- die Verwendung der Erlöse, die aus dem Verkauf der Geschäftsanteile der Sparkassen eG erzielt werden;
- die künftige – genossenschaftsrechtlich konforme – Ausgestaltung der organschaftlichen Vertretung der Institute;
- das Ende der Amtszeit der amtierenden, noch öffentlich-rechtlichen Vorstände und Verwaltungsräte und die Bestellung neuer Mandatsträger und
- den Zeitpunkt der Einberufung der ersten General- oder Vertreterversammlung.

Anpassung Sparkassengesetze

Da die Sparkassen-Umwandlungsgesetze dementsprechend Einführungsgesetze für die neuen Sparkassengesetze darstellen, würden letztere nur solche Regelungen enthalten müssen, die für den Betrieb der Sparkassen als eingetragene Genossenschaften dauerhaft notwendig sind. Tab. 8.4 gibt einen auszugsweisen Überblick.

Anpassung Gemeindeordnungen (am Beispiel der Gemeindeordnung für das Land Nordrhein-Westfalen, GO NRW)

Kommunen ist eine kreditwirtschaftliche Betätigung grundsätzlich untersagt (§ 107 Abs. 6 GO NRW). Der Betrieb einer Sparkasse war immer schon die Ausnahme von dieser Regel

Tab. 8.4 Regelungsinhalte der neu zu formulierenden Sparkassengesetze. (Klein, 2003, S. 385–417)

Gegenstand der Regelung	Regelungsinhalt
Mitglieder	• Öffnung zu Publikumsgenossenschaften; jede juristische und natürliche Person kann Mitglied werden
Unternehmenszweck	• Aus § 1 Abs. 1 GenG ergibt sich für die Sparkasse eG nunmehr der genossenschaftliche Förderzweck • Definition eines Nebenzwecks (Abschn. 2.2 und 5.2.1)
Regionalprinzip	• Beibehaltung des Regionalprinzips
Organe	• Die bisherigen Sparkassen-Organe werden durch Generalversammlung, Aufsichtsrat und Vorstand ersetzt
Aufsicht	• Staatsaufsicht endet • Regionale Sparkassen- und Giroverbände werden so umgestaltet, dass sie die gesetzlichen Anforderungen erfüllen, die an genossenschaftliche Prüfungsverbände gestellt werden

(§ 107 Abs. 7 GO NRW). Mit der Umwandlung der Sparkassen in Genossenschaften reduziert sich die Beziehung der Kommune zur Sparkasse rechtlich auf eine einfache mitgliedschaftliche Beteiligung, was laut § 108 Abs. GO NRW ausdrücklich erlaubt ist. Dieser einzelne Anteil der Kommune an der Sparkasse eG wäre insofern vereinbar mit § 107 Abs. 6 GO NRW; § 107 Abs. 7 GO NRW könnte ersatzlos gestrichen werden (Klein, 2003, S. 427).

Bezeichnungsschutz gem. § 40 Kreditwesengesetz (KWG)
§ 40 KWG erlaubt nur öffentlich-rechtlichen und freien Sparkassen die Bezeichnung „Sparkasse". Eine Sparkasse eG setzt also eine entsprechende Anpassung des KWG voraus (Scheike, 2004, S. 142).

Eintragung in das Genossenschaftsregister
Nach erfolgter Umwandlung in Genossenschaften sollten die Sparkassen dann in das Genossenschaftsregister eingetragen werden. Sie hätten dann die Bezeichnung „eingetragene Genossenschaft" oder die Abkürzung „eG" zu tragen (Klein, 2003, S. 366).

8.3.4 Sparkassenkunden zu Genossenschaftsmitgliedern machen

Die Umwandlung der Sparkassen in Genossenschaften transformiert eine Anstalt des öffentlichen Rechts in ein demokratisch verfasstes Unternehmen, das die Beteiligung der Mitglieder an der Unternehmens- und Geschäftspolitik ermöglicht und erfordert.

Wird eine bessere (finanzielle) Partizipation von Bürger:innen als zentraler Erfolgsfaktor für das Gelingen der Energiewende ausgemacht (Abschn. 7.1.3), liegt es auf der Hand, gerade die Kunden der Sparkasse, die jetzt eingetragene Genossenschaft ist, zu Mitgliedern zu machen. Für diejenigen Kunden, die nur über geringe Einkommen und Vermögen verfügen, können Darlehensprogramme eingerichtet werden, wie sie es für den Erwerb von Wohnungsbaugenossenschaften bereits gibt. Die Kosten für den Erwerb von Genossenschaftsanteilen durch Transferleistungsbeziehende könnten durch die Jobcenter übernommen werden, wie es die Berliner Landesregierung aus SPD, Linkspartei und Grünen in der Legislaturperiode 2016–2021 vorgesehen hatte (Markmann, 2018, S. 222–223). Alternativ sei das Produkt „MitgliedsSparen“ der Berliner Volksbank genannt, mit dem ein Banksparplan angespart wird, dessen Kapital zum Vertragsablauf in Genossenschaftsanteile umgewandelt werden (Berliner Volksbank, 2023).

Auf diese Weise kann es gelingen, die Sparkasse eG als „Hoffnungsträger einer sozial-ökonomischen Erneuerung“ zu etablieren, immer noch gemeinwohlfördernd sowie „lokal eingebettet, bürgernah und partizipativ ...“ (Zimmer & Priller, 2023, S. 1028).

Entlang der Systematik von *Hühn et al.*, die vier Partizipationstypen unterscheiden, ist für die Sparkasse eG somit der werteorientierte Partizipationstypus anzustreben, damit im darauffolgenden Schritt – der Vereinigung von Sparkasse eG und VR-Bank – der Partizipationsgrad des neuen Unternehmens größer als in der bisherigen VR-Bank ist. So ordnen *Hühn et al.* VR-Banken dem kundenorientierten Partizipationstypus zu.

Der Unterscheidung in managementgelenkte, kundenorientierte, projektbasierte sowie werteorientierte Genossenschaften liegen vier Kernfragen zugrunde (2021, S. 524):

- Ist Partizipation ein sinnstiftendes Element im Sinne von handlungsleitend für Akteur:innen der betrachteten Genossenschaften?
- Gibt es institutionelle Partizipationsinstanzen für Mitarbeiter:innen und wenn ja, sind diese stark oder schwach ausgeprägt?
- Ist der Charakter der General- bzw. Vertreterversammlung eher geschäfts- oder mitgliederorientiert, d. h. kommt der Versammlung eher eine formale Bedeutung zu oder wird die aktive Partizipation der Mitglieder angestrebt?
- Inwiefern finden sich informelle, gesetzlich nicht verankerte Partizipationsinstanzen für Mitglieder, die über die gesetzlichen Anforderungen hinausgehen?

Die Implikationen dieser Kernfragen treffen dann den Appell von *Pfaffenberger*, der mit Blick auf die Genossenschaftsbanken schon im Jahr 2009 einfordert, dass „alle Beteiligten den Mut haben [sollten], ihre Zukunft, die Zukunft der Kreditgenossenschaften, wieder stärker in die Hände ihrer Mitglieder zu geben. Damit kann der Organisation [der Genossenschaft] gerade in den Zeiten der Globalisierung eine neue, wegweisende Funktion zugeschrieben werden“ (2009, S. 284).

8.3.5 Länder als Miteigentümer der Landesbanken ablösen

Die Eigentumsverhältnisse der Landesbanken sind inzwischen heterogen gestaltet. Von der historisch gewachsenen paritätischen Verteilung (50 % bei den regionalen Sparkassenverbänden, 50 % bei den jeweiligen Bundesländern) hin zu ganz unterschiedlichen Beteiligungsstrukturen, was Tab. 6.4 zeigt. Die Ursachen hierfür waren der EU-Beihilfestreit sowie die Finanzkrise (Abschn. 3.3.2).

Um aus DZ Bank und allen Landesbanken die VRS-Zentralbank bilden zu können (Abschn. 6.2.1), gilt es, Wege zu finden, die Länder als Eigentümer der Landesbanken abzulösen. Das setzt zum einen deren politisches Einverständnis voraus (Abschn. 8.3.2). Zum anderen sind Kompensationsmöglichkeiten auszuloten:

- An der Helaba sind die Länder Hessen nur noch mit 8,1 und Thüringen mit 4,05 % beteiligt. Nach der erfolgten Herauslösung der Frankfurter Sparkasse (Abschn. 8.2.8) könnte die Wirtschafts- und Infrastrukturbank Hessen (WIBank) direkt an Hessen (und Thüringen) gehen.
- Die Bayern LB gehört dem Freistaat Bayern zu 75 %. Wenn die Tochter DKB 3 Mrd. € wert ist und 70 % der Konzernerlöse beisteuert (Abschn. 8.2.9), soll der Wert der Bayern LB hier mit 1,3 Mrd. € angenommen werden. Wenn der Freistaat die DKB behielte und die Bayern LB (ohne DKB) an die bayerischen Sparkassen abgäbe, würde sich der Kaufpreis wohl im mittleren dreistelligen Mio. Euro-Bereich bewegen.

Mit Blick auf die Sparkassen-Finanzgruppe kommt das einer Rückkehr zu ihren Wurzeln gleich. Denn Sparkassenverbände und Landesbanken wurden ursprünglich allein von den Sparkassen getragen – bis es zur Verschmelzung mit den Giroverbänden und -zentralen kam, die von den kommunalen Gewährträgern unterhalten wurden (Abschn. 3.1).

8.3.6 Wettbewerbs- und Kartellrecht überdenken

Nach § 18 des Gesetzes gegen Wettbewerbsbeschränkungen (GWB) ist ein Unternehmen marktbeherrschend, wenn es keinem wesentlichen Wettbewerb ausgesetzt bzw. ganz ohne Konkurrenten ist oder eine überragende Marktstellung hat (§ 18 Abs. 1 GWB). Zu berücksichtigen sind hierbei nicht nur Marktanteil und Finanzkraft des jeweiligen Unternehmens, sondern zusätzlich bestehende Marktzutrittsschranken, der tatsächliche und potenzielle Wettbewerb sowie die Möglichkeit der Kunden, auf andere Unternehmen auszuweichen (§ 18 Abs. 3 GWB). Die Marktbeherrschung eines Unternehmens wird vermutet, „wenn es einen Marktanteil von mindestens 40 % hat" (§ 18 Abs. 4 GWB).

Allein, im Gesetz fehlt die konkrete räumliche Abgrenzung des relevanten Marktes. Dieser „kann weiter sein als der Geltungsbereich dieses Gesetzes" (§ 18 Abs. 2 GWB), also auch größer als Deutschland. Nach Ansicht des Bundeskartellamtes (BkartA) umfasst der bei wirtschaftlicher Betrachtung maßgebliche räumliche Markt

> „das Gebiet, in dem die beteiligten Unternehmen einem wirksamen aktuellen und potenziellen Wettbewerb ausgesetzt sind, in dem die Wettbewerbsbeziehungen weitgehend homogen sind und der sich von den angrenzenden Gebieten durch spürbare unterschiedliche Wettbewerbsbedingungen unterscheidet" (BkartA, 2001, S. 20).

Den Markt für Retail Banking – kartellrechtlich wird noch feiner getrennt, u. a. in den „Markt für Privatgirokonten“ sowie in „Kreditmärkte für Geschäftskunden“ – grenzt das BkartA nach wie vor regional ab. „Für den durchschnittlichen verständigen Verbraucher [ist] die räumliche Nähe zu ‚seinem‘ Kreditinstitut hier besonders ausgeprägt“ (2016, S. 2).

Die Beteiligung der Haspa Finanzholding an der Kreissparkasse Lauenburg hat das BkartA mit dem Hinweis untersagt, dass sich dort die zwei stärksten Anbieter verbunden hätten und eine marktbeherrschende Stellung entstanden wäre (BkartA, 2012, S. 4). Ein Zusammenschluss von Sparkasse und VR-Bank würde vor diesem Hintergrund wohl regelmäßig untersagt werden, während weitere verbundinterne Fusionen bis zu einer Deutschen Volksbank sowie der Sparkasse Deutschland gute Chancen hätten, durchgewunken zu werden.

Wenn aber das Verbraucherverhalten der ausschlaggebende Grund für die regionale Abgrenzung des Retail Banking-Marktes ist (BkartA, 2012, S. 3), müssten sich verändernde Verbraucherpräferenzen doch Einfluss auf die Definition des räumlich relevanten Marktes durch das BkartA haben. *Hinderer* (2019) weist nach, dass das Bedarfsmarktkonzept des Bundeskartellamtes bei entfernungsabhängigen Märkten nicht in der Lage ist, „einen ökonomisch-realistischen räumlich relevanten Markt abzugrenzen.“ In Betracht kommende Ausweichalternativen, die Wettbewerbsdruck erzeugen, würden regelmäßig nicht betrachtet werden und die Verwendung vergangenheitsbezogener Daten würde gar den Sinn und Zweck der Marktabgrenzung missachten (S. 219, 175).

Die internationalen Wettbewerbs- und Kartellbehörden sind einen Schritt weiter. *Meyer* stellt die Frage, ob die bestehenden US-amerikanischen Regeln zur Marktkonzentration nicht kontraproduktive Fusionen befördern, und fordert eine Überprüfung der Regeln. So bliebe vielen community banks oft nur die Fusion mit größeren, marktfremden Kreditinstituten. Diese würden sich nicht mit den Feinheiten des Marktes auskennen, hätten womöglich kein starkes Interesse an einer stabilen und funktionierenden Gemeinde, wie es eine lokale Bank mit engen Beziehungen zur Bevölkerung hätte (2018). Und die EU-Kommission hat Anfang 2024 immerhin eine neue Bekanntmachung über „die Abgrenzung des relevanten Marktes im Sinne des Wettbewerbsrechts der Union“ veröffentlicht, die erstmals Effekte aus der Digitalisierung diskutiert (2024).

Dombrowa stellt in Frage, ob Bankenmärkte überhaupt noch entfernungsabhängige Märkte sind. Regionale Banken befinden sich angesichts der zunehmenden Bedeutung von Direkt- und Digitalbanken nicht mehr nur im Wettbewerb mit lokalen Konkurrenten (2023, S. 195). Unterfüttert wird das von aktuellen Marktforschungsdaten, wonach 8 von 10 Deutschen Online-Banking nutzen und 54 % der Deutschen sowie 71 % der 16–29-jährigen Deutschen sich vorstellen können, zu einer reinen Online-Bank ohne Filialen zu wechseln (Bitkom Research, 2024). Ein Ansatz könnte die Einführung neuer Wettbewerbsindikatoren sein; so könnten bspw. regionale Digitalaffinitäten mit Bezug auf Finanzprodukte berechnet werden (Dombrowa, 2023, S. 195).

Im Ergebnis sollte das Bundeskartellamt seine Position überdenken. Würde der räumliche Markt des Retail Banking dann mindestens deutschlandweit abgegrenzt werden, wäre jede regionale Volks- und Raiffeisensparkasse klein genug, um durch das Raster zu fallen.

8.3.7 Zweistufigkeit herstellen sowie Willensbildungsprozesse und Beteiligungsstrukturen zusammenführen

Das vorliegende Modell sieht in Anlehnung an *Schneider* (2015) vor – der das für die Sparkassen-Finanzgruppe vorgeschlagen hat –, die regionalen Genossenschaftsverbände und Sparkassen- und Giroverbände zu einer Professional Service Firm zusammenzufassen (in Gestalt eines Genossenschaftsverbandes), die ihre Mitglieder (und weitere Kunden) prüft und in Rechts-, Steuer- und betriebswirtschaftlichen Fragen berät. Diese Einheit würde zu den TOP 8 in Deutschland gehören (Abschn. 6.2.10). Parallel werden Interessenvertretung und Kapitaleignerfunktion – in Kontrast zur französischen Lösung, in der die beiden Bundesverbände deutlich an Bedeutung verloren haben (Abschn. 5.3.4) – beim VRS-Bundesverband konzentriert. So entstünden mit dem VRS-Konzern, dem VRS-Bundesverband sowie dem VRS-Prüfungs- und Beratungsverband drei „Kraftzentren" auf der Sekundärebene (Abb. 8.1).

Dazu sind tiefgreifende, gleichlaufende Anpassungen in beiden Verbünden vorzunehmen:

- Mit der Umwandlung der Sparkassen in Genossenschaften verlieren die Kommunen nicht nur Ihre Rolle als Träger der Sparkassen, sie scheiden auch aus den Gremien der regionalen Sparkassenverbände aus. Damit werden diese nur noch von den Sparkassen selbst getragen; die Sparkassen werden in den Gremien der Verbände durch die Sparkassenvorstände vertreten.
- Die von den regionalen Sparkassenverbänden gehaltenen Beteiligungen an Landesbanken und übrigen Unternehmen werden auf den DSGV übertragen. Dieser wird aufgrund der Umwandlung der Sparkassen und des Ausstieges der Länder aus den Landesbanken nur noch von den Sparkassen getragen.
- Die verschiedenen regionalen Beteiligungsholdings der Genossenschaftsbanken, die das Eigentum v. a. am DZ Bank-Konzern und an der Atruvia halten – und sehr dicht an den zu beaufsichtigenden Unternehmen hängen –, werden näher an den BVR gerückt oder auf den BVR verschmolzen (analog DSGV öK-Konstruktion).

8.3.8 Markenstrategie mitdenken

„Sparkasse" und „Volksbanken Raiffeisenbanken" sind nach wie vor die beiden stärksten Marken (Markennutzung und -Wahrnehmung) am deutschen Bankenmarkt. Dabei ist die Marke „Sparkasse" in der Zielgruppe der Generation Z noch stärker als in der Gesamtbevölkerung. Bei der Marke „Volksbank Raiffeisenbank" ist es genau umgekehrt (YouGov, 2022).

Auch wenn ein Zusammenschluss von Sparkassen und Genossenschaftsbanken sowie ihrer Verbünde also vor allem in den immensen Synergiepotenzialen begründet ist, sollte die Markenperspektive mitbedacht werden. Die Unternehmensberatung BrandTrust macht sechs Regeln aus (Hofer, 2019), die Tab. 8.5 zeigt.

Tab. 8.5 Regeln für die Beachtung der Markenperspektive

Regel	Leitfragen und -linien
Klarheit gewinnen	• Wofür stehen beide Marken? • Was sind die Kernkompetenzen beider Banken? • Wie sieht die Markenmission aus?
Transparenz schaffen	• Versteht jeder Mitarbeiter diese Markenstrategie? • Ist sie an jedem Kontaktpunkt erlebbar?
Markenkultur etablieren	• Ausbilden von Mitarbeitern und Führungskräften zu Markenbotschaftern • Ausrichtung auf das spezifische Markenversprechen
Kontaktpunktexzellenz managen	Das Vermitteln der Markenspezifik (Wow-Faktoren) ist wichtiger als das Vermitteln der Muss-Faktoren
Verbindlichkeit schaffen	• Definieren der Markenverantwortung (Governance) • klare, spezifische Markenziele und Meilensteine pro Mitarbeiter
Mess- und Steuerbarkeit gewährleisten	Mit qualitativen und quantitativen Kennzahlen die Unternehmensentwicklung aus Sicht der Marke messen

Auf das Zielbild einer Volks- und Raiffeisensparkasse bezogen, definiert *Schäfer* mehrere Erfolgsfaktoren, die es aus Markensicht zu beachten gilt (2024):

- **Gemeinsame Filialen gefährden die Klarheit beider Marken**: Innerhalb der Filiale ist eine maximale Trennung nötig, im Sinne z. B. einer blauen und einer roten Seite. Die entscheidende Frage ist, inwieweit die Klarheit der Marken untereinander aus Kundensicht verschwimmt und ob letztlich nicht eine Marke mehr in Erinnerung bleibt als die andere.
- **Bei der Beibehaltung einer Zweimarkenstrategie**: Was im Back End passiert (also was der Kunde nicht wahrnehmen kann), ist markentechnisch irrelevant. Was allerdings bei einem solchen Ansatz zentral wichtig ist: nach vorne (also wo der Kunde es sieht) muss maximal getrennt aufgetreten werden.
- **Aufbau einer neuen Einzelmarke:** Die junge Zielgruppe nutzt Marken sehr stark als Orientierungshilfen in einer immer komplexer werdenden Welt mit unzähligen Optionen (massiv getrieben durch die digitalen Angebotswelten). Da ist es fraglich, ob eine fusionierte rot-blaue Gemeinschaft hier mehr Klarheit bietet. These: Getrennt schaffen sie ein deutlich besseres Angebot für die jeweiligen Zielkunden in der jungen Generation als zusammen. Ergo gilt es, die „junge Zielgruppe" zu verstehen, nicht als homogene Gruppe zu behandeln. Wer eine Marke baut, die für alle da sein soll, ist am Ende für keinen richtig da und verliert an Relevanz.

Wenn aber aus markenstrategischen Erwägungen die beiden Marken zum Kunden hin fortgeführt werden, ist die Firmierung der Volks- und Raiffeisensparkasse eG schon fast gleichgültig. Im physischen Filialgeschäft leuchtet die Finanzpunkt-Filiale entweder rot oder blau, im digitalen Auftritt (Homepage, App oder Social Media) bleibt es – im Rückgriff auf die bestehenden Mehrmarkenstrategien gerade in der genossenschaftlichen FinanzGruppe (Abschn. 5.2.2) – bei den beiden Marken „Sparkasse“ und „Volksbank Raiffeisenbank“.

8.4 Geschäftsgebiete neu denken und Integration vollbringen

Auch wenn die Zahl der Genossenschaftsbanken in den letzten 20 Jahren stark abgenommen und sich der Zahl der Sparkassen weiter angenähert hat (Abb. 3.6), unterscheiden sie sich deutlich in der durchschnittlichen Betriebsgröße (Tab. 6.2) sowie in den Geschäftsgebieten.

Wenn im letzten Schritt des hier vorgeschlagenen Modells nun Volks- und Raiffeisenbanken (exklusive Sparda-Banken, PSD-Banken, Kirchenbanken, Apo-Bank, BBBank und anderer genossenschaftlicher Banken, die keine regionale Ausrichtung haben) sowie Sparkassen – inzwischen als eingetragene Genossenschaften organisiert – fusionieren, stellt sich die Frage, wie das konkret geschehen kann.

Wirtschafts- und raumgeografisch liegt es auf der Hand, sich an der Zahl der in Deutschland bestehenden Gebietskörperschaften auf regionaler Ebene zu orientieren. Davon gibt es aktuell 400–294 Landkreise und 106 kreisfreie Städte (Abb. 8.4). Wenn der Wesenskern der Volks- und Raiffeisensparkasse die lokale Einbettung in die Gemeinde bzw. in die Kommune ist, wäre so eine kommunale Verankerung gegeben, ohne dass es eine rechtliche Gebundenheit bräuchte (Abschn. 6.1).

In diesem Szenario bleibt unberücksichtigt, dass es Fälle geben wird, in denen es Sinn macht, Landkreis und kreisfreie Stadt zu einer Einheit zusammenzufassen. Ansonsten entstünden wieder Stadt- und Kreiseinheiten, die regionalökonomisch zu neuen, alten Konflikten führen (in Bezug auf Gebietsreformen und deren Auswirkungen auf Sparkassen-Geschäftsgebiete nur Luszek, 2022).

Der Abgleich von Gebietskörperschaften, Sparkassen sowie Volks- und Raiffeisenbanken ergibt starke Unterschiede zwischen den Bundesländern (Abb. 8.5).

Bayern

In Bayern klaffen die Zahlen von Sparkassen und Volks- und Raiffeisenbanken zueinander und im Verhältnis zu der Zahl regionaler Gebietskörperschaften am weitesten auseinander. Es gibt 96 Landkreise und kreisfreie Städte, aber nur 59 Sparkassen. Die Bindung der Sparkasse zu einer Kommune ist hier längst verloren gegangen. Selbst *Henneke* beklagt, dass der Grundsatz der vollständigen Gebietskongruenz von Trägergebiet und Sparkasse („Ein Träger, eine Sparkasse“) nur noch für 2 von 96 Gebietskörperschaften gilt. Ursächlich hierfür sind zum einen historische Gründe und zum anderen, dass bei der Kreisgebietsreform der 1970er-Jahre die Geschäftsgebiete der Sparkassen nicht den neuen Gebietsstrukturen angepasst wurden. Hieraus resultierten dann Mehrfachträgerschaften und Zweckverbandslösungen, die dem „Grundprinzip der eigenen Aufgabenträgerschaft statt einer Mitwirkung an höherstufigen Entscheidungsprozessen strikt zuwider[laufen]“ (2019, 106–107).

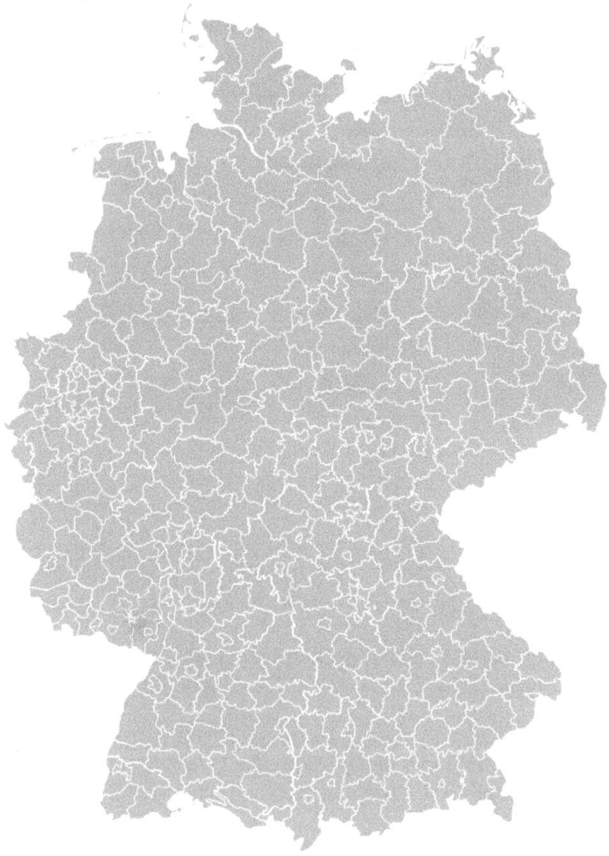

Abb. 8.4 Landkreise und kreisfreie Städte in Deutschland. Eigene Darstellung

Auf der anderen Seite existieren noch 184 Volks- und Raiffeisenbanken. Das ist darauf zurückzuführen, dass an vielen Orten Bayerns der Zusammenschluss von städtischen Volksbanken mit ländlichen Raiffeisenbanken ausgeblieben ist.

Der Zusammenschluss von Sparkassen und Volks- und Raiffeisenbanken ergäbe in diesem Modell in Bayern also 96 Volks- und Raiffeisensparkassen mit einer durchschnittlichen Bilanzsumme in Höhe von 4808 Mio. € (Tab. 8.6). Es würde zu Aufspaltungen von Sparkassen-Zweckverbänden und zu einer Halbierung der Volks- und Raiffeisenbanken kommen müssen.

Nordrhein-Westfalen

In Nordrhein-Westfalen gibt es 53 Landkreise und kreisfreie Städte, 73 Sparkassen sowie 90 Volks- und Raiffeisenbanken. Im Vergleich zu Bayern würden die Anpassungen geringer ausfallen – immer bezogen auf die hier vorliegende Durchschnittsbetrachtung, wie sie Tab. 8.7 zeigt. Im Ergebnis entstünden 53 Volks- und Raiffeisensparkassen mit einer durchschnittlichen Bilanzsumme in Höhe von 9598 Mio. €.

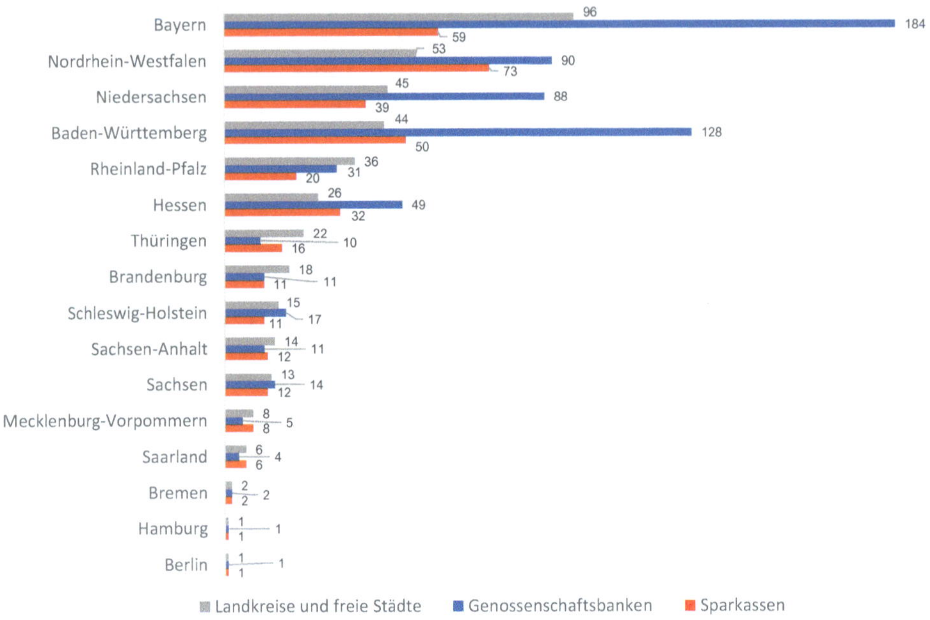

Abb. 8.5 Anzahl Landkreise, kreisfreie Städte, Sparkassen und Genossenschaftsbanken je Bundesland. Eigene Darstellung. (BVR, 2024; DSGV, 2024; Statista, 2024)

Tab. 8.6 Anzahl und durchschnittliche Bilanzsumme der bayerischen Volks- und Raiffeisensparkassen. (BVR, 2024; Sparkassenverband Bayern, 2024)

Anzahl Sparkassen	Durchschnittliche Bilanzsumme Sparkasse (Mio. Euro)	Anzahl Volks- und Raiffeisenbanken	Durchschnittliche Bilanzsumme Volks- und Raiffeisenbank (Mio. Euro)
59	4320	184	1124
Anzahl Volks- und Raiffeisensparkassen		**Durchschnittliche Bilanzsumme Volks- und Raiffeisensparkasse (Mio. Euro)**	
96		4808	

Tab. 8.7 Anzahl und durchschnittliche Bilanzsumme der nordrhein-westfälischen Volks- und Raiffeisensparkassen. (BVR, 2024; Sparkassenverband Westfalen-Lippe, 2024; Rheinischer Sparkassen- und Giroverband, 2024)

Anzahl Sparkassen	Durchschnittliche Bilanzsumme Sparkasse (Mio. Euro)	Anzahl Volks- und Raiffeisenbanken	Durchschnittliche Bilanzsumme Volks- und Raiffeisenbank (Mio. Euro)
73	4818	90	1750
Anzahl Volks- und Raiffeisensparkassen		**Durchschnittliche Bilanzsumme Volks- und Raiffeisensparkasse (Mio. Euro)**	
53		9598	

Niedersachsen

Angesichts von 45 Landkreisen und kreisfreien Städten, 39 Sparkassen und 88 VR-Banken, wären gegenläufige Struktureingriffe erforderlich. Einige Sparkassen würden Aufspaltungen erleben, während die Zahl der Volks- und Raiffeisenbanken halbiert werden müsste. Die dann entstehenden 45 Volks- und Raiffeisensparkassen würden eine durchschnittliche Bilanzsumme in Höhe von 5349 Mio. € aufweisen (Tab. 8.8). Die Herauslösung der Braunschweigischen Landessparkasse aus der Nord LB ist hier noch nicht berücksichtigt (Abschn. 8.2.8).

Baden-Württemberg

In Baden-Württemberg gibt es dreimal so viele VR-Banken wie Gebietskörperschaften, was den Anpassungsbedarf verdeutlicht. Die Zahl der Sparkassen ist mit 50 Instituten nur geringfügig höher als die Zahl der Kommunen. Am Ende des Prozesses würden 44 Volks- und Raiffeisensparkassen mit einer durchschnittlichen Bilanzsumme in Höhe von 9905 Mio. € stehen (Tab. 8.9). Die BW-Bank, die für Stuttgart die Sparkassenfunktion ausfüllt, ist hier nicht berücksichtigt (Abschn. 8.2.8).

Rheinland-Pfalz

Für Rheinland-Pfalz stellt sich das Bild anders dar. Die Zahl von Sparkassen (20) und VR-Banken (31) ist jeweils geringer als die der Gebietskörperschaften (36 Landkreise und kreisfreie Städte). Der Anpassungsbedarf würde sich also v. a. auf eine Neusortierung der

Tab. 8.8 Anzahl und durchschnittliche Bilanzsumme der niedersächsischen Volks- und Raiffeisen-sparkassen. (BVR, 2024; DSGV, 2024)

Anzahl Sparkassen	Durchschnittliche Bilanzsumme Sparkasse (Mio. Euro)	Anzahl Volks- und Raiffeisenbanken	Durchschnittliche Bilanzsumme Volks- und Raiffeisenbank (Mio. Euro)
39	3464	88	1201
Anzahl Volks- und Raiffeisensparkassen		**Durchschnittliche Bilanzsumme Volks- und Raiffeisensparkasse (Mio. Euro)**	
45		5349	

Tab. 8.9 Anzahl und durchschnittliche Bilanzsumme der baden-württembergischen Volks- und Raiffeisensparkassen. (BVR, 2024; Sparkassenverband Baden-Württemberg, 2024)

Anzahl Sparkassen	Durchschnittliche Bilanzsumme Sparkasse (Mio. Euro)	Anzahl Volks- und Raiffeisenbanken	Durchschnittliche Bilanzsumme Volks- und Raiffeisenbank (Mio. Euro)
50	4896	128	1492
Anzahl Volks- und Raiffeisensparkassen		**Durchschnittliche Bilanzsumme Volks- und Raiffeisensparkasse (Mio. Euro)**	
44		9905	

Sparkassen konzentrieren. Die daraus resultierenden 36 Volks- und Raiffeisensparkassen wären im Durchschnitt ihrer Bilanzsumme 3482 Mio. € groß (Tab. 8.10).

Hessen

In Hessen stehen 26 Landkreisen und kreisfreien Städten 34 Sparkassen und 49 VR-Banken gegenüber. Das verspricht auf dem Reißbrett einigen Spielraum, um Sparkassen und VR-Banken in die Struktur der Gebietskörperschaften einzupassen. Die 26 hessischen Volks- und Raiffeisensparkassen hätten eine durchschnittliche Bilanzsumme in Höhe von 8332 Mio. € (Tab. 8.11). Die Frankfurter Sparkasse ist hier bereits berücksichtigt (Abschn. 8.2.8).

Thüringen

In Thüringen verkehren sich die Strukturen. Es gibt zwar 22 Landkreise und kreisfreie Städte, aber weniger Sparkassen und VR-Banken. Und: Die Zahl der VR-Banken (10) ist hier niedriger als die der Sparkassen (16). Die bis hierher erfolgte Konsolidierung wäre also rückgängig zu machen. Die 22 Volks- und Raiffeisensparkassen hätten dann eine durchschnittliche Bilanzsumme in Höhe von 1606 Mio. € (Tab. 8.12).

Brandenburg

Für Brandenburg ergibt sich ein ähnliches Bild. 18 Gebietskörperschaften stehen jeweils 11 Sparkassen und Volks- und Raiffeisenbanken gegenüber. In der Zielstruktur

Tab. 8.10 Anzahl und durchschnittliche Bilanzsumme der Volks- und Raiffeisensparkassen in Rheinland-Pfalz. (BVR, 2024; DSGV, 2024)

Anzahl Sparkassen	Durchschnittliche Bilanzsumme Sparkasse (Mio. Euro)	Anzahl Volks- und Raiffeisenbanken	Durchschnittliche Bilanzsumme Volks- und Raiffeisenbank (Mio. Euro)
20	3810	31	1586
Anzahl Volks- und Raiffeisensparkassen		**Durchschnittliche Bilanzsumme Volks- und Raiffeisensparkasse (Mio. Euro)**	
36		3482	

Tab. 8.11 Anzahl und durchschnittliche Bilanzsumme der Volks- und Raiffeisensparkassen in Hessen. (BVR, 2024; DSGV, 2024)

Anzahl Sparkassen	Durchschnittliche Bilanzsumme Sparkasse (Mio. Euro)	Anzahl Volks- und Raiffeisenbanken	Durchschnittliche Bilanzsumme Volks- und Raiffeisenbank (Mio. Euro)
32	3842	49	1912
Anzahl Volks- und Raiffeisensparkassen		**Durchschnittliche Bilanzsumme Volks- und Raiffeisensparkasse (Mio. Euro)**	
26		8332	

Tab. 8.12 Anzahl und durchschnittliche Bilanzsumme der Volks- und Raiffeisensparkassen in Thüringen. (BVR, 2024; Ostdeutscher Sparkassenverband, 2024)

Anzahl Sparkassen	Durchschnittliche Bilanzsumme Sparkasse (Mio. Euro)	Anzahl Volks- und Raiffeisenbanken	Durchschnittliche Bilanzsumme Volks- und Raiffeisenbank (Mio. Euro)
16	1814	10	992
Anzahl Volks- und Raiffeisensparkassen		**Durchschnittliche Bilanzsumme Volks- und Raiffeisensparkasse (Mio. Euro)**	
22		1606	

Tab. 8.13 Anzahl und durchschnittliche Bilanzsumme der Volks- und Raiffeisensparkassen in Brandenburg. (BVR, 2024; Ostdeutscher Sparkassenverband, 2024)

Anzahl Sparkassen	Durchschnittliche Bilanzsumme Sparkasse (Mio. Euro)	Anzahl Volks- und Raiffeisenbanken	Durchschnittliche Bilanzsumme Volks- und Raiffeisenbank (Mio. Euro)
11	3518	11	680
Anzahl Volks- und Raiffeisensparkassen		**Durchschnittliche Bilanzsumme Volks- und Raiffeisensparkasse (Mio. Euro)**	
18		2566	

von 18 Volks- und Raiffeisensparkassen betrüge die durchschnittliche Bilanzsumme 2566 Mio. € (Tab. 8.13).

Schleswig-Holstein

Schleswig-Holstein fügt sich eher in die Struktur ostdeutscher Bundesländer ein. Mit 15 Landkreisen und kreisfreien Städten, 11 Sparkassen und 17 VR-Banken wären die Anpassungsbedarfe relativ übersichtlich. Es gäbe 15 Volks- und Raiffeisensparkassen mit einer durchschnittlichen Bilanzsumme in Höhe von 5314 Mio. € (Tab. 8.14).

In die Zahlen einbezogen sind die Bordesholmer Sparkasse, die Sparkasse zu Lübeck sowie die Sparkasse Mittelholstein. Allesamt sind sie sogenannte freie Sparkassen, deren Geschäftsbetrieb aktienrechtlich organisiert ist, von privaten Stiftungen getragen wird und an denen die Haspa Finanzholding beteiligt ist (Haspa Finanzholding, 2024). Es bräuchte also kein Gesetz, sie in eingetragene Genossenschaften umzufirmieren. Damit fällt aber auch dieses „Druckmittel" weg. Wenn Sie aber weiterhin Teil der – inzwischen genossenschaftlich organisierten – Sparkassen-Finanzgruppe sein wollen, wäre die Umfirmierung zu Genossenschaften der Preis dafür.

Sachsen-Anhalt

In Sachsen-Anhalt sind die Unterschiede zwischen Sparkassen und VR-Banken bezüglich ihrer Betriebsgrößen eklatant. Die durchschnittliche Sparkasse ist mehr als 6,5-mal so groß wie die durchschnittliche VR-Bank. Bei dann 14 Volks- und Raffeisensparkassen beträgt die durchschnittliche Bilanzsumme 2561 Mio. € (Tab. 8.15).

Tab. 8.14 Anzahl und durchschnittliche Bilanzsumme der Volks- und Raiffeisensparkassen in Schleswig-Holstein. (BVR, 2024; DSGV, 2024)

Anzahl Sparkassen	Durchschnittliche Bilanzsumme Sparkasse (Mio. Euro)	Anzahl Volks- und Raiffeisenbanken	Durchschnittliche Bilanzsumme Volks- und Raiffeisenbank (Mio Euro)
11	4622	17	1698
Anzahl Volks- und Raiffeisensparkassen		**Durchschnittliche Bilanzsumme Volks- und Raiffeisensparkasse (Mio. Euro)**	
15		5314	

Tab. 8.15 Anzahl und durchschnittliche Bilanzsumme der Volks- und Raiffeisensparkassen in Sachsen-Anhalt. (BVR, 2024; Ostdeutscher Sparkassenverband, 2024)

Anzahl Sparkassen	Durchschnittliche Bilanzsumme Sparkasse (Mio. Euro)	Anzahl Volks- und Raiffeisenbanken	Durchschnittliche Bilanzsumme Volks- und Raiffeisenbank (Mio. Euro)
12	2652	11	397
Anzahl Volks- und Raiffeisensparkassen		**Durchschnittliche Bilanzsumme Volks- und Raiffeisensparkasse (Mio. Euro)**	
14		2584	

Sachsen

In der vorliegenden Durchschnittsbetrachtung für Sachsen erscheinen die Anpassungsbedarfe marginal: 13 Gebietskörperschaften, 12 Sparkassen und 14 VR-Banken. Die 13 entstehenden Volks- und Raiffeisensparkassen weisen eine durchschnittliche Bilanzsumme in Höhe von 5969 Mio. € auf (Tab. 8.16).

Mecklenburg-Vorpommern

In Mecklenburg-Vorpommern ist die Konsolidierung unter den VR-Banken weiter vorangeschritten als die der Sparkassen. 5 VR-Banken stehen 8 Sparkassen gegenüber. Bei 8 Volks- und Raiffeisensparkassen beträgt die durchschnittliche Bilanzsumme 3635 Mio. € (Tab. 8.17).

Saarland

Im Saarland findet sich – nur auf diese Zahlen schauend – dieselbe Situation wie in Mecklenburg-Vorpommern vor. Es gibt 6 Landkreise/kreisfreie Städte, 6 Sparkassen, aber nur 4 VR-Banken. Das würde zu einer Aufspaltung der VR-Banken führen. Die 6 Volks- und Raiffeisensparkassen weisen eine durchschnittliche Bilanzsumme in Höhe von 4944 Mio. € auf (Tab. 8.18).

Tab. 8.16 Anzahl und durchschnittliche Bilanzsumme der sächsischen Volks- und Raiffeisensparkassen. (BVR, 2024; Ostdeutscher Sparkassenverband, 2024)

Anzahl Sparkassen	Durchschnittliche Bilanzsumme Sparkasse (Mio. Euro)	Anzahl Volks- und Raiffeisenbanken	Durchschnittliche Bilanzsumme Volks- und Raiffeisenbank (Mio. Euro)
12	5136	14	1140
Anzahl Volks- und Raiffeisensparkassen		**Durchschnittliche Bilanzsumme Volks- und Raiffeisensparkasse (Mio. Euro)**	
13		5969	

Tab. 8.17 Anzahl und durchschnittliche Bilanzsumme der Volks- und Raiffeisensparkassen in Mecklenburg-Vorpommern. (BVR, 2024; Ostdeutscher Sparkassenverband, 2024)

Anzahl Sparkassen	Durchschnittliche Bilanzsumme Sparkasse (Mio. Euro)	Anzahl Volks- und Raiffeisenbanken	Durchschnittliche Bilanzsumme Volks- und Raiffeisenbank (Mio. Euro)
8	2711	5	1479
Anzahl Volks- und Raiffeisensparkassen		**Durchschnittliche Bilanzsumme Volks- und Raiffeisensparkasse (Mio. Euro)**	
8		3635	

Tab. 8.18 Anzahl und durchschnittliche Bilanzsumme der Volks- und Raiffeisensparkassen im Saarland. (BVR, 2024; DSGV, 2024)

Anzahl Sparkassen	Durchschnittliche Bilanzsumme Sparkasse (Mio. Euro)	Anzahl Volks- und Raiffeisenbanken	Durchschnittliche Bilanzsumme Volks- und Raiffeisenbank (Mio. Euro)
6	3433	4	2265
Anzahl Volks- und Raiffeisensparkassen		**Durchschnittliche Bilanzsumme Volks- und Raiffeisensparkasse (Mio. Euro)**	
6		4944	

Bremen

In Bremen sieht es auf den ersten Blick nach einem „Selbstläufer“ aus: 2 Gebietskörperschaften, 2 Sparkassen, 2 VR-Banken. Der Teufel steckt dann im Detail. Die Sparkasse zu Bremen ist eine freie Sparkasse, die Größenverhältnisse sind sehr unterschiedlich und die Geschäftsgebiete erstrecken sich in niedersächsisches Gebiet. Die beiden Volks- und Raiffeisensparkassen verfügen über eine Bilanzsumme in Höhe von jeweils 10.643 Mio. € (Tab. 8.19).

Tab. 8.19 Anzahl und durchschnittliche Bilanzsumme der Volks- und Raiffeisensparkassen im Bremen. (BVR, 2024; DSGV, 2024)

Anzahl Sparkassen	Durchschnittliche Bilanzsumme Sparkasse (Mio. Euro)	Anzahl Volks- und Raiffeisenbanken	Durchschnittliche Bilanzsumme Volks- und Raiffeisenbank (Mio. Euro)
2	9538	2	1105
Anzahl Volks- und Raiffeisensparkassen		**Durchschnittliche Bilanzsumme Volks- und Raiffeisensparkasse (Mio. Euro)**	
2		10.643	

Tab. 8.20 Anzahl und durchschnittliche Bilanzsumme der Volks- und Raiffeisensparkasse Hamburg. (BVR 2024; DSGV 2024)

Anzahl Sparkassen	Durchschnittliche Bilanzsumme Sparkasse (Mio. Euro)	Anzahl Volks- und Raiffeisenbanken	Durchschnittliche Bilanzsumme Volks- und Raiffeisenbank (Mio. Euro)
1	60.170	1	4184
Anzahl Volks- und Raiffeisensparkassen		**Durchschnittliche Bilanzsumme Volks- und Raiffeisensparkasse (Mio. Euro)**	
1		64.354	

Tab. 8.21 Anzahl und durchschnittliche Bilanzsumme der Volks- und Raiffeisensparkasse Berlin. (Landesbank Berlin, 2024; BVR, 2024)

Anzahl Sparkassen	Durchschnittliche Bilanzsumme Sparkasse (Mio. Euro)	Anzahl Volks- und Raiffeisenbanken	Durchschnittliche Bilanzsumme Volks- und Raiffeisenbank (Mio. Euro)
1	45.500	1	17.804
Anzahl Volks- und Raiffeisensparkassen		**Durchschnittliche Bilanzsumme Volks- und Raiffeisensparkasse (Mio. Euro)**	
1		63.304	

Hamburg

Die Volks- und Raiffeisensparkasse Hamburg eG hat eine Bilanzsumme in Höhe von 64.354 Mio. € (Tab. 8.20). Zu berücksichtigen ist die Konzernstruktur, in die die Hamburger Sparkasse eingebettet ist. Selbst eine AG, liegt bei ihr das operative Bankgeschäft der Mutter Haspa Finanzholding, die eine juristische Person alten hamburgischen Rechts ist. Die Haspa Finanzholding ist beteiligt an der Bordesholmer Sparkasse, der Sparkasse zu Lübeck sowie der Sparkasse Mittelholstein (Haspa Finanzholding, 2024).

Berlin

Die Volks- und Raiffeisensparkasse Berlin eG hat eine Bilanzsumme in Höhe von 63.304 Mio. € (Tab. 8.21). Zu beachten ist, dass die Berliner Sparkasse Ergebnis einer besonderen Konstellation in der Sparkassen-Finanzgruppe aufweist. Nach dem Zusammen-

Tab. 8.22 Anzahl und durchschnittliche Bilanzgröße der Volks- und Raiffeisensparkassen je Bundesland

Bundesland	Anzahl Volks- und Raiffeisensparkassen	Durchschnittliche Bilanzgröße (Mio. Euro)
Bayern	96	4808
Nordrhein-Westfalen	53	9598
Niedersachsen	45	5349
Baden-Württemberg	44	9905
Rheinland-Pfalz	36	3482
Hessen	26	8332
Thüringen	22	1606
Brandenburg	18	2566
Schleswig-Holstein	15	5314
Sachsen-Anhalt	14	2561
Sachsen	13	5969
Mecklenburg-Vorpommern	8	3635
Saarland	6	4944
Bremen	2	10.643
Hamburg	1	64.354
Berlin	1	63.304
Summe	**400**	

bruch der Bankgesellschaft Berlin wurde die Landesbank Berlin aktienrechtlich organisiert, zur Trägerin der Berliner Sparkasse und gilt zudem als eigener Sparkassenverband. Die Landesbank Berlin gehört über den DSGV der Sparkassen-Finanzgruppe (Landesbank Berlin, 2024, S. 3). Sie findet sich deswegen auch nicht in der Sparkassenrangliste des DSGV.

Überblick
Auf dem hier ausgebreiteten Reißbrett sind 400 genossenschaftlich organisierte Volks- und Raiffeisensparkassen entstanden, deren Geschäftsgebiet die jeweilige Gebietskörperschaft ist. So entsteht eine kommunale Bindung, die keiner rechtlichen Gebundenheit bedarf. Konsequent zu Ende gedacht, ist schließlich ein Verbot weiterer Fusionen zu erwägen (siehe Tab. 8.22).

Literatur

Atzler, E. (2020, August 31). Die deutschen Banken vereinen ihre beiden Onlinebezahlverfahren. *Handelsblatt.* https://www.handelsblatt.com/finanzen/banken-versicherungen/banken/zahlungsverkehr-die-deutschen-banken-vereinen-ihre-beiden-onlinebezahlverfahren/26143600.html. Zugegriffen am 05.05.2024.

Atzler, E. (2022, September 16). Genossenschaftsbanken planen Milliarden-Fusionen. *Handelsblatt.* https://www.handelsblatt.com/finanzen/banken-versicherungen/banken/volksbank-genossenschaftsbanken-planen-milliarden-fusionen/28680720.html. Zugegriffen am 13.05.2024.

Barth, U. (2022, Januar 7). Die Gerüchteküche um möglichen DKB-Verkauf brodelt weiter. *Finanz-Business.* https://finanzbusiness.de/nachrichten/banken/article13622237.ece?utm_source=mail. Zugegriffen am 05.05.2024.

Bayern L. B. (2024, April 12). Bilanzpressekonferenz. https://www.bayernlb.de/internet/media/de/ir/downloads_1/presse_5/bilanzpk_1/2024_18/20240412_Charts_BPK.pdf. Zugegriffen am 05.05.2024.

Berliner Volksbank. (2023). Produktbeschreibung MitgliedsSparen. https://www.berliner-volksbank.de/content/dam/f0120-0/webn/dokumente/mitglieder/mitglied-werden/produktinformations-blatt-mitgliedssparen.pdf. Zugegriffen am 01.07.2024.

Bitkom Research. (2024, Mai 7). Digital Finance: Wie digital ist Deutschlands Finanzwesen? https://www.bitkom.org/sites/main/files/2024-05/240507bitkom-chartsdigitalfinancefinal.pdf. Zugegriffen am 11.05.2024.

Blankenburg, G. (2000). Die Politökonomie der Sparkassenprivatisierung. *Wirtschaftsdienst, 80*, 45–50. https://hdl.handle.net/10419/40483. Zugegriffen am 06.05.2024.

Buchholz, C. (2023, November 29). Startschuss für Münsterländer Sparkassen-Fusion. *FinanzBusiness.* https://finanzbusiness.de/nachrichten/sparkassen/article16644312.ece. Zugegriffen am 13.05.2024.

Buchholz, C. (2024a, März 27). Mega-Fusion hessischer Sparkassen – Minister verschärft Kritik. *FinanzBusiness.* https://finanzbusiness.de/nachrichten/sparkassen/article16974863.ece. Zugegriffen am 11.05.2024.

Buchholz, C. (2024b, Februar 21). Volksbank im Münsterland verdoppelt Zinsüberschuss und Dividende. *FinanzBusiness.* https://finanzbusiness.de/nachrichten/genossen/article16862824.ece. Zugegriffen am 11.05.2024.

Buchholz, C., & Rudolph, H. (2024, März 7). Ergebnis von 347 Millionen Euro bei der Kreissparkasse Köln – Investitionstopf für Transformationen. *FinanzBusiness.* https://finanzbusiness.de/nachrichten/sparkassen/article16915425.ece. Zugegriffen am 11.05.2024.

Bundeskartellamt. (2001). Tätigkeitsbericht 1999/2000. https://www.bundeskartellamt.de/SharedDocs/Publikation/DE/Taetigkeitsberichte/Bundeskartellamt%20-%20T%C3%A4tigkeitsbericht%202000.pdf?__blob=publicationFile&v=4. Zugegriffen am 11.05.2024.

Bundeskartellamt. (2012, Februar 28). Untersagung der Beteiligung der Haspa Finanzholding an der Kreissparkasse Lauenburg. https://www.bundeskartellamt.de/SharedDocs/Entscheidung/DE/Fallberichte/Fusionskontrolle/2012/B4-51-11.pdf?__blob=publicationFile&v=1. Zugegriffen am 11.05.2024.

Bundeskartellamt. (2016, August 10). Freigabe des Zusammenschlusses der Sparkassen Hildesheim und Goslar/Harz sowie der Kreissparkasse Peine. https://www.bundeskartellamt.de/SharedDocs/Entscheidung/DE/Fallberichte/Fusionskontrolle/2016/B4-53-16.pdf?__blob=publicationFile&v=1. Zugegriffen am 11.05.2024.

BVR. (2024). Alle Genossenschaftsbanken per Ende 2023. https://www.bvr.de/p.nsf/0/D3E488DF22571CECC1257D0A005439B7/$file/Liste_AlleBankenEnde2023.pdf. Zugegriffen am 10.05.2024.

BW-Bank. (2020, April 1). Statut. Fassung. https://www.bw-bank.de/content/dam/myif/bwbank/work/dokumente/pdf/bwbank/statut_de.pdf?n=true. Zugegriffen am 05.05.2024.

Christmann, H. (1998). Aktuelle sparkassenpolitische und sparkassenrechtliche Fragen. *Mitteilungen des Bayerischen Landkreistages* o. Jg., Heft 7, 10–13.

Dombrowa, M. (2023). *Die Effizienzwirkungen von Größe und Fusionen bei Genossenschaftsbanken unter Berücksichtigung regionaler Standortfaktoren.* Shaker.

DSGV. (2024). Rangliste 2023. https://www.dsgv.de/content/dam/dsgv-de/sparkassen-finanzgruppe/downloads/2023_Sparkassenrangliste.pdf. Zugegriffen am 10.05.2024.

EU-Kommission. (2024, Februar 22). Bekanntmachung der Kommission über die Abgrenzung des relevanten Marktes im Sinne des Wettbewerbsrechts der Union. https://eur-lex.europa.eu/legal-content/DE/TXT/PDF/?uri=OJ:C_202401645. Zugegriffen am 11.05.2024.

Groupe BPCE. (2021, Juli 8). Strategic Plan. https://groupebpce.com/en/the-group/strategic-plan. Zugegriffen am 28.03.2024.

Hall, A. (2024, April 17). Sparkassen-Fusion in Westfalen ist besiegelt. *FinanzBusiness*. https://finanzbusiness.de/nachrichten/banken/article17027939.ece. Zugegriffen am 11.05.2024.

Haspa Finanzholding. (2024). Unternehmen. https://haspafinanzholding.de/unternehmen. Zugegriffen am 10.05.2024.

Henneke, H.-G. (2019). *Kommunale Sparkassen* (2. Aufl.). Kommunal- und Schul-Verlag.

Hille, V. (2022). *Erfolgsfaktoren des kulturellen Veränderungsprozesses bei Fusionen*. Universitätsverlag. https://dspace.ub.uni-siegen.de/handle/ubsi/2191. Zugegriffen am 04.05.2024.

Hinderer, F. (2019). *Die räumliche Marktabgrenzung in der deutschen Zusammenschlusskontrolle: Die praktische Behandlung und Bestimmung der Reichweite entfernungsabhängiger Märkte im Kontext europäischer und US-amerikanischer Vorbilder*. Carl Heymanns.

Hippler, M. (2021). „Die Filiale muss man immer neu denken". Interview mit Eva Wunsch-Weber und Oliver Klink. *Fonds professionell*, ohne Jahrgang, 2001–2004.

Hofer, S. (2019, April 17). Deutsche Bank und Commerzbank: So kann ihre Fusion gelingen. https://www.brand-trust.de/de/artikel/2019/fusion-deutsche-bank-commerzbank.php. Zugegriffen am 19.05.2024.

Hühn, M., Rybnikowa, I., Tümpel, M., & Hartz, R. (2021). Partizipation und Sinnstiftung in Genossenschaften. *Zeitschrift für Gemeinwirtschaft und Gemeinwohl, 44*, 518–535. https://doi.org/10.5771/2701-4193-2021-4-518

Kirchhof, F. (2000). Entwicklungsperspektiven kommunaler Sparkassen in Deutschland. In von F. Kirchhof & H.-G. Henneke (Hrsg.), *Entwicklungsperspektiven kommunaler Sparkassen in Deutschland* (S. 11–80). Richard Boorberg.

Klein, J. (2003). *Das Sparkassenwesen in Deutschland und Frankreich: Entwicklung, aktuelle Rechtsstrukturen und Möglichkeiten einer Annäherung*. Duncker & Humblot.

Krupp, C., & Stratmann, K. (2024, Mai 8). RWE könnte Amprion verkaufen. *Handelsblatt*.

Kunz, A. (2019, September 2). „Ob die dann Volkskasse oder Sparbank heißt, ist nebensächlich". *Die Welt*. https://www.welt.de/wirtschaft/article199509932/Sparkassen-und-Volksbanken-Experten-halten-Fusion-fuer-moeglich.html. Zugegriffen am 06.05.2024.

Lachmann, M. (2024, März 18). EU-Entwurf zur Bargeldversorgung stößt auf Widerstand der deutschen Finanzindustrie. *FinanzBusiness*. https://finanzbusiness.de/nachrichten/banken/article16943851.ece. Zugegriffen am 04.05.2024.

Landesbank Berlin. (2024). Jahresabschluss und Lagebericht 2023. https://cdn0.scrvt.com/e07c34c5527d0f24bcd27c648605aec1/ec3a450fd0179e75/ce301b3d07ac/JA_LBB-BSK_2023_furVO-_neu.pdf. Zugegriffen am 10.05.2024.

Luszek, M. (2022). *Sparkassenneuordnung und -fusionen im Zuge der Gebietsreform in Westfalen-Lippe (1966–1988)*. Universitätsverlag. https://doi.org/10.13154/294-9133

Markmann, F. (2018). *Lokale Leistungserbringung im kommunalen Interesse: Revival der Genossenschaft?* Nomos.

Meyer, A. P. (2018, April 12). Market Concentration an ist Impact on Community Banks. Federal Reserve Bank of St. Louis. https://www.stlouisfed.org/publications/regional-economist/first-quarter-2018/concentration-community-banks#authorbox. Zugegriffen am 11.05.2024.

Montz, M. (2024, März 25). Wero und digitaler Euro: Zwischen Konkurrenz und Kooperation. *c't magazin für computer technik*. https://www.heise.de/-9658214. Zugegriffen am 05.05.2024.

Mühle, P. (2024, März 5). Das sind die besten Banken-Apps. *Handelsblatt*. https://www.handelsblatt.com/finanzen/banken-versicherungen/banken/ranking-das-sind-die-besten-banken-apps/100019865.html? Zugegriffen am 04.05.2024.

o. V. (1999a, Juli 15). Kein Präzedenzfall in Marktredwitz. *Süddeutsche Zeitung*.
o. V. (1999b, Februar 19). Niedrigzins lässt Erträge schmelzen. *Hannoversche Allgemeine Zeitung*.
o. V. (2000, August 2). Für Fusion mit Volksbanken. *Hannoversche Allgemeine Zeitung*.
o. V. (2001a, Mai 19). Mit Vollgas wieder in die Regulierung. *Frankfurter Allgemeine Zeitung*.
o. V. (2001b, Juni 7). Genossen auf dem Weg zum Einheitsverband. *Börsenzeitung*.
o. V. (2002, Mai 31). Genossen-Prinzip für die Sparkassen. *Business in Baden*.
o. V. (2024a). Blickpunkte. *Karten cards cartes, 35*, 5.
o. V. (2024b). Marktnotizen. *Bank und Markt, 53*, Karten-News, II.
Oebbecke, J., Ehlers, D., Klein, M., Theurl, T., & Diemert, D. (Hrsg.). (2006). *Perspektiven für Sparkassen und Genossenschaftsbanken*. Deutscher Gemeindeverlag.
Ostdeutscher Sparkassenverband. (2024). Geschäftsentwicklung kompakt. https://osv-online.de/wp-content/uploads/Geschaeftsentwicklung-OSVL%C3%A4nder.pdf. Zugegriffen am 10.05.2024.
Pfaffenberger, K. (2009). Demokratie und Partizipation in Kreditgenossenschaften – erlebte Teilhabe oder Illusion? *Zeitschrift für das gesamte Kreditwesen, 62*, 279–284.
Rheinischer Sparkassen- und Giroverband. (2024). Die rheinischen Sparkassen 2023 auf einen Blick. https://www.rsgv.de/fileadmin/rsgv/dateien/presse/pressemitteilungen/2024/4_Sparkassen_auf_einen_Blick_2023.pdf. Zugegriffen am 10.05.2024.
Rohrig, D. (2024a, April 25). Volksbank Mittelhessen und der VR-Bankverein Bad Hersfeld-Rotenburg starten Fusionsgespräche. *FinanzBusiness*. https://finanzbusiness.de/nachrichten/genossen/article17052761.ece. Zugegriffen am 11.05.2024.
Rohrig, D. (2024b, Februar 16). Bilanzsumme der Volksbank Bielefeld-Gütersloh steigt 2023 leicht. *FinanzBusiness*. https://finanzbusiness.de/nachrichten/genossen/article16854063.ece. Zugegriffen am 11.05.2024.
Rohrig, D. (2024c, Februar 8). Nach der Fusion: Der Name Raiffeisen-Volksbank Aschaffenburg bleibt. *FinanzBusiness*. https://finanzbusiness.de/nachrichten/genossen/article16831839.ece. Zugegriffen am 11.05.2024.
Rohrig, D. (2024d, November 23). Volksbank Darmstadt Mainz: Die Hochzeit ist jetzt perfekt. *FinanzBusiness*. https://finanzbusiness.de/nachrichten/genossen/article16628665.ece. Zugegriffen am 11.05.2024.
Rudolph, H. (2024a, März 15). Sparkasse Westmünsterland präsentiert durchschnittliche Zahlen für 2023. *FinanzBusiness*. https://finanzbusiness.de/nachrichten/sparkassen/article16941332.ece. Zugegriffen am 11.05.2024.
Rudolph, H. (2024b, Januar 23). Sparkassen-Fusion am Bodensee: Bayerns Nummer vier entsteht. *FinanzBusiness*. https://finanzbusiness.de/nachrichten/sparkassen/article16780657.ece. Zugegriffen am 11.05.2024.
Schäfer, S. (2024, Februar 22). Emailaustausch mit Sebastian Schäfer, Partner von BrandTrust.
Scheike, A. (2004). *Rechtliche Voraussetzungen für die materielle Privatisierung kommunaler Sparkassen: Eine Untersuchung unter besonderer Berücksichtigung der Rechtsform der eingetragenen Genossenschaft*. Peter Lang.
Schneider, T. (2015). *Analyse europäischer Finanzverbünde und Perspektiven der deutschen Sparkassen-Finanzgruppe – Zentralisation: Notwendigkeit oder Fiktion*. Verlag Wissenschaft & Praxis.
Sparkassenverband Baden-Württemberg. (2024). Geschäftsbericht 2023 der Sparkassen-Finanzgruppe Baden-Württemberg. https://www.sv-bw.de/fileadmin/verband/dateien/publikationen/geschaeftsberichte/Geschaeftsbericht_2023.pdf. Zugegriffen am 10.05.2024.
Sparkassenverband Bayern. (2024). Geschäftszahlen der bayerischen Sparkassen. https://sparkassenverband-bayern.de/Ueber-uns/Daten-Fakten-zu-den-bayerischen-Sparkassen. Zugegriffen am 10.05.2024.

Sparkassenverband Westfalen-Lippe. (2024). Die Sparkassen in Westfalen-Lippe im Jahr 2023: Auf einen Blick. https://www.svwl.eu/fileadmin/content/presse/pressefotos/weitere/2024_Jahres-PK/005_Zahlen_auf_einen_Blick.pdf. Zugegriffen am 10.05.2024.

Statista. (2024). Verteilung der kreisfreien Städte und Landkreise nach Bundesländern in Deutschland 2024. https://de.statista.com/statistik/daten/studie/1129872/umfrage/landkreise-und-kreisfreie-staedte-bundeslaender-deutschland/. Zugegriffen am 10.05.2024.

Ströer, C. (2001). Die Kraft der Verbünde. *Bankmagazin, 9*(5), 17–21.

YouGov. (2022). Profile Peek: Gen Z* & Finanzdienstleistungen. https://business.yougov.com/de/sektoren/banken-versicherungen/profiles-peek-genz-finanzdienstleistungen?marketo=download. Zugegriffen am 19.05.2024.

Zimmer, A., & Priller, E. (2023). Genossenschaften als Teil des Dritten Sektors. In von J. Blome-Drees et al. (Hrsg.), *Handbuch Genossenschaftswesen* (S. 1015–1048). Springer.

Zusammenfassung in 15 Thesen

9

1. **eG ist die flexiblere Rechtsform**
   Genossenschaftsbanken sind historisch und soziologisch in gewisser Weise eine Weiterentwicklung der Sparkassen. Die Gründer der Sparkassen (zunächst private Stifter, dann Kommunen) wollten mit einer paternalistischen Attitüde „erziehen". Die etwas später entstehenden Kreditgenossenschaften sind originäre Selbsthilfeeinrichtungen. Die beiden Rechtsformen spiegeln das wider. Die Anstalt des öffentlichen Rechts bindet die Sparkasse rechtlich eng an die jeweilige Kommune oder den Zweckverband und dient der Erfüllung eines bestimmten Zwecks (öffentlicher Auftrag). Dafür trägt der Träger die Anstaltslast. Die eingetragene Genossenschaft ist dagegen eine offene, hybride Rechtsform zwischen Mitgliederorganisation und Kapitalgesellschaft. Demokratisch verfasst und auf die Förderung ihrer Mitglieder ausgerichtet, bietet eine hohe Satzungsautonomie viel Flexibilität.
2. **Verbundstrukturen haben sich angenähert**
   Sparkassen-Finanzgruppe und Genossenschaftliche FinanzGruppe sind ähnlich organisiert: dezentral und subsidiär. Ursprünglich jeweils dreistufig gegliedert – Primärinstitute, regionale Zentralbanken und Verbände sowie Zentralverband und Zentralbank auf Bundesebene –, zeigt sich eine Tendenz zur Zweistufigkeit. In der Sparkassen-Finanzgruppe hat die DekaBank heute nicht mehr die Zentralbankfunktion, die ihre Vorgängerinstitutionen noch besaßen. Dafür hat die DZ Bank inzwischen alle regionalen Zentralbanken aufgenommen. Bei den Verbänden und Verbundunternehmen ist die Konsolidierung in der Genossenschaftlichen FinanzGruppe deutlich weiter vorangeschritten als in der Sparkassen-Finanzgruppe. Erst der EU-Beihilfe-Streit sowie Finanz-, Staatsschulden- und Schifffahrtskrise haben dort für etwas Bewegung gesorgt; bei den Landesbanken und Landesbausparkassen mehr als bei den öffentlichen Versicherern. Gab es vor 20 Jahren noch 4-mal mehr Genossenschaftsbanken als Sparkassen, beträgt das Verhältnis heute nur noch 2:1.

M.-P. Dagott, *Die Volks- und Raiffeisensparkasse eG*,
https://doi.org/10.1007/978-3-658-45751-8_9

3. **Herausforderungen gemeinsam angehen**
Die filialbasierte Infrastruktur von Sparkassen und Genossenschaftsbanken verliert aufgrund der fortschreitenden Digitalisierung und einem damit verbundenen veränderten Kundenverhalten unaufhaltsam an Wert. Das Retail Banking-Geschäftsmodell beider Gruppen wird durch die Regulierung und die Regulierungsbehörden aktiv (EU-Ebene) oder passiv (Nationale Ebene) benachteiligt. Inzwischen sind aus beiden Verbünden Hilferufe nach einer Small Banking Box zu vernehmen. Zudem lässt der Fachkräftemangel Sparkassen und Genossenschaftsbanken um dieselben Bewerber ringen; bis 2030 gehen bis zu 30 % der Mitarbeiter in den Ruhestand. Die Konkurrenz aus Direktbanken, Neobanken und den großen Plattformen setzt beiden Gruppen hart zu. Die Lösung für diese fundamentalen Herausforderungen sehen beide Bankgruppen in der parallelen Entwicklung teurer, digitaler Lösungen (Digitale Ökosysteme, Apps etc.).
4. **Öffentliche Rechtsform ohne Zukunft**
Die Sparkassen haben aufgrund ihrer Rechtsform und der daraus resultierenden Politiknähe nur einen beschränkten Gestaltungsspielraum: Die Landesbanken würden sich die Sparkassen gerne komplett einverleiben, um das Fehlen eines eigenen tragfähigen Geschäftsmodells zu kaschieren. In Europa gibt es kaum noch verbündete, öffentlich-rechtlich organisierte Sparkassen und die deutsche Politik beschwert sich über die Schließung einer jeden Filiale.
5. **Zwischen Gemeinwohl und Wettbewerb**
Die eingetragene Genossenschaft und die Genossenschaftsbanken beweisen dagegen eine erstaunliche Vielschichtigkeit. In einem spannenden Diskurs um Gemeinwohlökonomie und Zivilgesellschaftlichem Wirtschaften spielen Genossenschaften eine wesentliche Rolle. In der genossenschaftlichen Bankenwelt sind vielfältige, miteinander im Wettbewerb stehende Geschäftsmodelle zu beobachten. Die VR-Bank konkurriert mit Sparda- und PSD-Banken, Kirchenbanken, BB Bank, GLS Bank und ApoBank. Und die Umfirmierung einer PSD- zu einer VR-Bank geht nahezu geräuschlos über die Bühne. Dabei liegen Licht und Schatten mitunter dicht beieinander. Während die Volksbank Braunschweig-Wolfsburg zielstrebig neue Geschäftsideen auf dem Weg zum Beyond Banking entdeckt und umsetzt, müssen Aufsicht und BVR-Sicherungseinrichtung alle Mittel einsetzen, um das Desaster um die „Effenberg“-Bank wenigstens einzudämmen.
6. **Vorhandene Gemeinsamkeiten**
Sparkassen und Genossenschaftsbanken sind kleine, dezentrale, filialbasierte Stakeholder-Banken, für die die Gewinnerzielung nur Nebenzweck ist. Sparkassen erbringen – so ist die Argumentationslinie der Kommunalpolitik – im Rahmen der öffentlichen Daseinsvorsorge Finanzdienstleistungen. Dabei gibt es kaum noch eine Aufgabe der öffentlichen Daseinsvorsorge, die nicht durch Genossenschaften abgebildet wird. Nur für die rekommunalisierten Stadtwerke und die Sparkassen schließt die Kommunalpolitik das aus; beide Institutionen werden als Schattenhaushalte der Kommunen bezeichnet. Angesichts der oben beschriebenen Megatrends nimmt der gemeinsame Betrieb von Filialen Fahrt auf. Frankfurter Volksbank und Taunus Spar-

kasse bieten mit ihren Finanzpunkten ein schlüsselfertiges Konzept an, das sogar Verträge umfasst, die mit Landes- und Bundeskartellbehörden abgestimmt, aber auch Bundesbank und BaFin bekannt sind. Und in Frankreich sind die Sparkassen vor 25 Jahren in Genossenschaften umgewandelt und vor 15 Jahren mit den Volksbanken in der Groupe BPCE zusammengefasst worden. Die Verbundunternehmen wurden verschmolzen, die Systeme im Hintergrund werden peu à peu konsolidiert, während die beiden Marken unverändert und getrennt voneinander fortgeführt werden.

7. **Seelenverwandtschaft und lokales Ökosystem**
Als gemeinsamer Kern von Sparkasse und Genossenschaftsbank wird eine „local embeddedness" ausgemacht, die Einbettung in lokale, beziehungsbasierte Strukturen und Netzwerke. Auf strategischer Ebene sind das die gemeinsamen Kompetenzfelder „Dezentralität/Kundennähe", „Nähe zum Mittelstand" und die „Kooperation in einem Verbund". Organisationale und personale Praktiken (Filialnetz beibehalten, am lokalen sozialen Leben teilhaben) sowie prozessuale Verbindungen (persönliche Beziehungen aufbauen, Vertrauen und Wissen stärken) schaffen die Voraussetzungen für die Schaffung eines Ökosystems (nach *Kosinowski*). Aus dieser lokalen Einbettung erwächst auch die kommunale Verankerung der Sparkasse; die anstaltsrechtliche Gebundenheit ist insofern obsolet, die genossenschaftliche Rechtsform würde die Handlungsmöglichkeiten der Sparkasse nur erweitern. *Klein* erkennt eine Seelenverwandtschaft von Sparkasse und Genossenschaft, *Schulz-Nieswandt und Köstler* erkennen Zwillingseigenschaften.
8. **Synergien**
Verbunden mit den vorhandenen Doppelstrukturen ergeben sich immense Synergiepotenziale. Allein die Zusammenlegung der Filialnetze würde Milliarden Euro freisetzen und die Effekte des Fachkräftemangels abfedern. Die Konsolidierung der beiden Finanzgruppen schafft weitere Synergiepotenziale. Mit der Zentralbank der Volks- und Raiffeisensparkassen entsteht ein Konkurrent für die Deutsche Bank. Der Asset Manager der Volks- und Raiffeisensparkassen wäre die Nr. 14 der Welt. Der VRS-Erstversicherer würde in Deutschland zur Allianz aufschließen. Die Verbindung von Finanz Informatik und Atruvia würde den größten internen IT-Dienstleister Deutschlands schaffen. IT-Experten, die es nicht mehr in der VRS-Rechenzentrale braucht, können vor Ort in den Volks- und Raiffeisensparkassen eingesetzt werden, die händeringend Fachkräfte suchen. Fasst man alle regionalen Verbände zu einer Professional Service Firm (in Form eines Genossenschaftsverbandes) zusammen, hat diese mehr als 300 Mio. € Erlöse und würde hinter BDO, Ebner Stolz und Rödl auf Platz 8 der Lünendonk-Liste landen. Die Akademie der VR-Sparkassen würde einen Umsatz von mindestens 150 Mio. € aufweisen und die Akademiebereiche von Haufe, TÜV Nord und TÜV Süd auf die Plätze verweisen.
9. **Promotor der Energiewende**
Die Kosten der Energiewende belaufen sich bis 2045 auf mehr als 1,1 Billionen Euro. Es ist offensichtlich, dass diese Summe nicht allein durch den Staat gestemmt werden kann, sondern auch von privaten Unternehmen und Banken sowie den Bürgern selbst

getragen werden muss. In der Diskussion, ob die Energiewende zentral oder dezentral angelegt sein muss, gewinnt das Prinzip der Subsidiarität an Bedeutung. Auf der Vor-Ort-Ebene werden aus passiven Endkunden von Strom und Gas Prosumer, die Energie produzieren und konsumieren. Hier kristallisieren sich dieselben Erfolgsfaktoren für Sparkassen und Genossenschaftsbanken als auch für die Energiewende heraus: Regionale Orientierung und Subsidiaritätsprinzip. Ein wichtiges Vehikel für die Partizipation der Bürger und Bürgerinnen sind Energiegenossenschaften. Deren wichtigste Finanzierer sind Genossenschaftsbanken und (mit Abstand) Sparkassen. Eine fusionierte Volks- und Raiffeisensparkasse könnte über diese Rolle als Kapitalsammelstelle, Kreditgeber und Investor hinaus auch Infrastrukturmanager, Regulierungsmanager und sogar Dachgenossenschaft sein und der dezentralen Energiewende entscheidende Impulse geben. Zumal die Politik durch zwei Urteile des Bundesverfassungsgerichts in ihren (finanziellen) Möglichkeiten arg beschränkt wurde.

10. **Fahrplan**
Der Weg zu einem Zusammenschluss von Sparkassen und Genossenschaftsbanken sowie ihrer Verbünde ist heute rechtlich nach wie vor versperrt und bedarf eines mehrgleisigen und mehrstufigen Vorgehensmodells. Grundlage hierfür sind ein Zielbild sowie fünf strategische Ziele mit daraus erwachsenen Umsetzungspaketen: Die Zusammenlegung der Filialnetze, der Zusammenschluss der Verbundunternehmen, die Integration der IT-Systeme bzw. gemeinsame Neuentwicklung von IT, die Umwandlung der Sparkassen in eingetragene Genossenschaften sowie der Zusammenschluss von VR-Bank eG und Sparkasse eG zur Volks- und Raiffeisensparkasse eG. Der so entstehende Umsetzungsfahrplan skizziert kurz-, mittel- und langfristige Maßnahmen, die über einen Zeitraum von 15 Jahren mitunter ineinandergreifen, voneinander abhängig sind oder unabhängig voneinander umgesetzt werden können.

11. **Netzwerkvorteile**
Die Zusammenführung der Filialen, die Verbindung der Rechenzentralen sowie die der Verlage sind naheliegende, erste Schritte. Ein starkes Signal in die Öffentlichkeit hinein könnte der gemeinsame Erwerb der aktuell zum Verkauf stehenden deutschen Stromnetze sein, vielleicht auch die Finanzierung des Smart Meter-Rollouts als zentralem Erfolgsfaktor für das Gelingen der (dezentralen) Energiewende. Im Hintergrund sollten Menschen und Netzwerke identifiziert werden, die beide Gruppen verbinden können. Schließlich wird vorgeschlagen, Frankfurter Sparkasse, Braunschweigische Landessparkasse sowie die Sparkassenfunktion der BW-Bank aus der jeweiligen Landesbank herauszulösen.

12. **Politökonomische Vorteile**
Mittelfristig sind die richtigen Weichen zu stellen. Weitere, verbundinterne Mega-Fusionen, die sich über viele Landkreise erstrecken und die Vor-Ort-Entscheidungskompetenz aus der Peripherie in die Zentrale verlagern, sollten mittels freiwilliger Selbstverpflichtungen beider Verbünde verhindert werden. Für nahezu alle Stakeholder, insbesondere die verschiedenen Politikebenen, können Argumente für eine Volks- und Raiffeisensparkasse gefunden werden. Um das Spektrum zu verdeutlichen: Während

die FDP die Privatisierung der Sparkassen feiern kann, könnten sich SPD, Grüne und Linkspartei hinter dem Partizipationsversprechen des Vorhabens versammeln, wonach breite und auch einkommensschwache Bevölkerungsschichten (Sparkassenkunden) beteiligt werden. Dieses breite Bündnis braucht es dann auch, um Umwandlungsgesetz, Sparkassengesetze und Wettbewerbsrecht anpassen zu können sowie die Länder aus den Landesbanken heraus zu drängen. Essenziell ist die konsequente Herstellung der Zweistufigkeit: Die Volks- und Raiffeisensparkassen sind Mitglieder in einem zentralen Prüfungsverband, der sie prüft und berät. Im VRS-Bundesverband fallen Interessenvertretung, Willensbildung und Kapitaleignerfunktion zusammen, um die Verbundunternehmen gut steuern und kontrollieren zu können.

13. **Ängste überwinden**
Wie lassen sich jetzt Sparkassen und VR-Banken zusammenbringen angesichts sehr unterschiedlicher Betriebsgrößen und deutlich größerer Sparkassen? Um die kommunale Verbindung der neuen Volks- und Raiffeisensparkasse sicherzustellen, wird hier der Vorschlag gemacht, sich an der Zahl der bestehenden Landkreise und kreisfreien Städte in Deutschland zu orientieren. Bei einer so ermittelten Zielzahl von 400 Volks- und Raiffeisensparkassen würde das vor allem zu einer Aufspaltung von Sparkassen und einer weiteren Konzentration bei den Genossenschaftsbanken führen. Ersteres könnte sogar auf Zustimmung der Kommunalverbände stoßen, die Mehrfachträgerschaften und Zweckverbandslösungen durchaus kritisch sehen. Gleichzeitig würden alle sehr kleinen Genossenschaftsbanken von der Landkarte verschwinden. Große VR-Banken, die sich inzwischen auch über viele Landkreise erstrecken, müssten sich mit einer Aufspaltung einverstanden erklären. Hieraus lassen sich die vermutlich entstehenden Ängste auf beiden Seiten ableiten: Auf Seite der Sparkassen und der Sparkassenfunktionäre die Angst, durch eine Privatisierung die eigene Identität zu verlieren. Auf Seite der Genossenschaftsbanken und der Genossenschaftsbankfunktionäre die Sorge angesichts der ungleichen Größenverhältnisse in der Volks- und Raiffeisensparkasse unterzugehen. Was ist aber die Alternative? Die DZ Bank, die dann alle VR-Banken aufgenommen hat oder die Deutsche Sparkasse AG?

14. **Aktive Mitglieder und wertschöpfende Kunden**
Wie würden Mitglieder und Kunden von Sparkassen und Genossenschaftsbanken auf eine Volks- und Raiffeisensparkasse eG sowie eine große VRS-Finanzgruppe schauen? Sparkasse und Volksbank Raiffeisenbank sind nach wie vor die beiden stärksten Bankmarken Deutschlands. Beide Marken sollten zunächst bewahrt werden. Für das physische Präsenzgeschäft stellt das Finanzpunktkonzept von Frankfurter Volksbank und Taunus Sparkasse einen guten Kompromiss dar zwischen der Hebung von Synergiepotenzialen und der Fortführung beider Marken. Im digitalen Auftritt können beide Marken (zunächst) fortgeführt werden, während die Systeme im Hintergrund zu vereinheitlichen sind. Die versprochenen Synergiepotenziale müssen zum Kunden sichtbar werden, beispielsweise durch günstigere Preise und bessere Konditionen. Darauf aufbauend kann auch eine bessere Partizipation der Mitglieder in einer Volks- und Raiffeisensparkasse eG gelingen.

15. **Glänzende Zukunft**
Die Volks- und Raiffeisensparkasse eG verfügt über ein neues, modernes Bankanwendungsverfahren sowie eine neue, digitale Infrastruktur, die alte und neue Partner in einem gemeinsamen Ökosystem „regionale Energiewende" verbindet. Die FinanzGruppe der Volks- und Raiffeisensparkassen finanziert große Infrastrukturvorhaben – sei es der Kauf der deutschen Stromnetze oder die Förderung eines Smart Meter-Rollouts. Den Energiegenossenschaften werden über bessere Konditionen hinaus auch Infrastrukturen zur Verfügung gestellt: leere Filialen, Mitarbeiter oder Unterstützung bei der Erfüllung von Regulierungsanforderungen. Mit der VRS-Zentralbank als – je nach Zählart – größten oder zweitgrößten Bank in Deutschland kann jedes deutsche, europäische oder globale Unternehmen bedient werden.

Kolibri 360 GmbH
Ferdinand-Jühlke-Straße 7
99095 Erfurt, Deutschland
produktsicherheit@kolibri360.de